本著作由上海公安学院资助出版

列宁的国家治理思想研究

吴汉勋　著

LIENING DE GUOJIA ZHILI
SIXIANG YANJIU

WUHAN UNIVERSITY PRESS
武汉大学出版社

图书在版编目(CIP)数据

列宁的国家治理思想研究 / 吴汉勋著 . -- 武汉 ：武汉大学
出版社,2025.3(2025.9 重印). -- ISBN 978-7-307-24829-8

Ⅰ. A821.64

中国国家版本馆 CIP 数据核字第 2024G6C584 号

责任编辑:聂勇军　　　责任校对:汪欣怡　　　版式设计:马　佳

出版发行：**武汉大学出版社**　　（430072　武昌　珞珈山）

（电子邮箱:cbs22@ whu.edu.cn　网址:www.wdp.com.cn）

印刷:湖北云景数字印刷有限公司

开本:720×1000　　1/16　　印张:15.5　　字数:221 千字　　插页:2

版次:2025 年 3 月第 1 版　　2025 年 9 月第 2 次印刷

ISBN 978-7-307-24829-8　　　定价:68.00 元

前　言

实现国家治理的良性化是每个现代国家的核心诉求之一，而处于建设社会主义现代化强国征程中的中国更是将"国家治理体系和治理能力现代化"作为通往现代文明之路的重要目标。作为世界上第一个社会主义国家创始人，列宁的思想中蕴含着深刻的"国家治理"意蕴。列宁关于世界上第一个无产阶级苏维埃国家治理的探索具有开创性贡献，是社会主义国家治理思想形成和发展的重要环节。列宁将马克思、恩格斯关于国家治理的设想从理论转变为实践，并依据苏维埃俄国面临的现实条件，不断调整国家治理的具体措施，使之逐渐合理化、制度化、规范化，实现合规律性与合目的性的统一。马克思主义理论研究历来强调返本开新，深入研究列宁著作，阐释列宁的国家治理思想，积极彰显其当代价值，可为推动我国国家治理体系和治理能力的现代化提供宝贵的经验启示。

本书关于列宁国家治理思想的研究力图凸显两种意识：一是学科意识。为了体现和符合马克思主义发展史专业的学科规范，本书在写作思路、篇章布局等方面着重考察了列宁国家治理思想形成的理论渊源及发展演变过程中的历史逻辑，力求突出马克思主义发展史专业的学科特色。二是文本意识。为了最大限度地贴合和理解列宁的国家治理思想，本书力求从列宁及其同时代思想家的著作文本中去挖掘列宁国家治理思想的相关材料，并加以分析运用，全面探寻列宁国家治理思想的形成条件、发展过程、理论体系、当代价值等。

列宁的国家治理思想具有整体性特点。列宁开创了在经济文化相对落后的社会主义国家走非资本主义道路的先河，并率先在经济文化相对落后的国家开展国家治理实践。在领导俄国革命、开展社会主义国家治理的实践中，列宁的国家治理思想逐渐发展成为无产阶级政党领导下关于国家治理的科学的理论体系，即在俄国共产党领导下的苏维埃国家关于政治、经济、文化、外交、军事等各项制度安排，逐步探索形成了对社会主义国家治理的规律性认识。

从列宁国家治理思想的发展过程来看，在领导俄国无产阶级运动的不同历史时期，列宁关于国家治理的思想经历了理论设想、初步探索、重大转折、最后的沉思等重要阶段，其具体内容也发生了相应变化。十月革命前，列宁关于国家治理既有理论批判也有理论设想。自19世纪80年代登上俄国政治舞台，列宁就开始思考国家问题。他继承和发展了马克思、恩格斯关于国家的重要学说，从理论上深刻批判了沙皇君主专制和资产阶级民主制度，着力回答了国家的起源和消亡、国家的本质、国家的形态等基本问题，为国家治理思想的生成提供了理论依据和本质规定。列宁在理论上设想了国家治理的组织形态，设想了国家治理的全民的、国有的"辛迪加"的组织形式。在领导俄国革命的实践中，列宁组织成立了俄国无产阶级政党，确立了党在国家治理中的领导地位，为社会主义国家治理贯彻无产阶级人民群众的意志和主张提供了遵循。

十月革命胜利初期至战时共产主义时期，列宁对苏维埃俄国的国家治理进行了初步探索。十月革命胜利初期，巩固无产阶级苏维埃政权、开展社会主义经济建设成为迫切的现实问题。保卫社会主义国家的政治安全、争取和平稳定的国家治理环境是苏维埃国家治理的重要内容。列宁从社会主义国家的性质和保障国家的政治安全出发，认为苏维埃俄国应当同帝国主义国家签订和约，退出帝国主义战争。列宁领导布尔什维克对国民经济进行了具有社会主义过渡意义的改造，并在开展国家治理的过程中注重充分调动群众参与国家管理的积极性。为了应对1918年夏季爆发的国内战争，苏维埃俄国形成了以高度集中的政治经济体制为特征的"战时共产主义"国家治理模式，为特殊时期的国家治理提供了宝贵历史经验。同时，列宁还十分重视发展大工业在国家治理中的重要意义，提出通过"全俄电气化计划"推动俄国进入现代文明社会的设想。

新经济政策时期，列宁国家治理思想发生了重大转变。基于对战时共产主义的国家治理模式的深刻反思，列宁重新回到对苏维埃俄国多层级经济结构的探索上来，并将其作为国家治理的出发点。列宁指出，国家治理的首要迫切问题是回答工人阶级同农民阶级的关系的问题，必须满足在经济结构中占多数的农民的现实利益，实现工人阶级同农民阶级经济利益的真正结合。列宁提出应当利用商品交易，保证正常的地方经济流转，刺激农民扩大农业生产的意愿。新经济政策的实施，兼顾了农民的利益，充分尊重了农民阶级在社会主义国家治理中的重要地位，巩固了国家政权的工农联盟基础。随着经济制度的变革创新，列宁要求改革国家机关的职能，以便更好地适应和服务经济发展。

在生命的最后时刻，列宁口授了"最后的书信和文章"，里面包含了列宁关于国家治理的最后沉思，形成了列宁国家治理思想的制高点。在社会主义国家政治治理方面，列宁察觉到党的领导集体的分裂苗头和权力集中带来的重大隐患，提出要扩大党的中央委员会人数，选拔更多的工人参与中央委员会工作，改革国家机关的弊病，坚决同官僚主义和拖拉作风作斗争，发展社会主义民主政治。在国家治理的经济方面，列宁提出以"合作制"作为经济发展的桥梁和枢纽，在企业中引入现代商业原则，发展现代商业文明。除了深化对国家治理的政治、经济方面的探索，列宁将注意力充分集中到文化治理上来，提出了以"文化革命"为核心的文化治理思想，阐释了创造社会主义文化的具体措施，要求汲取人类发展的文明成果，培育造就一代新人。

列宁的国家治理思想具有重要的历史贡献和当代价值。一是列宁的国家治理思想初步形成了比较系统的理论体系，对于社会主义国家治理实践而言具有开创性贡献，是社会主义国家治理思想发展史中的重要环节。二是列宁的国家治理思想实现了马克思主义国家理论与俄国特殊国情的有机结合，实现了参与治理的主体和客体的利益相一致，实现了治理的工具理性和价值理性相统一。三是列宁的国家治理思想具有实践性、人民性、辩证性的宝贵理论品格。四是列宁的国家治理思想具有重要的当代价值：有助于检视和扬弃西方的"治理"话语；为社会主义国家治理提供科学经验，如正确处理"落后的生产力和先进生产关系之间的矛盾"、正确处理"执政党和人民群众的关系"、正确处理"社会跨越和文化滞后的矛盾"等问题，为推动当代中国国家治理现代化提供了理论依据和宝贵的实践经验。

目　录

导　论

马克思指出："对人类生活形式的思索，从而对这些形式的科学分析，总是采取同实际发展相反的道路。这种思索是从事后开始的，就是说，是从发展过程的完成的结果开始的。"①列宁的国家治理思想，深刻地蕴含于马克思主义基本原理同俄国具体实际相结合的"过程中"。列宁领导的无产阶级苏维埃国家治理，是社会主义国家治理的重要尝试和伟大开端。从列宁提出的落后国家如何向社会主义过渡，领导苏维埃无产阶级革命和社会主义国家建设的实践中，研究者可以总结梳理、归纳提炼列宁国家治理思想的理论学说体系，构建列宁国家治理思想的完整框架，挖掘其丰富内涵，揭示社会主义国家治理的实践进路。

以列宁国家治理思想的形成过程及其内容为研究对象，进行逻辑还原，有助于加深对社会主义国家治理的规律性认识。列宁关于国家治理的思想实现了国家治理的价值理性和工具理性的统一，实现了落后的生产力同先进的社会制度的结合，正确处理了"社会跨越与文化滞后"之间的矛盾。列宁的国家治理思想具有实践性、辩证性、人民性的宝贵品格。研究列宁的国家治理思想，对检视和扬弃西方"治理"话语，推动当代中国国家治理现代化具有重要的参考借鉴价值，正如列宁本人所言说的："我们不准备做历史学家，我们所关心的是现在和将来。"②

---

① 《马克思恩格斯全集》第 44 卷，北京：人民出版社 2001 年版，第 93 页。

② 《列宁全集》第 38 卷，北京：人民出版社 2017 年版，第 275 页。

一、选题缘起与研究意义

（一）选题缘起

当代社会科学中的"治理"概念源起于西方经济学科的相关研究。自20世纪70年代以来，随着新制度经济学的崛起，诸多诺贝尔经济学奖得主纷纷将"治理"运用于对经济问题的研究阐释，并在学界形成了较大影响力。此后，为应对政治学研究，以及政治行为实践需要，"治理"理论被引入政治学领域。《布莱克维尔政治学百科全书》对"治理"这一概念在政治学领域作了以下描述：20世纪70年代，西方资本主义国家民主政治体制的统治能力、政府解决社会问题的能力遭到质疑，公众失去对政府的信任。因此，许多西方国家形成了对政府"缺乏统治能力"的恐慌，社会各阶层普遍要求重新考察政府在履行职责以及处理同社会的关系时所采用的方式。① 哈贝马斯认为，这一时期，西方发达资本主义国家所处的困境可以概括为经济危机、合理性危机、合法性危机和行动危机。其中，合法性危机贯穿了国家治理的价值认同困境，集中体现了国家治理的危机。② 为了指导政治实践，必须发展和创造新的先进理论，此举成为"治理"理论在政治学领域出场的历史背景。

"治理"理论从兴起到盛行大致经历了这样的历史过程：20世纪80年代末，世界银行首次提出"危机治理"这一概念，用以应对南撒哈拉沙漠国家所面临的社会问题，这被普遍认为是"治理"概念大规模运用的开端。20世纪90年代以来，围绕"治理"理论的研究方兴未艾。紧随其后，"治理"概念的内涵和外延不断拓展。主权国家、国际组织、学术团体等界定的关

---

① ［英］戴维·米勒、韦农·波格丹诺：《布莱克维尔政治学百科全书》，邓正来等编译，北京：中国政法大学出版社2002年版，第311页。

② 时和兴：《国家治理变迁的困境及其反思：一种比较观点》，《当代世界与社会主义》2014年第1期。

于"治理"概念的定义多达 120 种,关于"国家治理"制定的评估体系有 140 多套。① 英国学者鲍勃·杰索普认为,西方发达资本主义国家如此热衷于"治理"理论研究的根源在于,越来越多的人寄希望于发展治理机制来应对市场和国家协调的失败,② 导致治理理论"无处不在、无所不包",成为毫无意义的"时髦词语",③ 既反映了当代治理理论魅力之大、风靡之盛、适用之广,也揭示了"治理"概念的滥用。

综上,"治理"理论被援引进入政治学范畴,成为当代国家治理理论的前沿课题和解决发展困境的实践指南,凸显了治理体系和治理能力难以跟上日新月异的时代发展和社会变化的重要困境。探讨衍生治理危机的社会环境和政治实践包含:全球化进程加快、民主制度僵化、科学技术日新月异、改革战略缺乏等。

首先,我们以"全球化"对国家治理的影响为例,来管窥世界各国治理环境的变迁过程。"'全球化'是世界不可逃脱的命运,是无法逆转的过程,它也是以同样程度和同样方式影响我们所有人的一个过程。"④20 世纪末,金融资本在全球范围内的疯狂扩张激荡了人类社会前所未有的政治、经济和文化变迁。一方面,国家和地区之间的竞争与合作产生了大量的全球问题,尤其是 1991 年苏联解体标志着第二次世界大战以来建立的"雅尔塔体系"彻底瓦解,世界格局急剧变化,从"两极格局"转变为"一超多强",发展中国家自身的权利意识觉醒,普遍要求维护国家利益并积极参与全球公共事务的治理;另一方面,面对国际霸权主义、强权政治、极端贫困、恐怖主义和环境污染等世界性难题,单靠某个国家或地区无法妥善解决,需

---

① 俞可平:《关于国家治理评估的若干思考》,《华中科技大学学报(社会科学版)》2014 年第 28 期。

② [英]鲍勃·杰索普:《治理的兴起及其失败的风险:以经济发展为例的论述》,《国际社会科学杂志》1999 年第 2 期。

③ [英]鲍勃·杰索普:《治理的兴起及其失败的风险:以经济发展为例的论述》,《国际社会科学杂志》1999 年第 2 期。

④ [英]齐格蒙特·鲍曼:《全球化——人类的后果》,郭国良、徐建华译,北京:商务印书馆 2001 年版,第 1 页。

要加强全球合作与共同治理。同时,全球化带来的冲击也对世界各国政治价值、治理结构、行为模式等产生了广泛且深刻的影响,乔治·索伦森所指称的"全球性的必然变迁必然导致国家理论的重建"成为当代国家理论和"国家治理"研究者无法回避的重要议题。

其次,我们从"治理"理论的国家维度来予以分析。第二次世界大战以后,帝国主义国家位于世界各地的殖民地纷纷掀起了民族解放的浪潮,其通过民族独立运动,成立新的国家政权。但是在部分不发达国家,政府治理体系尚不完善,无法塑造有效主导国家发展的政治权威,治理能力亟待加强。正是因为缺乏国家发展所需的有效治理能力,这些国家往往需要高度依赖社会组织、民间团体等多元主体参与国家发展决策。在发达资本主义国家内部,民主政治危机、经济危机等各种各样的社会问题此起彼伏,接二连三地出现。学者们在反思中认识到,"各国之间最重要的政治分野,不在于它们政府的形式,而在于它们政府的有效程度"①,指出政府的有效程度是影响政治模式的重要因素。然而,在以资本日益扩张、对政治的绑架渗透日益强势、社会组织日益成熟为特征的全球化进程中,以政府为代表的国家权威体系在社会发展中的核心地位日趋弱化。透视西方"治理"理论的发展和政治实践,其治理话语的底层逻辑和根本特征就是"以资本为中心"。

(二)研究意义

1. 批判西方治理话语"以资本为中心"的底层逻辑

尽管从国家统治、国家管理到以"国家治理"为目标的跃迁,反映了人类社会政治认知境界的不断提高和社会政治、法律、文化、制度的整体进步。然而,研究者同时也应当关注到西方"治理"话语在"以资本为中心"的

---

① [美]塞缪尔·P.亨廷顿:《变化社会中的政治秩序》,王冠华、刘为等译,上海:上海人民出版社2008年版,第1页。

底层逻辑宰制下，对"国家"概念予以消解的重要特征。20世纪80年代后，西方资本主义世界"去国家化"浪潮或"反国家化"运动此起彼伏，具体表征包括：第一，在新自由主义私有化浪潮的过程中，传统的"国家—市场"二元结构失效；第二，在风起云涌的经济全球化的进程中，强力的国际资本破坏了主权国家自上而下的单线管控，致使这些主权国家不得不直接依赖于强制性的国家权力来维系秩序；第三，在非政府社会自治组织规模不断扩大的发展过程中，各种非政府组织如志愿团体、慈善组织、环保组织等日益受到公众认可，社会地位明显提升；第四，以尊崇分散、多元、自治等价值观为特征的后现代主义思潮带来的巨大冲击。① 在这样一个暗流涌动的复杂图景下，人们必然会对传统国家观念及其现实问题进行反思，特别是要求重新审视并划定国家在人类社会活动中的地位，要求消弭以政府为代表的国家权威。因此，国家的回退(rolling back)就成为资本主义社会中治理理论的一致诉求。故而可以认为，西方治理理论的出场是以要求政府为代表的国家的退场作为背景的。借助"国家的退场"，西方治理理论指明了"统治"(government)和"治理"(governance)在权力主体这个关键特征上的差异性，"统治"只能由作为社会公共权力部门的政府来承担，政府作为单一主体对国家事务进行集中管理，即权力主体对国家事务统而治之；"治理"则是由分散的多元主体参与共治，即多元共治。

从根本上看，"国家在不在场"或者"国家的回退"与资本主义经济制度密切相关，其背后的逻辑是资本发展的要求使然。正如列宁指出的那样："物质生活的生产方式制约着整个社会生活、政治生活和精神生活的过程。不是人们的意识决定人们的存在，相反，是人们的社会存在决定人们的意识。"②追溯历史发展的逻辑脉络可以发现，以资本增值需要为牵引，资本主义制度在不同时期，对待"国家"的态度不同，其大致可以分为四个时期：(1)资本主义萌芽阶段。为了更好地实现价值增值，资本的发展要求

① 关锋：《"国家治理现代化"对历史唯物主义国家观的推进》，《教学与研究》2016年第11期。

② 《列宁全集》第26卷，北京：人民出版社2017年版，第58页。

绝对权威性的国家管理模式，即确立了绝对权威的君主国。(2)资本主义自由竞争的历史时期。资本主义生产方式的扩张引起资本家对君主专制国家的反抗，二者之间矛盾激化，资本家对国家管制产生强烈反抗，要求消解国家权威。(3)垄断资本主义阶段。资本寄生于、依附于国家政治权力，并借此垄断国内市场，参与国际殖民和压迫，攫取巨额利润，要求具有绝对权威、绝对统治能力的国家。(4)当代资本主义阶段。资本主义发展的多元化、差异化、国际化、虚拟化等新特点，要求消除国家对资本的监管和控制，即国家的"退位"。

2. 推进中国国家治理现代化的现实要求

首先，是对近当代中国国家治理发展的历史阶段的认定和划分。当前，学界关于中国国家治理发展阶段的理解和划分不尽相同，经过对相关著作和观点进行梳理，大致可以分为以下两种：一是把从 19 世纪初尤其是1840 年鸦片战争这个重要历史节点作为考察中国国家治理发展史的起点。例如王绍光将近当代我国国家治理划分为三个阶段："第一个阶段从 1800年至 1956 年；第二个阶段从 1956 年至 1990 年前后；第三个阶段从 20 世纪 90 年代至今。"王绍光提出，这三个历史阶段分别表征了中国国家治理从形成统一的政治力量、政府作为单一的权力主体全面管理国家事务到当代国家治理的发展。① 郭定平将历史上出现过的中国国家治理模式划分为三种样态：(1)自秦汉建立统一的中央集权国家直至清末的两千多年中"君主中心"的国家治理模式。(2)近代以军阀为中心的国家治理模式。(3)当代以政党为中心的国家治理模式。② 本书聚焦于中华人民共和国成立后国家治理模式的嬗变研究，依据我国社会主义制度发展的历史逻辑，认为1949 年后的中国国家治理实践可以划分为三个阶段：(1)从 1949 年至 1978年为第一阶段，这一阶段国家治理的主要特征是：政府是"国家"意志的集

---

① 王绍光：《国家治理与国家能力——中国的治国理念与制度选择(上)》，《经济导刊》2014 年第 6 期。

② 郭定平：《政党中心的国家治理：中国的经验》，《政治学研究》2019 年第 3 期。

中体现，由政府全面统筹政治、经济、文化等社会发展的方方面面，完全排除了商品和市场经济，通过行政命令的单一治理手段来达到国家治理目标，是一种"全能治理"的国家治理模式。（2）1978 年至 2013 年，即改革开放至党的十八届三中全会为第二阶段，国家治理逐步符合社会发展的客观规律，调整国家职能，简政放权；吸收国外资本，引入先进生产技术，学习科学管理方法，不断探索社会主义市场经济体制发展；提出"三个代表"重要思想，通过加强党的执政能力建设提高国家治理能力，提出科学发展观，推动和谐社会构建。（3）党的十八届三中全会至今，中国共产党提出了"坚持和完善中国特色社会主义制度、推进国家治理体系和治理能力现代化"的全新治国方略。

其次，研究梳理 1949 年新中国成立后国家治理的演进路径。当代国家治理的第一阶段（1949—1978）呈现出以下五方面的主要特征：一是受苏联影响，对"四个现代化"的迫切需求导致技术理性思维遮盖了现代性的丰富内涵，因此忽略了繁荣文化、优化制度等和社会变革之间的协调发展关系，延缓了全面现代性变革进程。二是特定时期特殊历史背景下，长期沿用苏联社会主义建设以"重工业优先"的治理模式，追求"以钢为纲"，最终导致经济产业结构失衡。三是在发展重工业的同时，尽管国家经济储蓄的蓄水池不断扩大、积累不断增强，但是由于消费乏力，社会经济活力匮乏，"剪刀差"侵蚀了农民的利益，民众富裕进程相对缓慢。四是追求"超英赶美"、急于求成，完全排斥非公经济和商品经济，脱离生产力实际发展水平，导致经济建设和社会发展严重受挫。五是在极"左"思潮影响下，错误理解阶级关系状况和社会发展的主要矛盾，以阶级斗争为纲，忽视了法治建设，通过经常性的政治运动来管理国家，最终在"十年浩劫"中导致社会主义建设失序，新中国的现代化事业严重受挫。以上种种因素要求转变国家治理模式，重新理解和探索实现社会主义的发展路径。1978 年以后，在改革开放这个决定中国命运的"关键一招"的推动下，中国的现代化建设步入正轨，中国社会发展样貌发生了重大变化。保证中国特色社会主义能够行稳致远，就要坚持党的领导，建设一套符合实际的科学有效的制度体系。具体来看，推动中国国家治理由第二阶段向第三阶段转变的因素包括：

第一，推进国家治理现代化是中国社会发展转型的必然要求，是在现实发展过程中应对矛盾诉求的积极回应。改革开放的实施标志着中国现代化进程驶入快车道，社会的各个领域发生了翻天覆地的巨变。然而在这个过程中，必然伴随着因政治结构调整、经济快速增长导致结构失衡、生态环境破坏、不同文化之间的冲突、社会公平正义的缺失等问题，对中国共产党和人民政府治国理政的能力提出了新的要求。中国在社会主义现代化强国的建设过程中，现代化建设面临的长期性、艰巨性、复杂性决定了中国国家治理问题样态的多样性。习近平总书记指出："我国现代化同西方发达国家有很大不同。西方发达国家是一个'串联式'的发展过程，工业化、城镇化、农业现代化、信息化顺序发展，发展到目前水平用了二百多年时间。我们要后来居上，把'失去的二百年'找回来，决定了我国发展必然是一个'并联式'的过程，工业化、信息化、城镇化、农业现代化是叠加发展的。"①中国的现代化建设既要推进以产业经济为基础、工业文明为背景的经典现代化，又要把握以知识经济为基础、信息时代为背景的发展机遇，必须谋求实现跨越式发展，制定切合实际的赶超战略。推动国家治理体系现代化，就是要形成符合现代化发展规律、能够服务社会主义现代化发展的治理能力，以及现代国家的治理体系。多领域现代化叠加的复杂样态要求国家治理必须从把握全局性、规律性的高度来思考问题。

第二，推进中国国家治理现代化是协调"有效政府"与"有为市场"以及社会组织共同发展的具体方案。社会主义市场经济体制的确立为推动中国经济发展提供了不同于欧美等自由主义国家，也不同于东亚"发展型国家"（主要指日本发展经验）、"国家指导的市场"（主要指韩国发展经验）的经济发展路径。研究者认为，"社会主义市场经济"的主要特征是生产资源尤

---

① 《习近平关于科技创新论述摘编》，北京：中央文献出版社 2016 年版，第 24~25 页。

其是土地仍然是国有的，在这一模式中，"国家能够发挥远大于西方自由民主主义国家的作用，也大于东亚发展型国家的作用"①。"社会主义市场经济体制"的确立和"以经济建设为中心"的发展战略促进了中国经济的高速增长，但在发展过程中也产生了一些问题，包括：一是不同领域之间结构性失衡的矛盾问题凸显；二是资本对利益的疯狂追求导致无视法律法规、漠视道德底线的现象屡见不鲜；三是不同社会群体之间收入差距扩大，要求进一步完善经济体制和分配机制；四是金融资本泛滥、"脱实向虚"、国内资本向境外转移侵蚀工业等经济基础；五是腐朽资本主义文化对社会价值观产生剧烈冲击。面对这些复杂的现实问题，要求加强国家治理的顶层设计，不断完善社会主义市场经济体制，完善分配制度，加强国家对金融资本的监管，加大社会主义核心价值观的引导宣传力度。

第三，不断增强的公民意识要求维护自身的权利和利益，要求规范治理秩序，提高治理能力和治理水平，推动国家治理现代化。要完成社会主义现代化的根本任务，实现人的全面自由发展，首要的就是保障公民权利不受损害。公民意识的普遍增强具体表现在近年来人们对于社会公共事务尤其是与自身利益密切相关的社会事务的关注和参与，面对人身安全、财产、职业利益、消费维权等权利的不法侵害，他们往往能够积极诉诸法律，这些都促使政府不断提高治理水平，规范市场治理能力，要求参与治理的市场经济主体规范自身行为。

20 世纪 90 年代以来，国内学界开始关注研究西方的治理理论。在结合中国历史条件和基本国情的基础上，随着治理理论在政治实践中的运用与发展，国内学者开始逐渐意识到西方国家治理概念倡导权力主体多元化，弱化"国家"权威，渗透新自由主义意识形态。因此，实现"国家治理"形态的本土化，即建构中国国家治理理论成为现实而又迫切的问题。

---

① 黄宗智：《国家—市场—社会：中西国力现代化路径的不同》，《探索与争鸣》2019 年第 11 期。

3. 发掘列宁国家治理思想的当代价值

梳理西方治理话语产生的背景、特征、根本逻辑及西方国家产生治理困境的原因，研究者亟待解决的现实问题包括，在社会主义中国，马克思主义的国家理论和国家治理现代化的关系如何？在推动国家治理体系和治理能力现代化的进程中是否有迹可循？是否可以对社会主义发展史中社会主义国家治理的经验教训进行总结梳理，并从中得出一些国家治理的规律性的原则和方法？正是基于这一问题意识，笔者选取列宁国家治理思想作为研究的对象。

系统地研究马克思主义国家观，梳理社会主义国家治理理论的历史生成和发展逻辑，深入探寻列宁关于社会主义国家治理的重要思想，探索中国国家治理的规律和发展进路，不断赋予马克思主义以新的时代内涵，彰显了全新的政治理念和建构要求，是马克思主义理论和中国特色社会主义理论的历史逻辑、理论逻辑和实践逻辑发展的必然结果和现实要求，对全面把握社会主义国家治理理论产生的必然性，总结归纳社会主义建设过程中改革和发展的基本规律具有重大的理论和实践意义。

伟大的理论总能穿越时空影响后世的关键原因在于它真正回答了时代之问与实践之中存在的困惑，它们"不仅仅是哲学抽象，而是在具体的实践活动、社会关系、紧迫问题、不满与冲突的语境下，由具体的历史条件提出的具体问题"①。处在 20 世纪无产阶级革命前夜，列宁所面临的最为重大的时代课题就是如何使落后的俄国在帝国主义时代走上通向现代文明的社会主义道路，正如列宁所说："历史走的是奇怪的道路：一个落后的国家竟有幸走在伟大的世界运动的前列。"②一个国家完整的社会主义道路，应当包含三个相互衔接的基本环节：取得政权，对生产资料私有制实行社

---

① ［美］艾伦·梅克辛斯·伍德：《西方政治思想的社会史：公民到领主》，曹帅译，南京：译林出版社 2019 年版，第 3 页。

② 《列宁全集》第 35 卷，北京：人民出版社 2017 年版，第 345 页。

会主义改造，建设社会主义。① 在开辟这条道路的过程中，列宁始终坚持科学社会主义一般原理与俄国的具体情况相结合、历史发展道路的统一性与多样性相结合、理论与实践相结合三大原则，这些方法论原则，对于推动马克思主义国家治理理论的发展，具有极其重要的理论价值和实践意义，揭示了社会主义国家治理本身的内在涵义。在马克思看来，科学分析事物的形成和发展，是在"事后"反思历史，回溯历史发展逻辑的过程中，才能完整把握事物演进的整个过程，理解事物发展的趋势和必然规律。② 借助文本研究和逻辑还原研究者得以探寻列宁的国家治理思想，细致考察马克思主义发展史中的列宁主义阶段，以期补充社会主义国家治理发展历程中的"列宁环节"。关于列宁国家治理思想的内容、突出贡献、研究意义，主要包括以下几个方面。

就理论层面而言，研究列宁的国家治理思想的意义有以下几点：

其一，有助于深刻总结苏联社会主义国家建设过程中的经验及教训。列宁的国家理论是国内外学者长期关注探讨的重要课题，尤其是他关于落后国家走向社会主义道路的构想更是其中的精髓。以列宁于 1917 年写就的集中阐释国家理论的重要著作《国家与革命》为例，自这本书出版问世以来，围绕该著作及其核心内容的研究和争论便随之而来。③ 习近平同志曾明确指出："怎样治理社会主义社会这样全新的社会，在以往的世界社会主义中没有解决得很好。马克思、恩格斯没有遇到全面治理一个社会主义国家的实践，他们关于未来社会的原理很多是预测性的；列宁在俄国十月革命后不久就过世了，没来得及深入探索这个问题。"④在这段话中，习近

① 王东、刘军：《列宁〈哲学笔记〉蕴含的时代观探析》，《当代世界与社会主义》2020 年第 2 期。

② 顾海良：《中国特色社会主义的历史逻辑和理论逻辑探索》，《教学与研究》2013 年第 10 期。

③ 胡兵：《列宁〈国家与革命〉研究读本》，北京：中央编译出版社 2016 年版，第 43 页。

④ 习近平：《论坚持人民当家作主》，北京：中央文献出版社 2021 年版，第 46 页。

平总书记严谨地指出了以往社会主义国家没有很好地解决国家治理的问题，提到列宁未及深入探索，便过早地去世了。易言之，习近平总书记没有否认列宁对社会主义国家治理进行的初步探索，这就为探索列宁的国家治理思想提供了研究空间，指明了研究方向。纵观苏俄发展历史，有过两次模式更换(由军事共产主义转换成新经济政策，再由新经济政策转换成斯大林模式)和三次改革，最成功的一次改革就是列宁主持的由军事共产主义向新经济政策的转变。① 其后，苏联在斯大林的领导下走向了集权统治，尽管斯大林模式在短时期内取得了一定效果，但对解决社会根本矛盾而言没有实质性帮助，其后还衍生出了"新斯大林主义"等，使国家治理的成本后移，积重难返，最终酿成历史悲剧。因此，有必要将列宁的国家治理思想从传统意义上的以斯大林领导的高度集中的政治经济体制为特征的苏联国家治理模式中区分出来，挖掘列宁国家治理思想的真谛。

其二，有助于深化对社会主义建设的规律性认识。这一点，从列宁的继承者和列宁的对比来看显得尤为明显。列宁在晚年已经察觉出党政制度中存在的不合理之处，认识到党内监察的重要性，提出要改善国家机关、完善监察制度、改组工农检察院②、限制党的总书记的权力的一些制度性安排。反观列宁的继任者，斯大林进一步走向集权，赫鲁晓夫针对斯大林的否定并没有触及根本问题，正如铁托所说，斯大林的问题不是什么个人崇拜问题，而是"制度"问题，缺乏对斯大林体制的整体认识，改革仅局限于局部的某些问题。勃列日涅夫统治时期，苏联的官僚特权阶层(在册权贵)最终形成。戈尔巴乔夫在延续赫鲁晓夫改革的过程中，将列宁的新经济政策作为其改革蓝本之一，提出建设"人道的民主的社会主义"，但在解决民族问题、国内贪腐问题、市场经济问题上却无所作为，尽管他看到了改革的必要性和必然性，但始终没有同适当的措施结合起来，并且从"求

---

① 姚海：《俄国革命》，北京：人民出版社 2013 年版，第 19 页。
② 一些列宁著作中译为"工农检查院"，本书统一为"工农检察院"。

教于列宁"转而割裂、曲解列宁的思想。① 研究列宁的国家治理思想，揭示社会主义发展的内在规律，牢牢把握国家治理现代化的进路，对于加强党的执政能力建设具有重要启示意义。

其三，有助于检视和扬弃西方自由主义治理理论。"一个国家选择什么样的治理体系，是由这个国家的历史传承、文化传统、经济社会发展水平决定的，是由这个国家的人民决定的。我国今天的国家治理体系，是在我国历史传承、文化传统、经济社会发展的基础上长期发展、渐进改进、内生性演化的结果。"②西方自由主义自治理论是西方现代性发展的必然产物，是对西方传统国家管制二维(国家—市场)模式的困境的突破与求索，反映了经济全球化模式下"国家的销蚀"③。资本主义现代性发展带来的价值多元化、管理自治化、结构扁平化的特征要求重新看待和处理国家的地位、职能、权能、边界的问题。为了解决治理困境，西方治理理论宣扬淡化传统的国家权力中心论，寻求非国家的社会力量的进入。可以认为，一方面，西方现代治理的出现是对传统国家观念及其现实问题反思的结果；另一方面，资本主义国家政治经济发展的历史表明，所谓"去政治化"无非是另一种政治(两大阵营并存)。尽管西方国家的治理手段和方法对中国国家治理而言具有部分借鉴意义，但二者在治理理念、治理逻辑、制度支撑、价值旨归等方面有着本质上的区别，必然要借助经典社会主义国家治理思想对西方自由主义治理理论进行检视和扬弃，尤其要强调对马克思列宁主义国家理论的恢复和遵循，如此才能跨越资本主义"以资本为中心"的自治逻辑。

其四，有助于推动中国特色社会主义国家治理的话语体系建构。社会主义改革运动是有深刻底蕴和内在规律的人类历史运动，改革开放40多年

---

① 俞良早：《东方视域中的列宁学说》，北京：中共中央党校出版社2001年版，第1页。

② 《习近平谈治国理政》，北京：外文出版社2014年版，第105页。

③ 王列、杨雪冬编译：《全球化与世界》，北京：中央编译出版社1998年版，第71页。

来，中国国家治理问题显得尤为紧迫，既要化解全球学术扩散带来的意识形态和多元思想的冲击，又要从理论和实践上研究党的执政规律、社会发展规律，需要在新的历史条件下不断夯实社会主义理论建构的基础，探寻改革发展的源头活水。这就要求我们首先应当回到马克思主义经典作家对世界历史和人类历史认识的高度，来认识和把握国家治理的基本规律。如列宁的《国家与革命》一书"包含着第一个社会主义国家的政权建设和法治建设的新经验"①，对我国社会主义民主法治建设具有重要的指导意义。其次，应当在借鉴的基础上不断加大中国国家治理现代化建设力度。恩格斯指出："我们的理论是发展着的理论，而不是必须背得烂熟并机械地加以重复的教条。"②推动中国国家治理现代化应当始终坚持马克思主义和实际国情相结合不断走向纵深。"从总体上看，中国的改革开放是列宁开创的落后国家社会主义实践的继续，是对科学处理社会主义理想与现实之间张力和矛盾的方式的探索。"③从人类认识活动来看，对未来的展望总是基于对历史的理解。

从实践层面而言，加强对列宁国家治理思想的研究与当今世界发展的现实密不可分，与推进中国国家治理现代化的伟大实践紧密相连。

其一，辨析全球治理的问题根源和发展趋向。在当代经济全球化、金融化趋势下，资本主义内部发展的不平衡性进一步加剧，形成当代资本主义"垄断性和掠夺性、腐朽性和寄生性、过渡性和垂危性的新态势"④，决定了全球治理所面对的是一个日益分化的世界体系。资本主义的基本矛盾实质虽仍然未变，但其形态又有了新的发展。以中美贸易战为例，"中国的崛起影响了美国在世界商品市场和金融市场中的垄断地位，因此，美国

---

① 吕世伦主编：《列宁法律思想史》，北京：法律出版社 2000 年版，第 54 页。
② 《马克思恩格斯选集》第 4 卷，北京：人民出版社 2012 年版，第 588 页。
③ 安启念：《列宁与当今世界》，《马克思主义研究》2020 年第 4 期。
④ 程恩富等：《论新帝国主义的五大特征和特性》，《马克思主义研究》2019 年第 5 期。

对中国进行遏制和打击也就成为必然"①。加之全球发展动能趋缓，金融危机、能源问题、单边主义泛起、环境问题、人类健康问题逐步消解了国家间的信任并加剧了全球秩序摇摆动荡，全球面临"百年未有之大变局"。诸多国际重大问题或国内问题都在考验中国共产党和中国政府治国理政的智慧、能力和决心，坚持历史唯物主义国家观，吸取有益历史经验，积极应对处理外部风险挑战，要求不断丰富发展当代马克思列宁主义的国家理论。

其二，不断深化中国特色社会主义制度体系发展，研究社会主义制度巨大优势背后的逻辑和机制。制度优势必须要在不断发展和调整的过程中显现出来，要在理论与具体现实相结合的过程中展现出来。在实现制度现代化的过程中，推动制度的创新发展，就是对旧制度进行调整、改造和废除，也就是在制度系统各环节，依据不断发展的历史进行调剂，对制度的"破"与"立"作动态调整。马克思主义的制度理论和社会形态、社会系统理论相关联，在马克思、恩格斯看来，制度是社会经济关系的产物，制度具有不以人的意志为转移的历史客观必然性。换言之，一个国家的制度由社会经济发展水平所决定，制度应当随着经济的发展而进步。列宁开创的苏维埃共和国确立了国家治理的根本制度，初步探索形成了制度结构体系和制度支撑。列宁曾设想按照马克思、恩格斯对社会主义特征的理论描述来建设社会主义，例如，"把土地、工厂等等即全部生产资料变为全社会的财产，取消资本主义生产，代之以按照总的计划进行有利于社会全体成员的生产"②；另外，列宁又反对详细地论述社会主义特征，认为现在还不具备条件，只有未来的建设者才能有条件阐述这个问题。但实践突破了列宁原来的设想。1921年3月俄共(布)十六大，列宁提出新经济政策，指出应当承认俄国是一个小农经济占优势的国家，必须根据俄国的实际情况，利

---

① 陈江生等：《论美国对华"贸易战"的本质——基于〈帝国主义论〉视角》，《马克思主义研究》2019年第11期。

② 《列宁全集》第4卷，北京：人民出版社2013年版，第229页。

用国家资本主义，把它作为小生产和社会主义的中间环节，列宁还要求改善国家机关，把反对拖拉作风、反对官僚主义的斗争作为一项长期斗争来抓。

其三，推动无产阶级政党建设，坚定"党的领导制度是国家根本领导制度，在国家治理体系中居于统领地位"这一重要原则。围绕"政党"的概念及其产生，有学者指出："政党是一个试图通过全部或者部分掌握国家政权来推行在某一意识形态指导下的国家政策的组织。"①政党产生的三个基本条件分别是：国家权力受到制约的程度，选举范围的扩大，意识形态的多元化。王浦劬先生等立足于当代中国的治理结构与党政功能分析指出，与西方国家依托于科层制的治理结构不同，中国国家治理的体制机制具有独特的结构构成和运行功能：在治权构成方面，形成了执政党的政治领导，在国家治理中彰显了执政党所代表的阶级的意志和主张。这个结构既具有政治的权威性和开拓性，又具有行政的规范性和科层性。在功能实现机制方面，当代中国治理贯彻行动性治理与科层治理、"行动主义"与"制度主义"、实质正义与程序正义辩证统一的运行原则，形成了独特的功能运行机制，从而实现了治理的主导性与基础性、战略性与常规性、绩效合法性与程序正当性的有机结合。在治理实践中，党政治理结构兼具的治理"弹性"和功能机制的复合性，是实现中国国家治理优化的制度保障。推进国家治理体系和治理能力现代化的历史进程中，加快社会经济发展的实践要求均衡协调政治领导性与行政规范性。为此，应在加强党的全面集中统一领导的前提下，以法治建设为基本方略，不断完善政治与行政统筹协同、良性互动的党政结构及其功能机制。② 毋庸置疑，列宁继承和发展了马克思、恩格斯的无产阶级政党理论，领导俄国"无产阶级的先锋队"——无产阶级政党进行革命和社会主义建设，初步探索党政复合的治理模式，具有重大的首创性贡献。

---

① 赵鼎新：《意识形态与政治》，《学海》2017 年第 3 期。
② 王浦劬、汤彬：《当代中国治理的党政结构与功能机制分析》，《中国社会科学》2019 年第 9 期。

其四，推进当代中国"有为政府"和"有效市场"的建设。深入研究列宁的国家治理思想，对于中国坚持发展和解放社会主义生产力，正确处理国家、社会、市场的关系，不断发展和完善社会主义市场经济体制，建设社会主义现代化强国具有重要的现实意义。研究列宁的国家治理思想，推动国家治理体系和治理能力现代化，是坚持马克思主义人民立场的必然要求，是正确动员人民群众进行社会主义建设的动力源泉。社会主义国家的现代化必然是以人的自由全面发展作为价值旨归，既要尊重人民群众的首创精神，又要充分调动每个劳动者参与社会主义建设的积极性。例如，列宁关于社会主义国家治理思想的一个重要方面就是以"同个人利益结合的原则"为杠杆，来调动每个人的积极性。他指出："不能直接凭热情，而要借助于伟大革命所产生的热情，靠个人利益，靠同个人利益的结合，靠经济核算，在这个小农国家里先建立起牢固的桥梁，通过国家资本主义走向社会主义；否则你们就不能到达共产主义，否则你们就不能把千百万人引导到共产主义。"①中国共产党历代领导集体都将人民群众的利益作为社会主义现代化建设的目的和归宿，依靠人民推动现代化发展，让人民共享现代化建设的成果，既通过推行公平公正的价值观念，让所有人共同享受建设福利，又打破平均主义，通过多要素分配充分发挥人民的积极性、主动性、创造性，持续自觉凝聚产生开展现代化建设的历史动力。研究列宁的国家治理思想，实现"有为政府"和"有效市场"的有机结合，是完整构建马克思主义关于社会主义现代化建设理论体系必不可少的关键环节。

二、国内外研究现状

（一）关于"国家治理"的研究

1. 西方"治理"话语的内涵及价值旨趣

考察西方文化思想史中"国家"概念的起源，柏拉图及其弟子亚里士多

---

① 《列宁全集》第42卷，北京：人民出版社2017年版，第187页。

德为西方国家理论提供了思想资源，柏拉图和亚里士多德关于古希腊城邦国家的探讨，成为现代国家治理以及社会科学研究方法论的起点。① 亚里士多德强调，人的本质是政治动物，人成为城邦的公民的重要前提是行使议事和审判等权力。② 以上反映出国家本位主义国家观，正如马克思指出的，社会并不具有自身的独立性，而是直接具有政治性质。近代以来，以"社会本位的国家观"开始成为政治哲学的主流见解为标志，洛克被视作现代国家理论的奠基人和开创者。③ 尽管此后黑格尔实现了对洛克的突破，他转换了洛克关于权力的论证方式，但由于他始终没有突破市民社会的尺度，仅仅在市民社会的视域之内试图形成最佳的社会制度安排，因此，黑格尔对洛克的批判限度决定了他不可能达到马克思的高度。马克思基于对权责的真实历史基础——市民社会——做出的最彻底的剖析，从根本上指出了国家是阶级统治的工具，深刻地批判了黑格尔的国家学说，最终完成了历史唯物主义国家理论体系的建构。当代政治学者加布里埃尔·A. 阿尔蒙德(Gabriel A. Almond) 对国家和政治系统的概念作了以下定义：政治系统是一种特定类型的社会系统，政治系统的核心要素是政府机构，这些机构可以用来提出并实施一个社会或其中某个群体的集体目标。国家是一个特定类型的政治系统，是政治认同和政治权威的叠加，政府是国家政治权威的代表和政治活动的核心要素。

基于"国家职能"的讨论为"国家治理"概念的出场提供了理论基础，因为所有政治活动背后关涉的核心问题，就是权力的分配，包括以下观点：(1)认为政治职能是国家的唯一职能。这一派观点出现于18—19世纪，其代表人物有亚当·斯密、纳索·威廉·西尼尔、杰里米·边沁、麦克库洛赫等，在当代有罗伯特·格林、米尔顿·弗里德曼、罗伯特·诺齐克等。

① 王沪宁：《当代西方政治分析》，成都：四川人民出版社1988年版，第3页。
② [希]亚里士多德：《政治学》，吴寿彭译，北京：商务印书馆1983年版，第113页。
③ 李佃来：《现代国家观的历史嬗变与马克思国家理论的构建》，《云南大学学报》2016年第4期。

长期以来，自由主义者一直主张国家的活动只应局限于维持秩序和正义，提出"最好的政府就是最小的政府"。他们认为，保障个人自由、生命和财产安全是政府的基本职责，政府的行为不应当超出这个职责界限。当代自由主义者秉承了这一传统，以诺齐克的《无政府、国家和乌托邦》一书为例，他指出，社会的全部正义可以由最小国家来体现，尝试跨过最小国家的实践，会造成对个人权利的侵犯。① (2)认为国家职能包括政治和经济(社会福利)两个方面，有的学者称之为消极职能和积极职能，或"强制和服务"。自19世纪中叶开始，资本主义社会矛盾加剧、经济危机频繁、贫富差距扩大，促进了相关人士对国家职能的反思。托马斯·H. 格林、J. A. 霍布森、J. M. 凯恩斯等人是其中的代表性人物。他们认为，国家在保障教育、公共卫生、实现社会福利方面也可以有积极的作为。(3)认为国家职能在政治、经济、文化三个方面控制、调节、影响国家发展，持这种观点的学者认为："国家的根本职能就是对社会实施整体控制，处理在政治、经济和文化各个方面可能出现的危机。"②英国学者密利本德和坎贝尔等人提出，当代资本主义国家为了维护资本的统治，应当发挥三种基本职能：(1)经济职能——其作用方式是控制居民的消费和收入，从而从宏观上影响经济的发展。(2)政治权力的运用，国家有维持秩序和法律镇压职能。国家应当保护私有制，调整资本各方面、各部分的关系。(3)维护资本主义制度，使资本主义国家不致分裂。

正是"国家职能"的内在冲突要求不断调和国家的工具性与合法化之间的矛盾，使得"治理"理论得以兴起。从词源来看，西方政治学"治理"(governance)概念源于古希腊文和拉丁语的"Guberno"，意为掌舵，又可引申为掌控、引导和操作之意。20世纪70年代以来，新制度经济学的崛起将治理与经济发展相结合，提出经济发展与国家对社会放权二者之间的关

---

① [美]罗伯特·诺齐克：《无政府、国家和乌托邦》，姚大志译，北京：中国社会科学出版社2008年版，第112页。

② 吴惕安、俞可平：《当代西方国家理论评析》，西安：陕西人民出版社1994年版，第235页。

系密不可分，主张社会组织自我治理以及社会组织作为治理主体参与国家协同治理。总而言之，西方学者谈论"治理"，前面鲜有"国家"二字；在言及"政府"时，仅将其当作一般意义上参与多元治理的主体之一，更多地强调政府自身角色和任务的转变。正如诺贝尔经济学奖得主奥斯特罗姆指出的，"多中心治理"意味着对公共事务的处置具有多个权力主体，要求政府及时转变自身职责和任务。①

2. 国内学者围绕"国家治理"展开的研究

自 20 世纪 90 年代受到国内学者关注以来，"治理"概念就迅速在各个研究领域"崭露头角"、开枝散叶，成为学术研究的焦点问题。1989 年，梅振民在写作《拉美国家治理通货膨胀的经验教训》、宋廷明在写作《欧洲国家治理通货膨胀的对策》时，基于对西方国家通货膨胀治理的研究，提出了国家治理的概念。② 20 世纪初，以俞可平为代表的政治学者围绕国家治理形成了一批系统性成果，如《治理与善治》等，丰富了国家治理理论的研究成果，推动了国家治理的研究进展，对于普及"治理"概念、推动治理实践做出了重要贡献。进入 21 世纪后，关于"治理"的研究方兴未艾，尤其是 2008 年以后，基于中国走近世界舞台中央的需要和国内快速发展的现实呼吁，关于"治理"的研究彰显出不同的专业特色。2018 年后，国家理论研究的焦点彻底转向"国家治理现代化"。还有部分学者尽管在研究中并没有直接运用"治理"概念，但从研究内容来看，已经开始探讨"国家与社会的关系、限度与制度"问题，凸显"治理"的强烈问题意识。例如，时和兴以马克思、恩格斯关于国家权力相对性的论述作为检视不同的国家与社会关系学说的理论基础，分析国家与社会关系的变迁和走势，并深入探讨了国

---

①　[美]埃莉诺·奥斯特罗姆：《公共事物的治理之道》，余逊达、陈旭东译，上海：上海译文出版社 2012 年版，第 105～209 页。

②　梅振民：《拉美国家治理通货膨胀的经验教训》，《瞭望周刊》1989 年第 9 期；宋廷明：《欧洲国家治理通货膨胀的对策》，《中国经济体制改革》1989 年第 3 期。

家权力、国家能力、国家限度及相关问题。① 高校科研院所依托自身智力资源优势，纷纷开设国家治理研究的相关专业，极大地推动了学术发展。2013年12月，北京大学牵头组织成立国家治理协同创新中心，数年来坚持出版国家治理战略分析研究报告。2014年，中山大学、华中科技大学相继成立国家治理研究院，相关研究成果亦在国内外产生了较大影响。

国内关于国家治理的研究主要包含：（1）围绕马克思主义经典作家关于国家理论的阐释，如马克思、恩格斯、列宁、毛泽东等马克思主义经典作家的国家治理思想开展的研究。许文星的《论马克思的早期国家治理思想——以〈黑格尔法哲学批判〉为例》一文指出，在马克思的《黑格尔法哲学批判》著作中，体现了马克思的国家治理思想。又如许耀桐认为，马克思的无产阶级国家治理思想，集中体现在其经典著作《法兰西内战》中，巴黎公社形成了较完整的国家治理制度。② 杜玉华在《〈从法兰西内战〉看马克思的国家治理思想及其当代价值》一文中认为，马克思关于国家治理的设想形成了主体、制度、效果三重维度，以人民为主体是国家治理的本质特征、必然要求和价值旨归。马克思主张在政治上建立真正的民主制，经济上实行劳动者合作所有制，军事上建立人民武装制度，文化上实行全民非宗教义务免费教育，对外政策上建立以国际主义为原则的外交制度。评价巴黎公社治理效果具有引导当时法国国家治理变革方向和抗衡资产阶级歪曲批评巴黎公社的双重目的，为评价国家治理效果初步确立了标准，对于坚持党对一切工作的集中统一领导具有一定的启示意义。③ 王传利以马克思社会生产的观点和社会化大生产的逻辑为重要线索，为社会主义中国提供了推进国家治理体系和治理能力现代化的理论基础和方法论启示。研究

---

① 时和兴：《关系、限度、制度：政治发展过程中的国家与社会》，北京：北京大学出版社1996年版。

② 许耀桐：《马克思恩格斯的社会主义国家治理思想——学习〈法兰西内战〉的认识》，《党政研究》2019年第5期。

③ 杜玉华：《从〈法兰西内战〉看马克思的国家治理思想及其当代价值》，《马克思主义研究》2020年第5期。

者揭示了资本主义国家治理困境产生的真正原因，认为是资本主义社会的根本制度违背了社会化大生产的逻辑，资本主义难以克服经济、政治、文化、生态等诸多方面的危机，因此，必然伴随着阶级冲突、社会危机和战争威胁。① 关锋的《"国家治理现代化"对历史唯物主义国家观的推进》一文认为，中国"国家治理现代化"的提出，既是对西方现代治理理论的辩证分析、合理借鉴，也是对历史唯物主义国家观某些内容的创新推进。后者主要表现为四个方面：国家消亡与社会主义国家及其长期性问题；国家管理与国家治理问题；国家与社会长期共存、良性互动问题；社会主义民族国家问题。② 欧阳康等指出，以人民为中心是习近平国家治理思想的核心内容，从理论和制度、实践三个层面来看，首先，在理论上，"以人民为中心"的国家治理理念凸显把人民作为治理的主体，彰显了国家治理的人民性；其次，在制度层面上，国家治理的制度体系应当坚持以"人民为中心"；最后，在实践层面上，国家治理现代化的最终目的是增进人民福祉。③

（2）围绕国家治理的主题开展的研究。①围绕政府治理能力开展的研究。④ 汤彬等指出以科层制为依托的行政一元化治理模式存在的弊端和困境，而转型社会的治理难题要求构建治理的"在场化"方案，而政府推进的社会动员则实现了社会、市场领域的多元行动者由"自在"向"自为"的角色转化，并获得了"在场"的治理主体地位，强化了变化社会中的政府治理能力。⑤ 张康之提出，工业社会的政治是民主政治，是制度民主，但是随着

---

①　王传利：《社会化大生产的逻辑与国家治理体系和治理能力现代化》，《马克思主义研究》2020 年第 7 期。

②　关锋：《"国家治理现代化"对历史唯物主义国家观的推进》，《教学与研究》2016 年第 11 期。

③　欧阳康、赵琦：《以人民为中心的国家治理现代化》，《江苏社会科学》2020 年第 1 期。

④　张慧君、景维民：《国家治理模式构建及应注意的若干问题》，《社会科学》2009 年第 10 期。

⑤　汤彬、王开洁、姚清晨：《治理的"在场化"：变化社会中的政府治理能力建设》，《社会主义研究》2021 年第 1 期。

社会的复杂化和不确定性，制度民主出现了不适应性，因而产生了协商民主理论，社会治理呈现出由制度导向向行动导向的转变。他还认为，这种转变也意味着社会治理从规则约束转向寻求道德支持。① ②对国家治理模式与国家治理阶段的历史考察。燕继荣考察了国家与社会关系的理论模型，提出国家作为统合性力量、社会作为自主性力量，可以归纳出四种国家与社会互动的结构，分别是：强国家与强社会、强国家与弱社会、弱国家与强社会以及弱国家与弱社会这四种。他提出，中国在40多年改革和发展历程中，推进了管理导向、服务导向、自治导向、协同导向的治理创新改革，致力于营造政府机制、市场机制、社会机制相结合的系统治理格局。② 在《从阶级统治到阶层共治——新中国国家治理模式的历史考察》一文中，唐亚林与郭林围绕新中国国家治理的发展阶段进行了深入阐释。根据研究，他们将新中国国家治理模式演进分为三个历史时期：阶级统治、过渡阶段、阶层共治。处于历史的不同阶段的国家治理，其治理的各个方面及各个环节如治理的实施主体、治理的组织形态、治理的实施机制等都存在差异性。③ ③围绕国家治理制度开展的研究。21世纪初，商务印书馆文史哲编辑部将部分国内学者对国家与社会关系的研究、公共权力与公民社会研究、全球化与公民社会研究、乡村治理与公民社会的讨论结集成册，集中反映了当时国内学界对国家治理结构的反思和展望，其中比较具有代表性的文章有齐延平的《国家与社会：一种法学思维模式的重新解读》、孔令栋的《权威与依附——传统社会主义模式下的国家与社会关系》、俞可平的《论政府创新的若干基本问题》、包心鉴的《改革高度集权的管理体制：权力变移的关键》、刘建军的《"跨单位组织"与社会整合：对单位社会的一种解释》等，这些文章对反思当前治理问题、指导深化改革仍具有

---

① 张康之：《论社会治理模式的转变：从制度到行动》，《探索》2019年第3期。

② 燕继荣：《国家治理体系现代化的变革逻辑与中国经验》，《国家治理》2019年第31期。

③ 唐亚林、郭林：《从阶级统治到阶层共治——新中国国家治理模式的历史考察》，《学术界》2006年第4期。

重要的参考价值。① 郭定平以"政党中心主义"作为检视中国国家治理的理论依据，他指出："政党不仅具有代表功能，更重要的是具有治理功能，可以实现利益表达和利益聚合，主导政策制定和政策执行；政党在国家治理中居于中心地位，发挥核心作用，整个国家治理系以政党为中轴而构建，整个国家治理过程由政党主导而展开。"②夏志强认为，国家治理的成败取决于国家治理的制度逻辑及其治理的有效性，西方以市场逻辑主导的国家治理面临着效能下降的危机，而中国自改革开放以来，国家治理呈现出由权力本位逐渐向权利本位转变的趋势，治理成果显著。从现实问题和客观需求出发，国家治理现代化必须坚持以人民为中心、以公民权利确立治理根基、以宪法之治凝聚治理共识、以合作行动创造治理动力、以公共美德提供治理支撑，由此确立和夯实现代国家治理有效性的基点，提升国家治理效能。③ 从破除金融资本寄生性的角度出发，宋朝龙指出，金融资本在后发国家建立、培植和巩固起来的寄生性生产关系，是阻碍后发国家现代化的制度症结。新自由主义的法权自由、私有化、自由放任、极小国家的现代化方案，无力破解反而强化了金融资本的寄生性生产关系，强化了后发国家现代化的制度症结。社会主义市场经济以公有制取代了垄断金融资本在市场体系中的主导地位，以公有制经济的生产性积累代替了金融资本的寄生性积累，减少了中小产业资本的经营成本，激发了其潜力和活力。社会主义市场经济否定了后发国家金融资本寄生性积累制度所依据的观念前提、政治制度和所有制关系，消除了后发国家金融资本寄生性积累所加于生产力发展的桎梏，破解了后发国家现代化的制度症结，具有普遍的世界历史意义。④ 王小鸿、王彩玲等就新型政党制度和国家治理现代化

---

① 商务印书馆文史哲编辑部编：《国家与社会：构建怎样的公域秩序?》，北京：商务印书馆 2010 年版。

② 郭定平：《政党中心的国家治理：中国的经验》，《政治学研究》2019 年第 3 期。

③ 夏志强：《国家治理现代化的逻辑转换》，《中国社会科学》2020 年第 5 期。

④ 宋朝龙：《社会主义市场经济对后发国家现代化制度症结的破解》，《科学社会主义》2020 年第 6 期。

之间的关系进行了相关研究，他们认为："新型政党制度是国家治理体系和治理能力现代化的重要组成部分，与国家治理有着共同的价值基础。它通过'领导''合作'与'协商'的实践，为中国人民提供了协商治理的经验与原则；通过政治参与、利益表达、社会整合、民主监督和维护稳定等功能，为保障人民群众当家做主提供了重要制度支撑。"①张文显从国家治理的法治理念出发，提出："法治与国家治理体系和治理能力有着内在的联系和外在的契合。"②在张文显看来，国家治理必须要实现法治化，从法制升级为法治，实现法律的良法善治的功能。

(二)关于列宁国家治理思想的研究

回顾列宁光辉而短暂的一生，他既是马克思主义经典思想的继承者和发扬者，也是领导俄国革命和社会主义国家治理的伟大实践者。列宁为无产阶级事业战斗至生命最后一刻，并在身后留下了大量的文章、讲话、信札等，其完整包含了列宁的国家学说和他在不同历史时期的国家治理思想，内容十分丰富。正所谓"世界不是既成事物的集合体，而是过程的集合体"③，系统地研究列宁关于国家治理的思想，可为中国特色社会主义国家治理提供理论遵循和经验借鉴，是一项亟待开展的迫切工作。

1. 国内学者关于列宁国家治理思想的研究

考察国内学界关于列宁社会主义国家建设和治理思想的研究，依据研究对象和研究内容的不同，大致可以归纳为三个层面：一是在宏观上，将列宁的国家治理思想置诸世界社会主义发展历程中的研究，包含了马克思主义发展史、科学社会主义等学科视域中，处在不同的立场和角度展开的检视。二是从中观上看，包括两个方面：一方面，研究列宁国家理论的专

---

① 王小鸿、王彩玲等：《新型政党制度与国家治理现代化》，《中央社会主义学院学报》2021 年第 1 期。
② 张文显：《法治与国家治理现代化》，《中国法学》2014 年第 4 期。
③ 《列宁全集》第 26 卷，北京：人民出版社 2017 年版，第 56 页。

著和论文比较丰富，研究主题包括列宁国家理论的形成来源、列宁国家理论的基本内容及列宁国家理论作为马克思主义发展史中的里程碑，对马克思、恩格斯国家理论的系统性继承及创新发展等；另一方面，围绕列宁社会主义国家建设思想、管理思想、改革思想的研究非常丰富，可以称之为列宁研究中长盛不衰的热点问题，研究视角、关涉主题、研究层次呈现出多元化的特点。三是从微观上看，国内研究侧重于梳理阐释列宁国家治理思想中某一具体问题，挖掘列宁国家治理实践经验的当代价值。依据不同时期国内学界侧重的不同"问题意识"，列宁的国家治理思想研究呈现阶段性特征。

（1）将列宁国家治理思想置诸社会主义发展历史视域中的研究著作有：顾海良任总编、俞良早等编写的《20世纪马克思主义发展史》（第2卷），详述了列宁在不同历史时期提出的无产阶级苏维埃国家的建设思想。该研究成果的主要特点有：在编写上采用的是马克思主义发展史的研究范式，注重史论结合；与一般的编年史料不同，研究重视将历史进程和列宁原著原文中的重要内容有机结合、相互印证，全面呈现了列宁思想在不同历史时期的基本内容。① 王东、刘军合著的《马克思列宁主义源头活水论——时代观、国家观、社会主义观》（三卷本）深入研究了马克思主义理论的关键论题——马克思列宁主义的时代观、国家观和社会主义观，并将其作为当代中国马克思主义理论创新的三大突破口和生长点，从思想史的角度全面梳理了马克思列宁主义时代观、国家观、社会主义观的形成渊源、理论体系和重要特征，坚持守正创新，反思和突破了一些长期形成的思想教条，指导研究者深入到列宁国家观、社会主义观形成的历史逻辑、发展脉络当中去理解和思考历史事件。② 王伟光主编的《社会主义通史》（八卷本），其中第三卷、第四卷围绕19世纪晚期国际共产主义运动的发展历史和苏联社

---

① 顾海良、俞良早等：《20世纪马克思主义发展史》（第2卷），北京：中国人民大学出版社2019年版。

② 王东、刘军：《马克思列宁主义源头活水论——时代观、国家观、社会主义观》，沈阳：辽宁人民出版社2020年版。

会主义制度形成的过程进行了详实的论述，展现了社会主义发展过程中丰富的历史细节，并简要地对节点性事件进行了评论，有助于读者深化对历史事件的认识，把握历史发展过程中的连续性。① 李忠杰等著的《社会主义改革史》介绍了社会主义体制形成至 20 世纪 80 年代社会主义国家改革的历程，其中第一篇第二章为关于苏联社会主义体制形成的相关论述，研究者以列宁在十月革命前、十月革命后和列宁晚年对社会主义改革的战略构想为研究主题，进行了细致梳理。② 高放著的《政治学与政治体制改革》采取了比较研究的视角系统考察了"民主宪政""政党"与"政治体制改革"等问题，以对现实改革问题的衷心关切来考察政治制度和政治体制改革的相关问题，对无产阶级政党的民主集中制、社会主义国家的政党制度、廉政建设和干部制度改革提出了独到见解，在作者看来，政治体制改革的核心是正确处理集权与分权的关系。③ 由苏联历史研究专家郑异凡等学者编写的《苏联史》系列丛书中的《新经济政策的俄国》《俄国革命》两卷，引用了大量的俄文档案和历史文献，包括托洛茨基、布哈林等无产阶级革命家的著作，为研究俄国革命和新经济政策时期的历史背景和社会思潮提供了宝贵的详细参考资料。④

（2）以问题意识为主要线索对列宁国家学说和国家治理思想的研究著作有：从对列宁国家理论的研究历程来看，自 20 世纪 20 年代到 70 年代末，其时中国正处在革命和阶级斗争时期，围绕《国家与革命》形成了"国家—革命—专政"的研究模式；20 世纪 80 年代以后，改革开放的现实需要、对社会主义民主建设和依法治国的思考推动国内学者从对列宁革命思想的研究转而研究列宁的社会主义建设思想，围绕列宁国家理论和社会主

---

① 王伟光：《社会主义通史》，北京：人民出版社 2011 年版。

② 李忠杰：《社会主义改革史》，北京：春秋出版社 1988 年版，

③ 高放：《政治学与政治体制改革》，北京：中国书籍出版社 2002 年版。

④ 郑异凡：《新经济政策的俄国》，北京：人民出版社 2013 年版；姚海：《俄国革命》，北京：人民出版社 2013 年版。

义国家建设思想形成了一批专题性研究成果;① 20 世纪 90 年代以来,随着"中国学者研究中国改革的问题发生了变化"和"中国学者解读《国家与革命》的哲学观念发生了变化",围绕《国家与革命》的研究呈现出这样的研究路径,"从革命—国家解读模式到国家—法治解读模式,再到革命—国家—法治的总体性解读模式的观念变化"②。国内学者对列宁的思想遗产进行深层次挖掘,将其与我国现实问题紧密结合起来,对列宁国家理论的研究阐释呈现出综合性的特点。

何萍所著的《在社会主义入口处——重读列宁〈国家与革命〉》详细梳理了国内学界关于列宁思想研究范式的历史演进,采取政治哲学的视角和研究方法,对《国家与革命》写作的时代背景、写作的准备材料、基本原理进行了阐释,对列宁关于俄国革命和社会主义国家建设的构想进行了详细论述。在作者看来,在不同的历史发展阶段,中国研究者形成了解读《国家与革命》的两种范式,对《国家与革命》的解读与中国国情密切相关。③ 卢迎春在《列宁国家学说研究》中论述了列宁国家理论的基本内容,包括列宁国家理论形成的历史背景、历史演进等,阐述了列宁关于国家起源、本质和消亡的理论,完整勾勒了列宁构建的社会主义国家理论,围绕列宁对社会主义国家治理的初步探索进行了一定的研究,相关论述从三个方面展开:第一是关于苏维埃国家政权建设思想,第二是利用国家力量恢复和推动社会主义经济发展,第三是社会主义民主与法治建设。④《列宁主义国家观创新的三大理论来源》一文,驳斥了西方学者提出的列宁主义国家观来

---

① 包括吕世伦主编的《列宁法律思想史》、杨会春的《列宁经济思想新探》、俞良早的《列宁主义研究》《列宁后期思想探要》、王东的《改革之路的真正源头》、左亚文的《列宁晚年社会主义建设理论与中国的改革实践》、张翼星等著的《读懂列宁》、季正矩的《列宁传》等。

② 何萍:《近 30 年来中国人眼中的〈国家与革命〉》,《北大马克思主义研究》2013 年第 3 辑。

③ 何萍:《在社会主义入口处——重读列宁〈国家与革命〉》,北京:人民出版社 2013 年版。

④ 卢迎春:《列宁国家学说研究》,北京:中国社会科学出版社 2020 年版。

源于"雅各宾主义""布朗基主义""亚细亚国家传统""以特卡乔夫为代表的俄国民粹主义"的论点，并按照列宁一生成长过程中先后接触的主要社会思潮的历史顺序，提出列宁国家理论的思想来源分别是：俄国革命民主主义国家观(以车尔尼雪夫斯基为代表)，布尔什维主义国家观(以布哈林、阿多拉茨基为代表)，马克思、恩格斯的国家观，以俄国革命为基础，列宁在实践中创新发展并形成了自己关于国家的学说。① 由中央编译出版社组织编写的"马克思主义经典著作研究"读本，该系列读本引证的文献资料丰富，考证翔实，对帮助研究者拓宽研究视野具有重要参考价值。②

(3)关于列宁国家治理思想的理论意义及现实价值的研究著作有：在《论列宁的社会主义国家治理思想及其当代启示》一文中，研究者根据俄国革命和社会主义建设的不同历史阶段，列宁国家治理思想的内容和侧重点，将列宁国家治理思想划分为三个阶段。研究者认为，列宁的国家治理模式在三个不同的历史时期可以概括为"全民治理""全能治理"和"发展治理"。时至今日，列宁的这些重要论述对推动中国特色社会主义国家治理现代化而言仍然具有重要的启示意义。③ 俞敏所著的《列宁十月革命战略思想及进程中的重要发展研究》总结了列宁在苏维埃社会主义国家治理过程中的重要经验及其规律性启示，包含的主要内容有：由指望西欧革命支持俄国革命的思想转向苏俄"争得了独立生存的权利"的思想，由建设巴黎公社式民主的思想转向在共产党领导下建设民主的思想，由利用"旧专家"加强管理和建设的思想转向反对官僚主义和精简国家机关的思想。④ 杨军等深入挖掘《列宁专题文集·论社会主义》中的丰富内容，指出列宁社会主义思想以理论和实践的双重探索为基础，经历了三个发展阶段，阐述了列宁

---

① 王东、房静雅：《列宁主义国家观创新的三大理论来源》，《理论与评论》2018年第2期。

② 胡兵：《列宁〈国家与革命〉研究读本》，北京：中央编译出版社2016年版。

③ 杨晶、陶富源：《论列宁的社会主义国家治理思想及其当代启示》，《江汉论坛》2016年第1期。

④ 俞敏：《列宁十月革命战略思想及进程中的重要发展研究》，北京：人民出版社2020年版。

"无产阶级在夺取政权之后要以经济建设为中心""吸收和借鉴资本主义创造的文明成果""加强工农联盟，引导农民走社会主义道路""不断加强党的建设"等重要思想。① 王东著的《改革之路的真正源头》一书，着力解答了列宁生命最后阶段所撰著作的深刻启示和现实意义，围绕列宁"政治遗嘱"形成的历史背景问题、形成过程问题、思想深蕴问题进行了探讨。作者提出商品经济、民主政治、文化革命是支撑列宁构想的三大骨架，也是当今时代推动社会主义改革的三个主动轮。借助于对列宁政治制度改革构想的沉思，可以大大加深我们对当前社会主义政治改革的理解，确立社会主义政治学的新观念，从理论思维高度进一步廓清政治改革的中心目标、思想主线和基本原则，历史地、整体地还原列宁思想这一有机体。② 刘志明著的《列宁社会主义建设理论与实践研究》将列宁社会主义国家治理思想分为"苏维埃国家经济发展""苏维埃国家民主政治建设""苏维埃国家社会主义文化发展"三个部分，并详细介绍了其中的具体内容，结构严整，内容丰富。③ 张翼星等著的《读懂列宁》汇集了列宁的哲学思想和列宁的国家理论，是一本系统研究列宁思想的著作，在该著作中，研究者认为列宁国家理论中存在结构性缺陷。在作者看来，列宁对国家问题的思考尚有诸多欠缺，在国家和建党问题上走的都是集权模式，国家承载的公共权力被赋予执政党，执政党的权力又由少数个人所掌控。④ 周尚文著的《列宁政治遗产十论》力求以审慎的态度对列宁的政治遗产加以评析，论著所涉及的问题包括"一党制执政模式的形成""党国制的利与弊""新经济政策的历史价值及其局限性"等，值得研究者重视和探讨。⑤

此外，阐释列宁国家治理的专门性研究著作，除前文已列举的部分研

---

① 杨军、梅荣政：《列宁社会主义思想的历史演进、思想内容和启示——读〈列宁专题文集·论社会主义〉》，《高校理论战线》2010 年第 7 期。

② 王东：《改革之路的真正源头》，北京：北京大学出版社 1990 年版。

③ 刘志明：《列宁社会主义建设理论与实践研究》，北京：经济科学出版社 2013 年版。

④ 张翼星等：《读懂列宁》，成都：四川人民出版社 2001 年版。

⑤ 周尚文：《列宁政治遗产十论》，上海：上海人民出版社 2018 年版。

究成果外，比较具有代表性的还有：郭华甫的《列宁苏维埃政权建设思想与当代中国》探讨了列宁关于党政建设和巩固发展无产阶级工农联盟的主要观点。① 袁秉达的《跨越卡夫丁：列宁"最后的书信和文章"解读与启示》聚焦于列宁"最后的书信和文章"，通过揭示列宁"最后的书信和文章"及其思想成果的理论渊源，集中阐述和论证了列宁关于经济文化落后国家社会主义建设一套完整的思想理论体系及其方法论特色，并着重论述了列宁"最后的书信和文章"的当代启示。② 赵曜在考察列宁晚年的社会主义建设思想的过程中，揭示了革命和改革的关系，列宁晚年关于社会主义建设的思想包含了新经济政策、建设社会主义构想和建设社会主义思路三重含义。③ 郭彩星的《列宁发展观研究》分别对列宁发展观的本质层次、具体运行层次和价值诉求层次进行了探讨，厘清了列宁发展观各个组成部分之间内在的逻辑联系。④ 赵文的《列宁政府公共性思想及其对我国服务型政府建设的启示》以列宁政府公共性思想为考察视角，提出列宁政府公共性思想的价值指向是"实现政府人民性、维护人民利益"，核心理念是"强化政府服务，落实服务职能"，实现原则是"廉洁、廉价、高效、法制、公开"，作者还论述了列宁实现政府公共性的现实举措和历史地位。⑤ 此外，房广顺的《列宁工人阶级执政党建设思想研究》、刘维春的《列宁民主理论的历史来源与当代意义》、郑流云的《列宁民族平等思想研究》、彭东琳的《列宁文化建设思想研究》、陈娥英的《列宁民族自决权思想研究》、王建国的《列宁检查权思想理论研究》等都是近年来列宁思想研究中的代表性著作。

---

① 郭华甫：《列宁苏维埃政权建设思想与当代中国》，合肥：合肥工业大学出版社 2009 年版。

② 袁秉达：《跨越卡夫丁：列宁"最后的书信和文章"解读与启示》，上海：上海人民出版社 2019 年版。

③ 赵曜：《赵曜自选集》，北京：学习出版社 2007 年版，第 80~81 页。

④ 郭彩星：《列宁发展观研究》，北京：中国社会科学出版社 2020 年版。

⑤ 赵文：《列宁政府公共性思想及其对我国服务型政府建设的启示》，北京：红旗出版社 2017 年版。

2. 国外学者关于列宁国家治理思想的研究

从时间上来看，德国社会学家马克斯·韦伯是西方学界关于 20 世纪初俄国社会革命研究的先行者。围绕 1905 年和 1907 年俄国革命，马克斯·韦伯写了 4 篇文章，收录在《论俄国革命》一书中。① 整体上来看，韦伯所持的立场是对资产阶级民主的维护，因此他否定列宁、否定布尔什维克，极力反对无产阶级革命。他曾预言在列宁等人领导下，俄国会走上中央集权的道路。曾任教于宾夕法尼亚大学和伊利诺伊大学的政治学者迦那在 1928 年付梓的《政治科学与政府：政府论》向西方学界介绍了俄国的苏维埃制度，以西方政治体制为参照，迦那认为苏俄的制度"比较与内阁制相近，而不近于总统制"，在他看来，"苏俄制度不是民治政体"，它主要采用职业代表制而非地域代表制，苏俄最显著的特色在于缺乏分权的原则。② 西方学者对俄国革命史的深入研究，以 20 世纪 50 年代英国著名苏联学家爱德华·卡尔所著的三卷《布尔什维克革命》为起点标志，20 世纪 70 年代末他又出版了《俄国革命：从列宁到斯大林 1917—1929》，对列宁及斯大林国家治理思想进行了评述。西方最早提出"列宁学"这一概念的是著名的新托马斯主义者、瑞士弗里堡大学文学院院长约瑟夫·M. 鲍亨斯基教授，他在《苏联学——政治和现代史》一文中提出以"马克思学、列宁学和苏联学"的概念对应共产主义发展的三个历史时期。③ 笔者根据研究主题，将国外学者的成果分为两部分，其一是关于列宁国家理论的研究，其二是关于列宁国家治理思想的研究，大致情况述要如下：

（1）以列宁的国家理论作为研究对象。①对列宁国家理论持肯定和推崇

---

① ［德］马克斯·韦伯：《论俄国革命》，潘建雷、何雯雯译，上海：上海三联书店 2010 年版。

② ［美］迦那：《政治科学与政府：政府论》，林昌恒译，北京：东方出版社 2014 年版。

③ 叶卫平：《西方"列宁学"研究》，北京：中国人民大学出版社 1991 年版，第 3 页。

的态度。何萍主编的《列宁思想在二十一世纪：阐释与价值》作为国际学术研讨会的会议论文集，收录汇编了国内外学者关于列宁帝国主义理论、民族自决权、社会主义革命和建设思想、俄国革命等问题的探讨和研究。英国学者拉丹·杜泽撰文强调了列宁思想中民族自决与社会主义的联系，提出列宁的国家理论的创新是"面对的挑战需要新形式的自然科学、社会科学和制度创新的能力，而不仅仅是对资本主义模式的适应"①。阿里夏诺夫高度评价了列宁的国家理论，其观点也代表了社会主义阵营官方与学界的主流观点。在《论列宁著〈国家与革命〉》一书中，阿里夏诺夫指出："列宁著《国家与革命》一书是马克思主义关于国家的一部最辉煌的科学著作"，并认为列宁进一步丰富了关于无产阶级专政的学说：一是阐述了关于新型的国家，即苏维埃国家——无产阶级领导组织的国家形式；二是创立了"无产阶级领导下的工农革命联盟的理论"，三是"详尽而深刻地发挥了无产阶级民主制是民主制新的、最高的形式"，作者还指明了列宁的国家学说在人类解放道路上的国际意义和历史地位。② 戴维·麦克莱伦的《马克思以后的马克思主义》是第一部关于马克思辞世后的马克思主义思想发展的简史，受到国内学界高度关注，目前已有三个中文译本。该书用六章之多来叙述马克思主义在俄国的发展，而列宁又是其中的重点。作者详细地介绍了列宁的思想，包括列宁对党的作用和党的建设、俄国社会的性质和俄国革命问题、帝国主义理论、国家和国家的作用及其消亡的条件、民族问题等。然而，作者关于列宁的理论和思想的解读都存在较多的歪曲和误读，割裂了列宁和马克思、恩格斯之间的关系。③ 华裔美籍学者谢尔曼·张，原名张效敏，其著作《马克思的国家理论》是英语世界中第一本系统叙述马克思国家理论的学术著作，近年被国内学术

---

① 何萍主编：《列宁思想在二十一世纪：阐释与价值》，北京：人民出版社 2014年版。

② ［苏］阿里夏诺夫：《论列宁著〈国家与革命〉》，明河译，北京：五十年代出版社 1952 年版。

③ ［英］戴维·麦克莱伦：《马克思以后的马克思主义》，李智译，北京：中国人民大学出版社 2017 年版。

界关注。20 世纪 20 年代，张效敏在宾夕法尼亚大学攻读博士学位时，观察到共产主义制度成为中国现实发展中的实践依据，尤其是中国国内的共产主义理论在他的家乡——长沙的发展，因此他选择了"马克思主义的国家理论"作为其研究对象。除了提出《国家与革命》的出版推动了对马克思国家理论的研究外，他还高度关注马克思主义在世界各国革命实践中的应用和发展，专门分析了"马克思主义在苏维埃俄国的应用"。张效敏深刻认识了俄国国情的特殊性，明确了苏维埃政权的职能和经济制度是对马克思主义的发展，提出"这些新原则是对马克思主义的发展或提炼，而不是对马克思主义的违背"，借此彰显列宁在历史发展过程中的重要地位。① 此外，列宁国家理论的研究者中，推崇该理论的还有巴里巴尔、拉尔夫·密利本德、科莱蒂、埃文斯等人。总之，在赞同列宁国家理论的研究者中有一个共同点，就是在他们那里，马克思的阶级分析法是十分重要的，而列宁的国家理论正体现了这一点。②

②质疑和批判列宁国家理论的态度。莫斯科国立大学历史系学者阿列克谢·古谢夫指出，反对列宁的观点主要在国外的政治势力中广为流传，散布在由于种种原因流亡海外的非布尔什维克党群体中。其中，右翼势力的重要代表亚历山大·艾茨戈耶夫（Alexander Izgoev）长年参与宣传反对列宁思想的活动，并写了《红色独裁者》一文对列宁及其思想进行猛烈抨击，指责列宁的活动造成了严重的毁灭性后果。阿列克谢·古谢夫进一步指出，除了海外的俄国政治激进的非布尔什维克党的活跃群体对列宁思想的尖锐抨击和抹黑，另一个导致难以客观评价列宁思想及其重要贡献的因素就是，斯大林将列宁的思想认定为苏俄官方意识形态的基础，导致反对斯大林专制的人一并对列宁加以反对。③ 自 20 世纪 20 年代晚期起，列宁的著作及相关研究进入欧洲

① ［美］张效敏：《马克思的国家理论》，田毅松译，上海：上海三联书店 2013 年版。

② 胡兵：《列宁〈国家与革命〉研究读本》，北京：中央编译出版社 2016 年版，第 55 页。

③ ［俄］阿列克谢·古谢夫：《20 世纪 20 年代俄国意识形态和政治话语中的列宁及列宁主义》，参见何萍主编：《列宁思想在二十一世纪：阐释与价值》，北京：人民出版社 2014 年版，第 215~216 页。

研究者视域，相关研究恰恰证明了：学术研究不可能不受政治或意识形态的影响。西方"列宁学"研究者热衷于把列宁描绘成一个追求权力的领导者。① 叶卫平在《西方"列宁学"研究》一书中运用了大量第一手资料，系统地分析介绍了西方"列宁学"思潮的兴起、西方"列宁学"对列宁主义的攻击、对列宁生平活动的歪曲，批驳了西方"列宁学"对列宁关于辩证唯物主义的反映论、"灌输论"、民主集中制原则以及只有共产党的领导才能坚持社会主义道路等理论原理的歪曲。② 尼尔·哈丁作为西方"列宁学"的代表人物，于 20 世纪 70 年代和 90 年代分别出版了《列宁的政治思想》和《列宁主义》两部著作，从早期对列宁客观、中立的评价转向态度鲜明的否定。法国学者雅克·泰克西埃在研究马克思、恩格斯的革命理论和民主理论时，写作了《马克思恩格斯论革命与民主》一书，在书中第四部分用了较大篇幅对《国家与革命》的部分内容进行了详细解读，在其研究中，泰克西埃围绕列宁的国家职能、普选权和民主共和国理论等问题，直言理论所存在的短板，对列宁提出批评。泰克西埃批评列宁过度强调国家是"强制的工具和阶级的工具"，淡化恩格斯提出的国家的社会职能，认为列宁国家理论和马克思、恩格斯存在矛盾对立。③ 此外，对列宁国家理论持否定观点的国外学者还有西达·斯考切波、A. J. 坡兰等。④

③对马克思、列宁国家理论的继承和发展。由于阿尔都塞指认在马克思和列宁那里"不存在真正的'马克思主义国家理论'"，招致不少研究者的批判，甚至有部分研究者将其观点作为否定马克思、列宁国家理论的代表性观点。19 世纪 80 年代，意大利著名左派报刊《宣言报》编辑部组织了一

① 张传平：《尼尔·哈丁与当代西方"列宁学"研究的理论转向》，《山东社会科学》2018 年第 7 期。

② 叶卫平：《西方"列宁学"研究》，北京：中国人民大学出版社 1991 年版。

③ [法]雅克·泰克西埃：《马克思恩格斯论革命与民主》，姜志辉译，北京：社会科学文献出版社 2012 年版。

④ 曹天禄、殷向阳：《不破哲三：列宁对马克思恩格斯国家观的误读》，《社会主义研究》2006 年第 5 期；[美]西达·斯考切波：《国家与社会革命——对法国、俄国和中国的比较分析》，何俊志、王学东译，上海：上海人民出版社 2007 年版。

场名为"后革命社会中的政权和对立"的国际会议，在大会上阿尔都塞以《马克思主义的危机》为名宣读了相关报告。在报告中，阿尔都塞直指马克思和列宁的国家理论有两大缺陷：其一是缺少国家理论，其二是缺少阶级斗争组织理论。此外，他还认为马克思和列宁均未对国家类型的区分、国家如何保障阶级统治、国家机器是如何运行的问题进行分析。① 阿尔都塞在马克思主义发展史中，第一次采用"再生产"视角，对马克思关于社会形态理论作了全新解读，构建了"法—国家—意识形态"三者紧密相连的结构，为阶级统治永世长存提供了理论依据。②

(2)关于列宁社会主义国家治理思想的研究。①关于苏维埃国家治理的制度研究。耶鲁大学政治学者詹姆斯·C. 斯科特（James C. Scott）提出，长期的战争、革命和饥荒是导致革命前社会解体，特别是城市解体的重要因素，工业生产的普遍崩溃导致城市中大量人口外流，"甚至实际上倒退到实物交换经济"，国内战争导致现存的社会纽带进一步解体，严峻的环境使处于困境中的布尔什维克学会了战时共产主义的方法——征用、战时法律和高压政治，这种秩序形成了对公共形式的强调，除了政治和经济领域外，还渗透到了建筑、大众习惯、城市设计、公共仪式中，但是斯科特和斯蒂茨等学者指出，尽管组织者采取了理性的、精确的指令，但是最终输出可能并非是真实的秩序和一致性。③ ②对社会主义苏维埃政权面临严重政治经济危机时的重要改革政策研究。列宁晚年提出的新经济政策是列宁国家治理思想的重要组成部分，这一政策不仅对当时苏俄乃至苏联的整个发展都产生了重要的影响，而且也深刻影响了世界其他社会主义国家建设的理论及实践进程。20 世纪 90 年代以来，围绕新经济政策的研究成果涉及的相关主题包括：当时历史条件下列宁对形势的判断及其新经济政策

---

① 　[法]路易·阿尔都塞：《马克思主义的危机》，《国外社会科学动态》1978 年第 1 期。

② 　吴子枫：《阿尔都塞的国家理论》，《马克思主义与现实》2019 年第 5 期。

③ 　[美]詹姆斯·C. 斯科特：《国家的视角》，北京：社会科学文献出版社 2004 年版。

思想，列宁提出的"对社会主义的根本看法改变"具体包括哪些内容，俄共(布)党内对新经济政策和对社会主义看法转变的争论等。① 在研究者看来，苏维埃俄国政府关于新经济政策的诠释是"强调从战时经济向和平经济的转换"。但是从实践来看，列宁在实施新经济政策过程中，最为著名的政策也是最具有代表性的政策就是彻底放弃了全部经济收归国家化的原则，允许私人企业、雇佣工人、外国直接投资的"混合经济"的存续。据此，学者认为，新经济政策是对农民商品生产本性的一种妥协，是同资本家斗争中的撤退表现。就实施新经济政策目的来看，有学者提出，从一定意义上来说，新经济政策的实质，就是在无产阶级专政的政治权力关系整体稳定的情况下，所推行的试图对经济进行改革的计划。此外，还有部分学者认为，列宁领导的苏维埃俄国实行的新经济政策的本质就是由国家集中管理的国有经济与保持经济自由流转的市场经济的结合，并将新经济政策的模式称为带有实验性质的、初始的市场社会主义。莫西·莱文写作的《列宁的最后斗争》，是研究列宁政治生命最后一年的思想与活动的专著，该标题源于列宁生前最后一次出席党代表大会所作政治报告时提出的一个口号："我们的确在进行'最后的斗争'。"依据研究者论述，列宁晚年同斯大林等人之间的斗争，主要围绕对外贸易垄断制问题、官僚制与民主问题以及苏维埃国家与民族问题等三个方面进行。研究者对特定历史阶段的领导人之间的分歧作了评价，但对内在原因和实质性问题剖析不够深入，依然存在进一步探讨研究的空间。② 从列宁国家治理思想的具体方面来看，苏联学者茨维特科夫系统地论述了列宁的军事理论，包括关于战争、军队和军事科学的基本原理，并考察了列宁关于国家经济能力、国家精神能力及其在战争中的应用的思想。③

---

① 王丽华主编：《历史性突破——俄罗斯学者论新经济政策》，北京：人民出版社2005年版，第3页。

② [法]莫西·莱文：《列宁的最后斗争》，叶林译，哈尔滨：黑龙江人民出版社1983年版。

③ [苏]茨维特科夫：《论列宁的军事理论遗产》，北京：解放军出版社1984年版。

3. 国内外研究现状述评

当前，围绕国家治理和列宁的国家理论，以及关于苏维埃社会主义国家建设的研究已经非常丰富。研究认为，国外学者基于不同的立场、不同的视角，对列宁的国家理论和社会主义国家治理思想提出的诘难较多，具体表现归纳如下：一是忽视了列宁国家理论对马克思、恩格斯国家学说的继承和发展，对列宁国家理论本质采取了不客观的态度，不承认列宁的国家理论实际上是马克思、恩格斯的国家理论在帝国主义时代下的创新发展；二是割裂了列宁国家治理思想的整体性，部分研究者以战时共产主义时期列宁治理国家的非常举措作为列宁国家治理思想的全部内容，罔顾客观环境和历史条件，对列宁国家治理思想进行指责批判；三是部分国外研究者认为列宁对国家治理的初步探索，是形成苏联"全能治理"的国家治理模式并最终走向僵化的重要原因。国内学者遵循马克思主义国家学说的发展脉络，将列宁的国家治理思想置于当时的历史条件下进行考察，深入分析列宁在不同时期苏维埃国家建设指导思想的转折，大量使用俄文档案和一手材料，将列宁的理论设想和实际治理措施相互印证，这些都体现了研究者科学严谨的研究态度。国内学者以求索真理、回应现实诉求为目标，研究视角之多元、考察之全面、洞察之深远令后学高山仰止，且近年来逐渐形成了具有中国特色、中国气派的马克思主义国家观和国家治理理论体系。

首先，是关于国家治理的研究情况。国内马克思主义理论学科研究者，以马克思主义国家学说为基础，针对国家治理的研究分为三种进路：一是在马克思、恩格斯国家观和国家学说中深入挖掘马克思、恩格斯的国家治理思想，如王海明的《国家学》（三卷本）；① 二是依据马克思主义国家治理思想来检视中国国家治理理论的发展建构，阐释马克思主义国家理论

----

① 王海明：《国家学》（上、中、下三卷），北京：中国社会科学出版社 2012 年版。

的时代意义，如郁建兴的《马克思国家理论与现时代》；① 三是结合域外国家治理模式和治理理论进行比较研究。② 从研究思路上看，关于列宁国家治理思想的专门研究著作尚不多见；从研究方法上看，研究者往往通过选取国家治理结构中的经典关系作为分析基础，如国家与社会的关系、领导集体和人民群众的关系、国家能力的增长和国家能力的限度之间的关系等。

其次，以列宁的国家治理思想为考察对象所形成的研究成果，笔者认为应当关注其中的三种情况：(1)关于列宁社会主义建设思想的研究非常丰富，其中又以新经济政策作为研究的重点。(2)已经有学者就列宁的国家治理思想作了研究，但二者是从不同的角度，如杨晶、陶富源的文章力求突出不同时期列宁国家治理模式的嬗变，顾玉兰侧重把握列宁国家治理思想的指导思想、主要内容的普遍意义，提示我们研究列宁的国家治理思想，既要把握不同时期列宁国家治理思想的变化，又要从中挖掘出具有一般性、普遍性意义的重要规律。(3)从学科层面来看，已有的研究集中反映了列宁国家治理思想在马克思主义理论、政治学、历史学、法学视域下的研究进展，为本书聚焦马克思主义发展史视域下的列宁国家治理思想研究提供了参考坐标，对拟定本书研究思路具有重要的启示意义。

三、"国家治理"的概念界说

(一)列宁使用"治理"及相关概念的情况

通过查阅和检索列宁的相关著作(以中译本为据)，我们发现列宁曾经使用或引用过"治理"这一概念，尽管使用次数并不多，但是这表明列宁已

---

① 郁建兴：《马克思国家理论与现时代》，上海：东方出版中心 2007 年版。

② 郭忠华等编：《当代国家理论：基础与前沿》，广州：广东人民出版社 2017 年版。

经关注到"治理"这一概念。例如，在《列宁全集》第 27 卷《帝国主义是资本主义的最高阶段》一文中，列宁指出，反帝国主义者借用了林肯的观点："白人自己治理自己是自治；白人自己治理自己同时又治理别人，就不是自治而是专制。"①尽管列宁站在批判帝国主义的立场上将这句话称作"天真的愿望"，但是列宁对这句话本身所含的一般意义是认可的，表达的基本立场是一个种族有权利治理族内的一切事务，但是不应当去插手其他种族的事务，说明"治理"应当具有相应的使用范围，必须符合秩序规范，也表达了"治理"最朴素、最本质的一层含义，就是"自治"应当发挥治理权力主体的主导作用。

尽管列宁较少使用"治理"一词，但是在领导俄国革命和开展苏维埃俄国社会主义建设的过程中，列宁常常使用"管理""协作""合作"等词语来表示苏维埃无产阶级国家的治理模式。如前文所强调的，虽然当时没有治理这一概念，但是自人类国家产生以来，国家治理活动本身是存在的；对这几个词语作进一步考察，其中"管理"与治理的概念较为接近，列宁多次将管理称为一门"艺术"，可见他对管理的认识，实际上已经超出了当时对管理的一般理解，超出了对资本主义国家以"泰罗制"作为普遍管理制度的认识，列宁更加注重尊重群众的首创精神，发挥和调动工人群众的自主性和积极性。19 世纪末 20 世纪初，美国和西欧资本主义国家开始采用泰罗制作为管理方法，但列宁对泰罗制的认识显然不仅仅将它作为一般的管理工具，将其仅作为管理工人的"标准操作方法"。列宁并没有将泰罗制作为一种一劳永逸的管理手段，而是反复强调，要鼓动群众、调动群众的积极性，让每一个群众都参与到苏维埃国家的管理中来，要发挥群众的首创精神，让工人学习和使用最先进的仪器工作。从这些方面来看，列宁对管理的本质认识侧重于发挥群众的主观能动性和自主性。由此可见，这种摆脱了资本桎梏的群众自发的劳动，目的是为了满足自身对劳动的需要，其本质和资产阶级制度下一般的管理制度有了根本区别，列宁关于管理的思考

---

① 《列宁全集》第 27 卷，北京：人民出版社 2017 年版，第 423 页。

已经有了现代"治理"话语的意蕴。十月革命胜利后，无产阶级苏维埃掌握了国家政权，无产阶级及其政党应当依据什么样的原则和方法来治理国家，这是列宁领导的布尔什维克党和苏维埃政权面临的一个重大的理论与现实问题。列宁历经曲折探索，虽然他的国家治理思想在不同历史时期的具体内容有所变化，但坚持无产阶级政党在国家治理中的领导核心地位、坚持无产阶级专政的原则、探索社会主义民主政治、发展社会主义生产力、尊重知识分子和专家、建设社会主义经济、发展社会主义文化、坚持以人民群众为中心的价值旨归等没有改变。

(二)中国"国家治理"的内涵

推进国家治理体系和治理能力现代化作为当代中国现代化发展的重要任务目标，内涵了自新中国成立以来，我国国家治理的演进路径及其发展阶段呈现出从政治统治、到政治管理再转向进化到国家治理的治理模式，毫无疑问，我国国家治理现代化需要在指导国家治理的思想理念、治理的实施机制和价值追求，即治理目标、价值旨趣等方面增进国家治理体系现代化，遵循和发挥由"国家"承担治理的主体职责，并进一步提升治理能力，换言之，要求从权力主体和权力实施的单向性、强制性转变为形成国家与社会组织、社会成员之间的良性互动，也就是形成有效政府与有为市场的结合。习近平指出："我国今天的国家治理体系，是在我国历史传承、文化传统、经济社会发展的基础上长期发展、渐进改进、内生性演化的结果。"①这从根本上指明了作为研究者应当坚持以中国国情政情社情作为研究的基本立场和思考问题的根本出发点，科学概括了中国国家治理体系生成的历史逻辑。

从历史上看，"国家治理"问题受到中国封建王朝统治者的高度重视。对于历代君主而言，他们既希望施行德政，彰显"王道政治"的无远弗届，又希望开疆拓土，通过"霸道政治"扩大国家统治范围。对于士大夫知识分

---

① 《习近平谈治国理政》，北京：外文出版社 2014 年版，第 105 页。

子而言，则应当把"修身齐家治国平天下"的境界作为人生的追求目标。"治"本义为"治水"，延伸为治理、管理、统治。《吕氏春秋》云，"治国无法则乱"，说明国家治理需要遵循法度进行，否则纲纪颠倒、秩序失衡。《尚书·周官·太宰》载："冢宰掌邦治，统百官、均四海"，言明统治者治国安邦的职责，就是要统御百官、平定四方。"治"又可表示为安定太平，《史记·屈原列传》载："明于治乱，娴于辞令。""治"还可形容社会安定太平，如《荀子》曰："禹以治，桀以乱，治乱非天也"，"明分职、序事业，材技官能，莫不治理，则公道达而私门塞矣，公义明而私事息矣"。此外，"治"还有整顿、备办、处理等意。"理"意为把璞石加工成美玉，《说文》曰"理，治玉也"，引申为料理，还有纹理、条理之意。概言之，从"治"和"理"的目标来看，其表达了四海升平、社会稳定、天下为公、官员忠于职守的美好愿望，从"治"和"理"的方式看来，二者都强调需遵循相应的规则制度并加以导引。此外，中国古代历代思想家围绕"治国理政"及具体的施政方针展开了激烈的讨论，春秋战国时期以诸子百家为代表，其中具有较大影响的有儒家、法家、墨家等，他们表达了不同学派关于国家治理的施政策略。

从历代政治制度和政治实践来看，一是形成了追求国家统一的民族文化心理和以"郡县制"为代表的治理结构。秦汉以降，"中央方面才有一个更像样的统一政府，而其所辖的各地方，也已经不是封建性的诸侯列国并存，而是紧密隶属于中央的郡县制度的行政区分了"①。二是系统地形成了国家治理的法律制度。例如，在湖北云梦睡虎地出土的 1155 枚"云梦睡虎地秦简"中，包含了 18 种秦朝的律法制度，诸如《田律》等，其中记载了世界上最早的环境保护的法律条文，其他的竹简还涉及对未成年人的保护、官吏的行为规范等，以当时的生产力水平来衡量，秦朝对国家管理的制度规范可谓相当全面。此后，尽管传统国家的治理结构历经更迭，发生了较

---

① 钱穆：《中国历代政治得失》，北京：生活·读书·新知三联书店 2011 年版，第 43 页。

大的转变，但共同特征是：尽管包含了对社会安定、政治清明的美好愿望，提出了"修身齐家治国平天下"进而"内圣外王"的个人修养的最高准则，但正如牟宗三先生所指出的："中国在以往只有治道而无政道，亦如只有吏治，而无政治。吏治相应治道而言，政治相应政道而言。"①牟宗三先生揭露了传统"治理"话语的本质，封建社会思想家有关"治理"的本质是统治阶级为维护剥削阶级统治而创造的管理国家的思想和方法，其本质上是胥吏之治，不可能形成与之相对应的"王道政治"。约翰·霍尔从资本主义发展的角度揭示了中国的传统治理，指出在封建国家中政府凌驾于一系列社会组织之上，监督它们之间的联系，包括经济联系，把这些联系看做对权力的威胁。②

当代中国"国家治理"就其字面含义而言，既包含了"national governance"（民族国家治理），又包含了"state governance"（占有公权力的国家，以政府为主要代表）为主体的治理，因此存在两重意涵：第一重含义是治理国家，也就是平常所说的对国家进行治理，即"治国理政"。此处所说的国家是一个集合概念，也就是对作为"国家"所包含的所有元素的集合进行治理，国家就是所有元素集合组成的共同体。第二重含义就是由"国家"作为治理主体开展治理活动，具体而言，就是由作为国家的代表的"政府"作为治理的主体，组织开展治理活动。

四、研究思路与研究方法

（一）研究思路

遵循马克思主义发展史学科的学科特色和研究规范，研究列宁的国家治理思想需要完成两项基础性工作：一是梳理马克思、恩格斯有关国家的

---

① 牟宗三：《政道与治道》，台北：台湾学生书局 1987 年版，第 1 页。

② ［英］彼得·伯克：《历史学与社会理论》，姚朋、周玉鹏等译，上海：上海人民出版社 2010 年版，第 185 页。

理论著述，深入研究作为社会主义创始人的马克思、恩格斯关于国家治理的理论设想。即系统论述马克思、恩格斯的国家学说，包括马克思、恩格斯关于国家的起源、国家的本质、国家的组织形式、国家的消亡的理论，阐释马克思、恩格斯关于新型国家治理的理论设想；二是明确"国家治理"及其相关概念的内涵和外延，包括治理目标、治理主体、治理结构、治理的价值旨归、治理能力等。在对相关研究材料充分占有的基础上，遵循既定的研究目标和研究思路，对收集的材料进行选择性运用。

本书主体架构由导论、正文两大部分组成，依照马克思主义发展史的研究逻辑和叙述规范安排如下："导论"部分；第一章，列宁国家治理思想的形成与演进；第二章，十月革命前列宁关于国家治理的理论设想；第三章，战时共产主义时期列宁的国家治理思想；第四章，新经济政时期列宁国家治理思想的重大转变；第五章，晚年时期列宁社会主义"政治—经济—文化"的整体发展思路；第六章，列宁国家治理思想的特征、影响及当代启示。

"导论"部分由五节内容组成：第一部分详细探讨了选题的价值，论证了选题成立的理由；第二部分梳理了海内外学者关于"国家治理""列宁国家治理"及其相关问题的研究成果和研究情况，从整体上把握当前的研究进展，并从相关研究成果中管窥前辈学者的研究思路和研究方法，试图较为全面地把握当前的研究情况，并确定本研究努力的方向和目标；第三部分主要介绍了列宁使用的"治理"及其相关概念的情况，并据此认为列宁在领导俄国革命、开展社会主义国家治理的过程中形成了丰富的治理思想，这是选题成立的基本论点之一，另外，这部分还明确了"国家治理"概念的丰富内涵；第四部分交代了本书研究思路、研究方法、写作脉络，为形成完整的结构奠定了基础；第五部分提及本书的创新之处，当然亦存在诸多不足和纰漏，有待专家学者批评指正。

正文部分分为六章。第一章研究列宁国家治理思想的形成与演进过程。首先，本章论述了列宁国家理论形成的时代场域，提出列宁国家治理思想形成的时代背景，产生于资本主义由自由走向垄断的帝国主义时代、萌芽于俄国历史传统与资本主义发展相碰撞的历史时期、形成于巩固和建设新生的无产阶级苏维埃俄国政权的现实需要。其次，论述了列宁国家治理思想的理论来源和促进思想形成的个人因素。探究列宁国家治理思想的理论资源，马克思、恩格斯的国家学说和关于国家治理的设想是形成列宁国家治理思想的重要理论依据，此外，俄国革命民主主义者如赫尔岑、车尔尼雪夫斯基、普列汉诺夫、阿多拉茨基和布哈林等人对沙皇专制和对资本主义制度的批判，对俄国发展道路的设想都对列宁国家理论和国家治理思想的形成具有重要的影响。最后，依据列宁在领导俄国革命和社会主义建设过程中国家治理思想的阶段性变化，对列宁国家治理思想的生成和发展进行了历史分期，分别是列宁国家治理思想的准备期、战时共产主义时期列宁关于国家治理的初步探索、新经济政策时期列宁国家治理思想的重大转折和列宁晚年关于国家治理思想的最后沉思，形成了"政治—经济—文化"三位一体的国家治理思想。

第二章研究的是十月革命前列宁关于国家治理的理论设想。首先，本章回顾了19世纪末20世纪初，列宁对沙俄君主制和资产阶级民主制的批判，对沙俄君主专制的深恶痛绝、对资产阶级民主制"虚伪性"的深刻批判是列宁开始思索国家的本质问题的逻辑起点。其次，在对马克思、恩格斯国家学说深入研究的过程中，结合对布哈林等人国家观的批评，列宁系统研究阐释了国家的相关问题，《四月提纲》和《国家与革命》是列宁国家学说论著的代表之作，集中展现了这一时期列宁关于国家治理的理论设想，其中包括列宁关于国家的起源、本质、特征和消亡的论述，列宁关于无产阶级专政的理论，指明了无产阶级国家治理的价值旨归，列宁还设想了新型国家政权的形态，构想了国家治理的组织形式——全民的"辛迪加"等。最后，本章论述了无产阶级政党在社会主义国家治理中的领导地位的历史起源，详细阐述了列宁关于无产阶级政党建设的思想，并着重挖掘其中的制度如"民主集中制"的形成和在政治活动、经济生产等方面发挥的重要作用。

第三章研究的是战时共产主义时期列宁关于国家治理的初步探索。首先，本章梳理了十月革命胜利初期列宁领导苏维埃政府进行的国家治理的初步探索，如建立了国家治理的政治结构和政治制度，第一次真正由人民掌握国家的政治权力，梳理了十月革命后至 1918 年春，列宁国家治理思想中关于苏维埃俄国"渐进式"发展的设想，指出这一设想包含的二重性：既具有国家资本主义思想的萌芽，又有战时共产主义时期"全能治理"的雏形。其次，本章梳理了战时共产主义时期列宁关于国家治理的非常举措，形成了以政治经济体制高度集中为特征的"全能治理"的治理模式，分析指出了"全能治理"在特殊时期实现高效资源调配的重要作用，但无法作为国家治理的常态措施。最后，本章研究了"全俄电气化设想"对国家治理的技术形态的改造，重视发展社会主义生产力是列宁国家治理思想的重要特征，列宁将"全俄电气化设想"和苏维埃俄国社会经济发展的各方面相结合，使之成为国家治理的技术基础。

第四章研究的是新经济政策时期列宁国家治理思想的重要转折。新经济政策的实施代表苏维埃俄国国家治理指导思想和国家政策的重大转折。首先，本章分析了社会主义国家经济治理转向的立足点，认为农民在俄国社会五层经济结构中占据数量优势是列宁转变经济政策的现实起点；探讨了新经济政策时期列宁关于经济治理的主要内容和指导思想。其次，本章认为，为了适应经济治理政策的转向，列宁提出国家机关必须要进行职能改革和制度创新。因此，新经济政策时期苏维埃俄国的国家治理具有注重人民群众自我治理能力的提升、规范社会的权力运行和维护市场秩序、注重布尔什维克党国家治理能力的提高三个突出特点。最后，本章指明了新经济政策的国家治理意蕴，包括：应当尊重经济发展的客观规律，长期保持多层次经济结构；通过经济治理政策的转向，为苏维埃工农联盟奠定了新的经济基础，及时有效地维护了工农联盟的稳定；初步探索市场在经济治理中的作用，在理论和实践上为行政命令和市场作用相结合的治理提供了思路。

第五章研究的是列宁晚年的国家治理思想。以列宁"最后的书信和文章"作为研究的主要内容，本章从政治治理思想、经济治理思想、文化治理思想三个方面对列宁国家治理思想进行梳理和阐释。首先，本章认为，列宁提出了以探索"民主政治"为核心的政治治理理念，列宁提出加强执政党建设是实现社会主义民主政治的关键，如通过扩大中央委员会的人数，加强党的领导集体建设，保障工农联盟的稳定；完善监督检查机制，提升治理效能；改造苏维埃国家机关是社会主义民主政治的保障、反对官僚主义是社会主义民主政治建设的重要任务。其次，列宁提出了以"商品经济"为核心的社会主义国家经济治理思想，他提出以改良主义的方式渐进推进苏俄经济治理、以资本主义和国家资本主义作为"中间环节"、以适应和支持小农经济为基础优化经济体系的思想，兼顾了农民的利益；列宁提出把发展生产力作为首要任务，发展现代商业文明，兼顾城市和农村的协调发展。最后，列宁提出了以"文化革命"为核心的文化治理思想，提出汲取全人类优秀文化成果、进行文化革命、提高教师和知识分子待遇、造就全面发展的一代新人。

第六章主要研究列宁国家治理思想的历史贡献和当代意义。本章意在总结列宁的国家治理思想的组成结构，梳理列宁国家治理制度的主要内容，首先，指明国家治理的列宁模式是列宁领导俄国革命、开展社会主义国家治理、走向社会主义道路过程中所形成的，不仅应当提炼出其社会主义国家治理的基本规律，更应着重指明列宁"最后的书信和文章"中关于"文化—经济—政治"构想的重要内涵和意义。其次，重点探讨了列宁国家治理思想在马克思主义发展史中的重要历史地位、突出贡献和价值旨归。最后，结合中国国家治理问题，提出列宁国家治理思想的当代价值：把握国家治理的正确方向、完善社会主义市场经济体系、加强对金融资本的监管、夯实国家治理的法制逻辑、培育国家治理的文化基础、构建国家治理的协商民主制度。

(二)研究方法

本书在尽可能多地占有文献资料和前人研究成果的基础上，从历史、逻辑、价值启示三个维度揭示列宁国家治理思想的本来面目和当代意涵。

面对当前列宁研究所面临的挑战——20世纪以来世界历史的变化增加了列宁思想研究的难度，以及当代关于列宁的研究需要对以往研究列宁的范式进行创新，注重从意识形态研究和思想史相结合的研究中，实现列宁思想研究语境的转换，应当联系俄国的实际情况以及列宁的基本立场、基本观点来阐发列宁思想的国际性及其具体的丰富的规定性；需要我们深入挖掘列宁思想遗产中分析问题的方法，这个方法的精髓是：认识的客观性、具体问题具体分析的辩证法、社会主义的原则。① 本研究一是坚持实事求是的原则，"辨章学术、考镜源流"，澄清对列宁思想的歪曲和谬误，力求真实地反映历史的本来面目；二是坚持辩证的原则，运用联系和发展的方法，全方位、全角度检视考察列宁国家治理思想演进的全过程，试图全面梳理列宁国家治理思想理论嬗变的历史过程；三是坚持运用系统性的原则，对经济体制、政治体制、文化教育等方面作系统性梳理；四是以西方治理理论的发展为参照，结合世界各国对经济发展、公平正义等的普遍追求，将治理理论和中国实践相结合，将全景扫描与近景透视相统一进行研究。

具体研究方法主要有：

1. 总体性研究方法

首先，马克思主义国家理论和国家治理生成发展的演进过程是严整的有机体。列宁在此基础上得以继承并发展马克思、恩格斯的国家学说。其次，国家理论既是一个政治科学问题，但又不仅仅是政治科学问题，它还具有政治哲学的内涵，要求综合政治学科和哲学学科进行检视。此外，列宁的国家治理思想并非马克思主义理论在俄国的简单套用，而是落脚于落后的苏俄走向文明国家的发展道路问题，这是一个国家治理的整体性问题，故而我们需要用整体性马克思主义观点来看待列宁的国家观和列宁的国家理论，也即运用总体性方法论。另外，基于马克思主义发展史的视角，本书的研究思路和内容安排必需是一个有机体，在研究和写作过程中

---

① 何萍：《走出列宁思想研究的"冷"与"困"》，《南京师大学报》2020年第5期。

要求进行总体性规划、合理谋篇布局。最后，从横向的整体性来看，列宁的国家治理思想产生于19世纪末、20世纪初资本主义走向帝国主义的全球历史背景之下，在这种世界性联系的影响下，列宁的国家治理思想是当时时代的产物，他的国家治理思想与全球无产阶级运动、与资本主义经济制度发展、世界民族理论的演进和实践有千丝万缕的联系，列宁本人也指出，在国家治理的过程中应当广泛吸收人类文明的优秀成果，因此，在研究过程中，应当具备世界历史演进的整体性视域。

2. 文献研究法

研究列宁国家治理思想的前提和基础是占有文献，通过收集、梳理和研究列宁相关著作及前人研究成果可为本研究作铺垫。第一，本书开展列宁国家治理思想的研究依据主要是承载列宁丰富的国家治理思想的文稿，包括他丰富的文章、论述、文集、年谱甚至书信等，这些是对列宁国家治理思想进行挖掘的基本依据。其次，列宁的国家理论和国家治理思想是特定历史条件下的产物，是时代现实和俄国发展实际的理论反映，因此，研究者应当回到列宁所生活的时代中去挖掘和寻找答案，必须回到列宁的思想结构中去寻找答案。基于此产生了几项基础性工作：一是要从马克思的国家观和马克思的国家治理思想中去求索其本真含义。二是把握列宁的国家理论和国家治理思想的形成发展脉络，将其放置于当时特定语境下，分析其曲折性变化，形成对列宁国家治理思想的系统阐述。三是要求广泛参阅已有的相关研究成果，吸收国内外高质量研究成果。此外，研究者应当注意，正如斯拉沃热·齐泽克评价张一兵教授关于"哲学笔记"的解读时指出的：哲学笔记并不是一部"书"，"列宁的'笔记'应该被解读为一系列反映当时理论冲突和政治冲突的文献（其中不乏彷徨和倒退），一系列对当时特定社会和政治情境的介入"①。研究者不仅要回到文本，更要回到历史的

---

① 张一兵：《回到列宁：关于"哲学笔记"的一种后文本学解读》，苏州：凤凰出版传媒集团2008年版，第16页。

语境中去考察研究对象。

3. 逻辑与历史相一致的研究方法

研究者要站在整体性的高度，既要站在"史"的高度研究列宁国家治理思想的发展历程，又要站在"逻辑"的高度从列宁的理论探索和实践经验中找出国家治理的基本规律。实现逻辑与历史相一致，要求研究者摈弃先入为主的偏见，忠于历史的进程，忠于列宁著作原文，尤其是面对国外学界令人眼花缭乱的诸多版本的"演绎""推理"，更应当善于甄别选择材料，对材料的占有和运用是实现逻辑与历史相一致的基础。

五、创新与不足之处

囿于研究者学力所限，尽管围绕选题"列宁的国家治理思想研究"做了大量工作，但面对国家治理的复杂问题、较为陌生的时代环境、深厚的理论内涵，以及列宁国家治理思想进程中的曲折变化，不免在研究过程中显得力不从心、捉襟见肘，谨提出本书创新及不足之处供方家斧正。

（一）创新之处

本书试图从以下三个方面提出一些创新之处：

第一，选题有一定新意。一是丰富了列宁国家治理思想的研究成果。梳理当前国内学者的相关研究成果发现，在马克思主义理论学科视域下，关于"国家治理"的研究主题集中在两个方面：马克思主义创始人关于国家治理的理论设想受到研究者的高度关注；彰显"国家治理"的时代性，针对中国"国家治理现代化"的研究，形成了较为丰富的研究成果。总体来看，目前关于列宁国家治理思想的专门研究尚不多见。因此，本书以"列宁的国家治理思想"作为研究对象，试图为社会主义国家治理思想发展勾勒出重要的历史环节，在选题方面具有一定的新意。二是选题包含的问题意识要求对研究思路加以创新。研究列宁的国家治理思想，在技术路线上需要实现两重转换，既要明确"国家治理"概念的内涵，又要挖掘、厘清列宁思想中的国家治理部分，最终才能实现对列宁国家治理思想的科学合理概括，这也构成了本研究的难点。

第二，逻辑结构有一定特色。遵循马克思主义发展史学科的研究规范，本研究试图突出马克思主义发展史所具有的思想史学科特点，论述列宁国家治理思想的生成背景与演进过程，揭示列宁国家治理思想的重要历史地位和当代价值。在吸收借鉴前辈学者优秀研究成果的基础上，本书试图较为系统地梳理列宁国家治理思想形成的理论资源、发展过程、主要内容、历史贡献和当代价值，尤其是围绕列宁在领导俄国革命、开展社会主义国家治理的不同时期，国家治理思想的具体变化展开研究，结合社会主义国家治理的内涵、手段、方式、制度、价值等维度进行详细论述，形成较为完整的研究结构，试图挖掘列宁国家治理思想重要历史价值，增强马克思主义国家治理思想对现实治理问题的解释能力。

第三，研究观点的创新。一是关于列宁国家理论的思想来源。当前研究者把社会主义创始人的国家理论视作形成列宁国家理论的单一思想来源。本研究提出除了马克思、恩格斯以外，赫尔岑、车尔尼雪夫斯基、普列汉诺夫、布哈林等对列宁国家治理思想的形成也产生了重要的影响。二是基于"国家治理"的视角形成了关于列宁治国理政措施的新观点。如通过将战时共产主义政策置于国家治理的框架下考察，认为它是成功的政策，但不是可持续的常态化治理模式，跳出了关于战时共产主义政策好或不好的简单评价；又如本文辨析了"一党执政"的内涵，指出"一党执政"的历史起源及其在社会主义国家的重要地位；在梳理列宁国家治理思想对当代国家治理的重要启示方面，本书还试图把握"具体的真理"，如在研究列宁民族自决权思想的过程中，侧重于从"民族融合"的角度开展研究。三是尝试利用历史地图来分析苏俄经济产业部门的分布地域特征，回答苏维埃俄国粮食短缺和能源短缺背后的资源调配困境。

（二）不足之处

由于学力所不逮，本书还存在着许多不足之处：

其一，对文献材料的辨析和运用能力不足，面对前辈学者洋洋大观的研究著作，尽管笔者希望能择其要者而述之，但在写作中不免有材料遗漏、材料运用和论证不充分之处，也难以旁及列宁国家治理思想的方方面面，比如义务劳动制等。

其二，使用新材料较少。在国家治理方面，依托学术网站和图书馆资源，尚可涉猎较新的研究成果，但是在研究列宁国家治理思想的过程中，由于研究视野、研究语言的限制，本书所引用的材料、观点仍以常见的中文著作或译作为主。

其三，未能采用较为丰富的研究方法，精当地总结提炼观点，尤其是在选取何种治理理论框架来分析列宁国家治理思想方面力有不逮，此外，辩证地总结概括观点的能力有待进一步加强。笔者意识到，应当把不断提高马克思主义政治学涵养、不断深化对列宁国家治理思想的研究作为长期努力的方向。

第一章　列宁国家治理思想的形成与演进

作为马克思主义的忠实捍卫者，处于 19 世纪末 20 世纪初世界资本主义向帝国主义演进的历史时期，列宁以高度自觉和伟大的革命情怀主动承担起时代赋予的使命，领导俄国无产阶级开展革命斗争和社会主义建设事业。列宁从理论和实践上丰富了马克思主义国家治理理论，凝聚了他不懈探索俄国革命实践的毕生心血。列宁的国家治理理论诞生于帝国主义和无产阶级革命时代，是马克思主义发展史的重要内容。在列宁国家治理思想复杂曲折严密的历史演进过程中，在领导布尔什维克从"革命党"转变为"执政党"的探索中，蕴含了三个根本问题，即国家与革命之间的关系问题、经济文化落后的社会主义国家实现社会制度的跨越问题(管理和建设社会主义国家的实践探索)，以及复杂条件下社会主义国家的治理问题。

研究列宁国家治理思想的生成，首先要研究列宁的国家理论及其相关情况。有鉴于此，本书迫切需要解决的首要任务就是建构列宁国家理论的生成场域。长期以来，学术界关注的焦点集中在对列宁国家理论文本进行阐释和解读上，产生了大量有价值的研究成果，但是对列宁国家理论生成的思想渊源和形成的历史过程的探究相对较少。国内学者普遍把马克思、恩格斯的国家理论作为列宁国家理论的单一思想来源；国外学者中则存在着不少对列宁国家理论的歪曲和偏见，如西方"列宁学"研究者提出了列宁国家理论来源的三个观点：一是认为列宁的国家理论来自源于法国大革命的"雅各宾"主义，和少数革命家密谋的"布朗基主义"，意在强调列宁国家观本质上是反民主的、反人道的；二是认为列宁国家观源于"亚细亚传统""专制主义国家传统"，缺乏民主的基因；三是认为列宁国家主义及其国家观主要理论来源是以特卡乔夫为代表的俄国民粹主义。以上三种说法从根本上否定了列宁主义及其国家观与人类文明主流、欧洲近代民主思想主流、俄罗斯传统中的民主因素的历史渊源关系；强调其根植于专制主义、密谋主义、恐怖主义的东方专制国家。① 显然这是不符合历史事实，或缺乏真凭实据的说法，研究者应当对其加以驳斥。

一、列宁国家治理思想形成的时代场域

列宁主义诞生于帝国主义形成和无产阶级革命的时代。世界范围内，19世纪末20世纪初，第二次工业革命加速了资本主义生产方式的发展，自由资本主义蜕变为垄断资本主义即帝国主义，资本主义世界经济体系得以最后形成；俄国国内，传统与现代的激烈碰撞导致俄国社会犹如装载了烈性炸药的火药桶，随时会爆炸喷发。正如俄罗斯学者米罗诺夫指出的那样："20世纪初俄国革命的原因不是19世纪60年代大改革后俄国持续不断的全面危机，而是社会不能驾驭从传统社会向现代社会的转化过程，同其他卷入第二次现代化浪潮的国家一样，俄国必然会为赶超式发展或过早实施现代化付出不菲的代价。"②这一变化要求马克思主义者科学认识所处时代的本质和特征，正确开展无产阶级革命，实现从民主主义革命到社会主义革命的转变。为了探寻俄国通往现代文明之路、将俄国人民从专制统治下解放出来，以列宁为代表的俄国马克思主义者在理论上同伯恩施坦主义、民粹派、取消派、召回派和马赫主义进行了坚决斗争。十月革命胜利后，为巩固无产阶级苏维埃国家政权，列宁以"正确的理论必须结合具体情况并根据现存条件加以阐明和发挥"③为指导思想，从历史哲学和唯物史

---

① 王东、房静雅：《列宁主义国家观创新的三大理论来源》，《理论与评论》2018年第2期。

② ［俄］米罗诺夫：《帝俄时代生活史：历史人类学研究》上册，北京：商务印书馆2013年版，第3页。

③ 《马克思恩格斯全集》第47卷，北京：人民出版社2004年版，第35页。

观的高度来总结俄国社会主义的历史经验，恢复并深化了辩证法精髓，使苏维埃国家治理逐渐走上正轨，最终孕育形成了马克思主义和俄国具体实践紧密结合的帝国主义和无产阶级革命时代的马克思主义，即列宁主义。

（一）国际环境：资本主义由自由竞争向垄断过渡

19 世纪末 20 世纪初，资本主义走向帝国主义阶段。帝国主义时代，其主要特征就是资本主义积累和集中迅速发展，资本主义由自由竞争向垄断过渡。俄国革命本身就是国际格局和国际关系发展的重要产物，正如西达·斯考切波在《国家与社会革命——对法国、俄国和中国的比较分析》中指出的，"在所有这三个旧制度（指法国、俄国和中国，笔者按）下，之所以会出现革命性政治危机，是因为，在一个受资本主义所驱动的、正处于不均衡转型的世界中，与专制性、原生型官僚政权组织密切相关的土地所有制，阻碍或束缚了君主应对日益高涨的国际军事竞争的主动性。"[①]这一时代的发展特征主要体现在以下几个方面：

首先，资本主义由自由竞争向垄断过渡。19 世纪下半叶以来，技术革命促进资本主义社会生产力的飞速发展，以电气技术为标志的第二次工业革命推动生产力革命范围扩大，由此导致先发资本主义国家的产业结构进一步得到调整，各个产业部门相继实现工业化。世界科学技术革命的发展为资本主义国家建立近代工业部门、巩固和加强资本主义生产方式提供了物质基础和技术保障，也推动了资本主义国家国民经济的高速增长，蒸汽船、汽车和电报、电话的使用和推广，进一步促进了世界市场的联系和发展。资本主义生产力的迅速发展促使资本主义国家的企业竞相在生产中大规模地采用新能源和新工艺，不断扩大生产规模，加大剩余价值资本化的速度和力度，资本和生产日益集中，以卡特尔、托拉斯等形式出现的垄断组织在各主要资本主义国家的工业中已经成为占统治地位的经济力量。脱

---

① ［美］西达·斯考切波：《国家与社会革命——对法国、俄国和中国的比较分析》，何俊志、王学东译，上海：上海人民出版社 2007 年版，第 112 页。

离生产过程和流通过程的资本家，演变成一个依靠"剪息票"为生的食利者阶层，少数资本主义大国发展成为食利国，表明资本主义制度已经变成了腐朽没落的社会制度。① 当金融资本发展成为各主要资本主义国家乃至整个资本主义世界的经济统治力量的时候，掌握这些资本的大垄断集团就相应地成为各国经济乃至整个资本主义世界经济的实际操控者，大规模的资本输出就成为可能。列宁指出："凡是资本主义工业发展很快的国家，都要急于找寻殖民地……它们可以向那里销售工业品，牟取重利。"②列宁考察了资本输出的实质，他将这种向落后国家投资以获取大量利润的行为称为"帝国主义压迫和剥削世界上大多数民族和国家的坚实基础"③。帝国主义与殖民地、半殖民地人民的矛盾日趋尖锐，客观上促进了殖民地、半殖民地国家人民民族意识觉醒，"促使殖民地、半殖民地从帝国主义的后备力量转变成为了世界无产阶级的后备力量"④。

其次，国际政治经济矛盾进一步激化。一方面，尽管新技术的采用推动了生产力的发展，但广大劳动人民的生活水平不升反降，罢工次数和罢工人数日益高涨，帝国主义国家内部的阶级斗争在原有的基础上迅速激化；另一方面，"在这三种矛盾中，资本主义列强争夺殖民地和势力范围的矛盾最为突出"⑤。帝国主义时代，资本主义国家发展的不平衡性进一步加强，这成为帝国主义国家"为重新瓜分已经分割了的世界而进行争夺的重大因素"，导致"劳动和资本之间、殖民地和宗主国之间、帝国主义各主要强国之间的矛盾激化，最终积聚导致资本主义总危机的发生，使世界大战和无产阶级革命的到来迫在眉睫"⑥。这个时代的基本内涵就是"重新瓜

---

① 徐光春、梅荣政主编：《马克思主义大辞典》，武汉：崇文书局2018年版，第392页。

② 《列宁全集》第4卷，北京：人民出版社2013年版，第320页。

③ 《列宁全集》第27卷，北京：人民出版社2017年版，第378页。

④ 王伟光：《社会主义通史》第3卷，北京：人民出版社2011年版，第10页。

⑤ 高放：《俄国十月革命与苏维埃》，《当代世界与社会主义》2007年第4期。

⑥ ［苏］祖波克：《第二国际史》第2卷，南开大学外文系译，北京：人民出版社1984年版，第12页。

分世界的武装冲突成为无法避免"之事。

1914 年，随着巴尔干半岛的一声枪响，第一次世界大战爆发了。一战的爆发重创了世界经济，冲击了民众生活，导致底层群众的生活更加困顿。发达的帝国主义国家更为冷酷地压榨和剥削工人阶级，阶级矛盾和斗争日益加剧，无产阶级组织形成了革命力量，对资本家的这种压迫奋起反抗，革命近在眼前。马克思曾明确指出革命的历史条件："彻底的社会革命是同经济发展的一定历史条件联系着的。"①具体条件包括：(1)资本主义走向垄断的进一步发展、技术的进一步进步是历史发展的具体体现，这为无产阶级开展社会主义运动，争取社会主义革命，开展社会主义国家建设提供了一定的物质基础。(2)帝国主义中存在的种种矛盾也必须借助无产阶级革命，才能从根本上结束和消灭。"旷日持久的战争造成的空前惨祸和灾难，使群众生活痛苦不堪，使他们更加愤慨。国际无产阶级革命正在显著地发展。这个革命对国家的态度问题，已经具有实践的意义了。"②也就是说，"在战争造成的全世界的经济破坏的基础上，世界革命危机日益发展，这个危机不管会经过多么长久而艰苦的周折，最后必将以无产阶级革命和这一革命的胜利而告终"③，当无产阶级革命爆发后，夺取国家政权问题就是亟待解决的迫切问题，无产阶级革命的胜利是社会主义国家治理的前提条件。

最后，马克思、恩格斯的理论学说在全世界无产阶级工人群众中的迅速发展和快速传播。马克思、恩格斯的科学真理详细地揭示了世界运动发展规律，从根本上看，符合无产阶级利益，因此，世界各个国家的无产阶级为了更好地进行无产阶级运动，纷纷组织成立共产党，将马克思主义理论与工人运动结合得更为紧密。19 世纪 70—90 年代，发达资本主义国家的无产阶级频繁组织发动了罢工运动，工人阶级的斗争意识和政治力量不断增强，无产阶级运动还促成了第二国际的成立。马克思、恩格斯也同无

---

① 《马克思恩格斯选集》第 3 卷，北京：人民出版社 2012 年版，第 338 页。

② 《列宁全集》第 31 卷，北京：人民出版社 2017 年版，第 1 页。

③ 《列宁全集》第 27 卷，北京：人民出版社 2017 年版，第 327 页。

政府主义派和改良主义派进行了坚决的斗争。但是 1871 年巴黎公社的失败直接导致欧洲无产阶级运动进入低谷，为世界资本主义发展提供了相对稳定平缓的环境。于是，世界资本主义有了较长的和平发展条件，同时他们对工人又实施了改良政策，让渡了一部分利益如将民主的权利部分交给工人，部分地提高工人的经济条件，改善他们的生活和工作条件，部分的"权利让渡"使得领导无产阶级运动的一些领袖淡化了无产阶级革命意识，尝试通过争取经济利益的改良运动来解决资本主义发展中的劳资对立问题。尤其是 1895 年恩格斯逝世，其后，资本家通过让渡权利，导致工人运动中的"经济派"或改良主义思潮进一步发展，他们甚至尝试从理论上系统修改马克思主义的革命原理，因此又被称为"修正主义派别"，以伯恩施坦为代表的"修正主义"在哲学、政治经济学、科学社会主义方面对马克思主义进行了全面的修正，在第二国际内产生了重大的影响。他们的主要思想内容包括：沉湎于资产阶级的"议会道路"，试图通过议会的方式对资本主义制度进行改良，他们认为工人阶级可以在资本主义制度下，依靠合法斗争及渐进的改良的方式实现社会主义，他们排斥和污蔑无产阶级革命运动。在恩格斯逝世以前，"改良主义"的倾向尚不明显，还潜藏在党内没有机会公开传播，但是恩格斯去世之后，无产阶级中的机会主义派别立刻甚器尘上，他们的修正主义思想迟滞了无产阶级运动的进步，严重阻碍了工人阶级运动的发展。列宁同机会主义和其他非马克思主义者作了坚决斗争并强调必须"沿着马克思的理论的道路前进，我们将愈来愈接近客观真理（但决不会穷尽它）；而沿着任何其他的道路前进，除了混乱和谬误之外，我们什么也得不到"①。

（二）俄国时局：历史传统与资本主义发展的碰撞

从俄国所处的历史阶段和国际环境来看，列宁的国家治理思想形成于俄国文化传统与近代资本主义的剧烈碰撞之中。塑造列宁国家治理思想的

---

① 《列宁全集》第 18 卷，北京：人民出版社 2017 年版，第 145 页。

时代条件和思想资源既包括斯拉夫民族的历史文化传统、列宁以前数代俄国进步知识分子的不断求索形成的深厚文化积淀，也包括资本主义带给俄国社会的巨大冲击，历史的传承和发展的现实呼喊相"交织"，成为促使列宁回答经济文化落后的俄国如何走上社会主义道路、开展无产阶级苏维埃国家治理的思想前奏，形成了列宁国家治理思想的"俄国特色"。具体而言，应当从以下几个方面加以考察：

1. 俄国的历史传统和俄国知识分子的心理特征

首先，从地理特征上看，俄国位于欧亚大陆交会点，在历史发展过程中兼蓄东西文化传统。换言之，正是汇聚东西方思想传统，形成了俄罗斯文化的底色，在专制国家的农奴制压迫形成的社会基础上产生了俄国中央集权模式、"村社民主"实践、集体主义的情怀三大特征。在中央集权模式下，国家控制村社，村社控制农民，国家把村社赐予贵族，农民依附贵族，公社因此成为社会组织的联通桥梁和基层细胞，并在这个基础上形成了村社民主和集体主义情怀。其次，俄国与现代西方世界的密切交流，肇始于17世纪下半叶沙皇阿列克谢时期，俄国开始逐步模仿引进欧洲贵族和资产阶级的生活方式。但最终，俄国发展的迟缓和落后进一步加剧了表面生活的欧化和内部结构的东方化之间的矛盾、上层的西方化与下层的东方化之间的矛盾，形成了俄国社会从传统向现代转变的独特模式，造就了俄国社会的二重性这一重要历史特征，并在继任者叶卡捷琳娜二世和亚历山大二世的改革中不断地崎岖发展着。19世纪末20世纪初，俄国进入帝国主义阶段，政治上以沙皇专制制度作为支柱，社会形态表现为垄断资本主义同封建农奴制残余的结合，列宁称为"军事封建帝国主义"。此时，俄国社会中的普遍矛盾已经聚集在社会的各个领域，哪怕只有一点革命的火星，也有可能爆发出猛烈的革命行动。对于知识分子而言，这种矛盾在他们身上也有所体现。19世纪下半叶，俄国知识分子身上呈现出他们对待政治既狂热又焦躁，过分崇尚党派之争的现象。别尔嘉耶夫认为，在俄国知识分子的精神史上，文化激进主义与无政府主义有密切联系并形成了民粹派在政治激进主义上的表现。这一时期，俄罗斯文坛巨匠辈出、群星璀璨，他们不仅是文学家，而且是思想家，他们的作品中体现了对现实世界的描绘和对沙皇制度的无情的批判，借以表达自己的政治理想，托尔斯泰、高尔基、契诃夫都是这一时期俄罗斯文坛的杰出代表。

2. 俄国内外矛盾交织并急剧膨胀，是世界帝国主义链条最薄弱的环节

这一时期俄国社会的特征具体表现为：工业化迅速扩张，引起经济结构和社会结构的急剧变化，资产阶级和无产阶级登上历史舞台。然而，由于改革不彻底、资本主义在俄国的发展并不充分，导致俄国仍然保留了封建君主制和宗法经济的残留，俄国既有农奴制参与的广泛遗存，又具有帝国主义国家的特征。概言之，"西方的私有者农民在民主运动中已经完成了自己的使命，现在正在捍卫自己的特权地位（同无产阶级相比而言）。俄国的私有者农民，现在还处在他们不能不寄予同情的决定性的和全民性的民主运动前夕"①。正由于农奴革命的不彻底性，农奴制和等级关系的残余与逐渐成长的阶级关系同时并存，宗法制的农民经济和地主土地所有制与资本主义关系或市场关系同时存在，俄国社会的两组突出矛盾就是：新的资产阶级关系和传统宗法制关系之间的冲突和贵族地主、民粹派空想社会主义革命家对改革的抵制。列宁多次强调："在全世界斗争中成长起来的革命能由我们来开始，决不是由于俄国无产阶级有什么功劳，也不是由于它比别人先进，相反地，正是资本主义的特别软弱和落后，以及特别逼人的军事战略形势，才使我们……走到了他们前头。"②列宁精准地揭露了"俄国是介于文明西欧与落后东方之间的国家"这一社会性质，展现了俄国社会特有的二重性，即"半文明国家、半亚洲国家"。列宁本人也不止一次说过，国际革命越广泛、越充分地向前发展，俄国也就势必越快地

---

① 《列宁全集》第6卷，北京：人民出版社2013年版，第305页。
② 《列宁全集》第35卷，北京：人民出版社2017年版，第137页。

成为落后的苏维埃国家之一。托洛茨基也指出，发展的缓慢性是俄国历史的基本和确定特点，历史上落后的民族，其发展必然要把历史过程的各个阶段加以特殊的结合，其发展道路在总体上会具有无计划的、复杂的性质。

3. 造成俄国现实发展困境的根源就在于社会矛盾的"二重性"

在列宁看来，俄国是一个"半文明国家"，资本主义制度的蓬勃发展，定格成为俄国向现代文明迈进的历史幕布，"资本不仅统治了从事工业的大批人的劳动，而且统治了从事农业的大批人的劳动"①。农奴制改革后，俄国的资本主义经济成分快速增长，逐渐形成了垄断的经济组织。19世纪末，列宁登上俄国政治舞台前后，他写作了《南俄农民经济书》，通过把地方自治局统计机关对整个地区的调查材料汇总成完整的报告并加以研究，揭示了俄国农业资本主义发展的形式和过程。列宁发现富裕农民通过雇用工人，所获得的高额收入的很大一部分是从资本得到的收入。"按其性质来说，这类农民的经营是商业性的，在很大程度上是建立在剥削雇佣劳动上的。"②因此，列宁得出结论：商品经济已占统治地位，村社农民已分化为农村资产阶级和无产阶级。这就从理论上证伪了民粹派的观点，他们认为俄国的村社制度依然保存完好，甚至可以作为实现共产主义的基础。在"农民中产生经济利益斗争的主要原因就在于存在着一种使市场成为社会生产的调节者的制度"③，可见，列宁早已深刻认识到市场在连接农民经济利益中的深层次作用。但是，农民具有两重性，"小资产阶级就其本性来说具有两面性：一方面，它趋向无产阶级与民主主义；另一方面，它又趋向反动阶级，企图阻止历史行程，会折服于专制制度的种种试探和诱惑手段"④。

① 《列宁全集》第2卷，北京：人民出版社2013年版，第78页。
② 《列宁全集》第1卷，北京：人民出版社2013年版，第50页。
③ 《列宁全集》第1卷，北京：人民出版社2013年版，第55页。
④ 《列宁全集》第2卷，北京：人民出版社2013年版，第438页。

1897 年 8 月，列宁通过对彼尔姆省手工业进行调查，得出"（俄国）商品经济早已形成""资本主义商品关系在我国普遍存在"的结论。在《论我国工厂统计》一文中，列宁再次确认俄国的工厂不是在减少，而是在增加，而且增加得相当快。尽管列宁反驳了卡雷舍夫的结论，但是他也认同卡雷舍夫关于"工业正在集中"的观点。1905 年革命前后，列宁明确指出："在俄国，资本主义生产方式从 19 世纪下半叶起就确立起来了，到了 20 世纪已经占了绝对的优势。"[①]他还描绘了当时帝国主义俄国统治下资本主义经济发展的"盛况"："我们现在显然正处在资本主义周期的这样一个时期：工业'繁荣'，商业昌盛，工厂全部开工，无数新工厂、新企业、股份公司、铁路建筑等等如雨后春笋般出现。"[②]十月革命前夕，资本主义在俄国的发展达到新的高潮，与世界经济发展的特征相一致，俄国国内的经济垄断组织开始出现。列宁进一步指出俄国资本主义的这种垄断特征，他明确提出："俄国的资本主义也成了垄断资本主义，这一点可以由'煤炭公司'、'五金公司'、糖业辛迪加等等充分证明。"[③]资本主义在俄国的发展也培养了一大批无产阶级工人，日渐形成了蓬勃的工人运动。俄国工人运动的兴起为无产阶级革命奠定了阶级基础。这一时期，铁路工人由 1861 年的 7.6 万人骤增至 1895 年的 150 万人，产业工人达到 1000 万人。从图 1-1 可以发现，作为俄国重要的制造业中心，叶卡捷琳堡和彼尔姆附近大量聚集着以钢铁和金属制品为主要产品的重工业中心，而食品加工产业基本分布于俄国的西南地区。笔者认为，俄国国内战争时期，缺乏运输工具的苏维埃政权之所以难以解决粮食问题、能源问题，除了基础设施建设落后外，与产业的地域分布特征不无关系。大量工人涌入莫斯科、圣彼得堡等城市，他们的诉求逐渐从经济领域转到政治领域。1875 年，俄国第一个独立的工人革命组织——扎拉夫斯基领导的南俄工人协会在敖德萨成立，俄国北方工人协会紧随其后在圣彼得堡成立。随着工人参与的罢工人数、罢工次

---

① 《列宁全集》第 13 卷，北京：人民出版社 1987 年版，第 12 页。
② 《列宁全集》第 2 卷，北京：人民出版社 2013 年版，第 447~448 页。
③ 《列宁全集》第 32 卷，北京：人民出版社 2017 年版，第 216 页。

数、罢工规模不断增加和扩大，圣彼得堡和莫斯科逐渐成为俄国工人运动的两大中心，社会主义学说、无产阶级运动理论在工人、学生群体中得以广泛传播。1893 年，列宁赴圣彼得堡参加了当地的大学生马克思主义小组。

图 1-1　俄国工业情况①

① ［英］马丁·吉尔伯特：《俄国历史地图》，王玉菡译，北京：中国青年出版社 2012 年版，第 70 页。

4. 俄国社会矛盾的"二重性"并没有从根本上改变落后的封建农奴制的本质

由于沉重的封建农奴制的阻碍，俄国工业总产值始终未能在国民经济中占据主导地位，因此长期徘徊在现代工业社会之外。在俄国五层阶梯式的经济结构中，小农经济在数量占比和经济绝对值中一直占据显著优势。农奴制经济关系的主要内容，从土地占有制和经营方式上看，贫苦农民仍然在农奴制经济关系下，被借债或租佃奴役。面对这样的历史背景，俄国革命者和思想家纷纷寻求问题的解决之道。民意党人曾设想取得政权后，党就能推翻专制制度，就能掌握经济主动并实行社会革命。普列汉诺夫无情地批判了这种理论，并指出俄国革命者的任务是，建立革命的工人政党，其当前目标是推翻专制制度。所谓专制制度，就是一种最高权力完全地整个地由沙皇一人独占的管理形式。专制制度就是管理者和警察专权，而人民无权。俄国社会的各阶级要求废止沙皇的集中专制权力，他们提出，人民应当自己决定人民的代表，无产阶级有颁布法律的权利，广大人民群众可以监督官吏、监督国家财政。列宁准确地抓住了俄国这种矛盾的特殊性，认为俄国的本质就是落后的亚细亚国家。在1905年开展的土地问题论战中，他这样描述当时的俄国社会状况："一方面是最落后的土地占有制和最野蛮的乡村，另一方面又是最先进的工业资本主义和金融资本主义"①，并断言，这一独特矛盾"构成俄国革命最深刻的原因的矛盾"②，而要破解这一矛盾、彻底实现人民的解放就只有依靠无产阶级革命，实现共产主义，领导和参与革命的"只有无产阶级，才能成为争取政治自由与民主制度的先进战士"③。

列宁对于国家问题的思考始于19世纪末，在批判以米海洛夫斯基为代表的民粹派的过程中，他敏锐地指出了国家和国家机关的根本性质，阐释

---

① 《列宁全集》第16卷，北京：人民出版社2017年版，第400页。
② 《列宁全集》第16卷，北京：人民出版社2017年版，第400页。
③ 《列宁全集》第2卷，北京：人民出版社2013年版，第438页。

了国家和政府的运行规律并以此来教育政治上不开展运动的工人群众，他指出："政府并不是凌驾于阶级之上的，而是维护一个阶级来反对另一个阶级，维护有产阶级来反对穷人阶级，维护资本家来反对工人。不受限制的政府如果不给有产阶级种种特权和优待，就不可能管理这样一个大国。"①例如，在论及设立工业法庭时，列宁指出，只要俄国还保存着现行政治制度……工人就不可能指望设立对他们有利的工业法庭，这些罢工使俄国工人懂得了工人阶级的政治地位和政治需要。沙皇政府在第一次世界大战中遭遇惨败，使俄国国内民主主义革命形势迅速达到高潮，人民群众的革命热情普遍高涨。1917 年 3 月，布尔什维克党领导的俄国无产阶级革命运动使沙皇政府彻底瓦解，取得了俄国第二次资本主义革命的胜利。随之而来的是革命性质的转化问题，一方面，由列宁组织领导的布尔什维克党主张"全部政权归苏维埃"，他们力图实现社会主义革命，号召群众完成从民主主义革命向社会主义革命的转变；但是以克伦斯基为代表的资产阶级临时政府基本控制了整个国家政权，"政权在决定性的地方已经转到反革命手中"②。资产阶级临时政府在国内镇压围剿无产阶级革命活动，积极参与世界战争，卷入世界帝国主义战争之中，1917 年 11 月 7 日，彼得格勒的无产阶级进行武装起义，彻底宣告资产阶级政权的终结，世界历史上第一个社会主义国家就此诞生，直到 1918 年 2 月，起义在全国范围内取得胜利，基本确立了无产阶级政权的政治体系和政治制度。

（三）实践需要：巩固和建设新生的俄国无产阶级政权

十月革命的胜利具有重大的世界历史意义，"使地球上一亿人首先摆脱了帝国主义战争和帝国主义世界"③。《告俄国公民书》宣告了苏维埃政权的正式建立，"成立苏维埃政府，人民为之奋斗的这一切事业都有了保

---

① 《列宁全集》第 2 卷，北京：人民出版社 2013 年版，第 84 页。
② 《列宁全集》第 32 卷，北京：人民出版社 2017 年版，第 8 页。
③ 《列宁全集》第 42 卷，北京：人民出版社 2017 年版，第 186 页。

证"①。这个变化是如此的急剧，以至成功夺取政权后，列宁对托洛茨基说，从遭受迫害、处于地下状态，到突然当权，这一急剧变化令人头晕目眩。② 然而按照经典设想，社会主义革命只有在生产力高度发达、物质基础足够丰富的条件下才能进行，显然，十月革命不是完全按照马克思、恩格斯关于无产阶级革命的设想进行的，具有自身的特殊性，这种特殊性突出表现为，列宁建立的是经济、文化极度落后的无产阶级苏维埃国家。

面对严峻的国内国际环境，巩固政权是列宁及其领导的布尔什维克党的首要任务，一方面，无产阶级苏维埃俄国既要面对帝国主义国家对新生政权的血腥围剿，还要解决国内白卫分子叛乱，粮食危机和能源短缺的灾难更让苏维埃政权雪上加霜。同时，面对国内落后的经济、文化基础，诸多产业百废待兴。另一方面，旧的国家机构被彻底打碎，苏维埃成为苏俄最高国家权力机关，必然要建立新的政治体制、新的国家机器，完善苏维埃的各种制度和法规，对生产实行真正的监督。以 19 世纪西欧工人运动的经验为基础并加以创新，苏维埃创建了国家最高权力机关，即全俄苏维埃代表大会及其中央执行委员会，创建了政府机关，即人民委员会，创建了共和国军事委员会，并于 1922 年设立党中央书记，这四个重要职务分别由加里宁、列宁、托洛茨基和斯大林领导。面对战争和资产阶级统治者遗留下来的极其严重的经济破坏和饥荒，只有发展国家的经济，稳定国家的基本秩序，才能"保障俄国向社会主义过渡"③。在这一伟大的历史实践中，列宁逐渐形成了关于国家治理的重要思想，正如他所说的，"理论在变为实践，理论由实践赋予活力，由实践来修正，由实践来检验"④。列宁充分认识到，"当无产阶级夺取政权……必然要把创造高于资本主义的社会结

① 《列宁全集》第 33 卷，北京：人民出版社 2017 年版，第 1 页。
② ［俄］托洛茨基：《我的生平》，赵泓、田娟玉译，上海：上海人民出版社 2007 年版，第 296 页。
③ 《列宁全集》第 34 卷，北京：人民出版社 2017 年版，第 156 页。
④ 《列宁全集》第 33 卷，北京：人民出版社 2017 年版，第 212 页。

构的根本任务提到首要地位"①，尽管列宁十分注重总结工作的经验和管理的经验，他强调，"管理的艺术并不是人们生来就有，而是从经验中得来的"②，但是转变对社会主义的根本看法，突破社会主义国家治理的经典设想是复杂的、长期的任务，从1918年春"渐进式"发展的国家资本主义道路到战时共产主义直接过渡的道路、再到新经济政策时期的"一连串的退却"，直至人生的最后时刻提出"文化—经济—政治"发展的三大构想，列宁无时无刻不在思考社会主义国家治理的问题。

二、列宁国家治理思想形成的理论来源

列宁不仅是马克思主义理论家，也是无产阶级革命家，他既具有深厚的马克思主义理论素养，又具备坚毅果敢的勇气，在领导俄国无产阶级运动、建设无产阶级苏维埃俄国的伟大实践中积极探索。列宁的国家治理思想是在他领导革命、组织苏俄进行社会主义建设的过程中形成的。理论的演进逻辑与政治实践的轨迹是互相契合的，但是在不同历史时期列宁的国家治理思想呈现出明显的变化。列宁国家治理思想的诞生，从理论上来说源于他对马克思、恩格斯国家理论的继承，并受到了俄国进步思想家的影响。回溯列宁国家治理思想形成的来龙去脉，他对俄国特有的二重性认识是逐步深化的，存在一个从不知到知之、从肤浅到深刻、从抽象到具体的历史过程，其国家治理思想也在实践中不断得到检验校正。

(一)理论基础：马克思、恩格斯的有关思想

1. 马克思、恩格斯关于国家治理的设想

在马克思主义发展史上，对于国家问题的研究有三种不同的范式：一种是政治经济学的研究范式，一种是人类学的研究范式，一种是政治学的

---

① 《列宁全集》第34卷，北京：人民出版社2017年版，第168页。
② 《列宁全集》第34卷，北京：人民出版社2017年版，第160页。

研究范式。这三种研究范式分别围绕国家产生的经济根源、国家是怎样从氏族社会中分裂出来的、统治阶级与被统治阶级的权力构成的角度来进行研究的。① 研究者认为，在马克思、恩格斯提出的关于国家本质、国家职能等国家理论学说的基本内容中蕴含了马克思主义创始人的国家治理思想萌芽。在研究马克思、恩格斯的国家治理思想的过程中，应依据当时社会发展的情况，客观公允地看待其时代特色，侧重汲取马克思、恩格斯关于国家治理的本质特征和规律性的论述，而不应用当代的概念去苛责马克思、恩格斯没有对现在的发展情况作预测，从而据此认为他们的思想不成熟。正是以 19 世纪欧洲发展的实际情况为依据，马克思从当时各种社会矛盾出发，对社会运动规律进行了系统的研究，结合巴黎公社的实际经验系统地形成了国家学说，并探讨了国家治理的基本问题，提出了社会主义国家治理的一般构想。

在马克思、恩格斯看来，无产阶级通过暴力革命打碎了资产阶级的国家机器之后，代替它的应是无产阶级国家，并且仍具有国家的一般特征，即国家代表着统治阶级的利益，还需要运用国家机器来镇压阶级敌人的反抗，从这些方面来看，无产阶级国家仍然是国家。在《共产党宣言》中，马克思和恩格斯指出了未来无产阶级国家的根本特征，认为"工人革命的第一步就是使无产阶级上升为统治阶级，争得民主"②。马克思、恩格斯关于国家治理制度和治理能力的构想具体包括建立社会共和国制度与无产阶级专政的治理体系，形成自由的劳动联合制度与实现人的彻底解放的治理体系，全面提升国家治理能力，以国际主义为原则形成良好的国家治理外部环境等。

2. 列宁对马克思、恩格斯著作的精心研读

在引导列宁走上革命道路的人里面，哥哥对他的影响极大。1887 年，

① 何萍：《列宁国家理论的研究范式：重读〈国家与革命〉》，《中国地质大学学报（社会科学版）》2016 年第 6 期。

② 《马克思恩格斯选集》第 1 卷，北京：人民出版社 2012 年版，第 421 页。

列宁的哥哥因参加刺杀沙皇失败而被处以绞刑，哥哥对革命运动的坚定信仰促使列宁产生了对社会和人生的重要思考。进入喀山大学法律系后，列宁有更多的时间可以研究社会发展理论和革命的相关问题，面对剧烈动荡的俄国局势，他积极投身于革命小组的活动。1887 年秋，由于列宁热衷于学潮运动并且是其中的积极分子，导致他在喀山大学仅仅学习了四个月就被开除学籍，并遭到逮捕。尽管学生时代列宁尚未系统地学习理解和实践运用马克思主义理论，但是坚定的马克思主义信念、同情疾苦的广博的人民情怀、不屈不挠的革命信仰已经牢固地存在于列宁的意识之中。列宁被发配喀山后，便将全部时间都用于学习和写作上，从早到晚手不释卷。喀山流放期间，列宁与俄国较早研究和宣传马克思主义的组织——喀山的马克思主义小组产生了紧密的联系，成员们经常聚集在一起，共同研究探讨马克思、恩格斯的思想观点，组织讲座研究和宣传普列汉诺夫关于马克思主义的解读。这一时期，列宁对《资本论》进行了精心研读。据其姐姐安娜回忆，列宁"把读书和研究革命书籍看做自己的首要任务……把《资本论》的每一页都反复读上几遍。在研究马克思、恩格斯的著作时，列宁做了不少笔记，同时还把他们的德文版著作译成俄文，抄写在单独的本子上"①。她还回忆，喀山流放时期，列宁反复为她讲解马克思主义理论。

　　1889 年，革命形势更为严峻，沙皇俄国对革命党的搜捕更加频繁，列宁随家人举家迁往萨马拉。作为当时民粹主义者的主要活动地区，萨马拉聚集了大量的俄国民粹主义者。列宁加入了萨马拉最活跃的小组——由斯巴克利亚联科领导的小组。列宁积极参加小组活动，除了积极向组员普及讲解马克思主义科学理论，介绍宣传马克思思想精髓外，他还运用马克思主义理论的立场和方法对民粹主义进行了严肃批评，促使一批知识分子从民粹派转向马克思主义。他还广泛召集当地的进步青年，在萨马拉组织成立了马克思主义小组，成为真正的马克思主义者。1916 年，列宁从伯尔尼迁到苏黎世，与夫人克鲁普斯卡娅隐居在修鞋匠卡莫列尔家中，尽管生活贫寒，但是他每天的

①　季正矩：《列宁传》，北京：人民日报出版社 2009 年版，第 28 页。

生活极有规律。奥地利作家茨威格在历史人物特写集《人类群星闪耀时》中以文学化的手法对列宁的性格特征及其在瑞士的研究和生活内容进行了描写："上午9点钟去图书馆……然后在那里一直坐到傍晚6点钟"，"谍报人员注意的往往只是那些高谈阔论、口无遮拦的人，却常常忽略像列宁这样寡言少语、好学不倦、埋于书海的学者一样的人物"①。列宁汲取的深厚理论养分充分体现在他的著作中，并最终反哺指导革命实践活动。

（二）文化传统熏陶：俄国革命民主主义者的有关著述

俄国民粹主义是活跃于19世纪四五十年代至20世纪头20年的一种俄国社会政治思潮，其名称源起于19世纪70年代后半期，"土地自由派"正式称呼自己为"民粹主义者"。"民粹"二字在俄语中的意思就是"人民"，表达出民粹派的基础思想就是俄国的"民众"信仰，简言之，就是人民的精粹，而俄国人民的主要群体就是农民，所以又可以认为代表了农民的精粹。民粹主义的思想体系建立在"俄国社会主义"的基础之上，并且发展出了民粹主义的诸多样态，具有多种称呼。在不同时期，列宁就使用过"启蒙者""'60年代遗产'的代表者"或"老民粹主义者""社会革命的民粹主义者"以及"自由民粹主义"等。无论在哪个历史时期，以何种名称称呼俄国民粹主义，也无论依照历史条件，俄国民粹主义以什么样的具体形态呈现，其共有的本质特征都是"俄国农民民主派的意识形态"②，所以又被称为农民民主主义。1897年，列宁写作的《我们拒绝什么遗产？》针对自由主义民粹派等不同思想流派的错误观点作了深入研究，勾勒了民主主义思想在俄国演进的历史逻辑。在文中，列宁严肃抨击了自由主义民粹派思想的反动特质，从理论上揭示了民粹派观点的实质就是农民民主主义，论证了小生产者思想是反动的、荒谬的。

---

① ［奥地利］斯蒂芬·茨威格：《人类群星闪耀时》，舒昌善译，北京：生活·读书·新知三联书店2009年版，第321页。

② 《列宁全集》第22卷，北京：人民出版社2017年版，第326页。

1. 赫尔岑的"村社社会主义"思想

赫尔岑(1812—1870)是俄国历史上第一个真正的社会主义者,他创立了俄国民粹主义思想,被称为俄国民粹主义的先驱和奠基人。[1] 恩格斯曾经描述过俄国民粹主义的发展历史,1874—1875 年,在《论俄国的社会问题》一文中,恩格斯指出:"身为俄国地主的赫尔岑……把俄国农民描绘成真正的社会主义体现者、天生的共产主义者,把他们同衰老腐朽的西欧的那些不得不绞尽脑汁想出社会主义的工人对立起来。这种认识由赫尔岑传给了巴枯宁,又由巴枯宁传给了特卡乔夫先生。"[2]在第一代俄国进步思想家看来,西方资本主义国家的发展为俄国做出了表率,俄国应当学习西方资本主义发达文明,并效仿西欧国家,按照西欧发达资本主义国家的道路,走资本主义发展道路。"村社观念"、人民信仰和反对资本主义是俄国斯拉夫派的主要特征。[3] 民粹主义者认为,依托村社制度这个俄国的现实发展基础,就可以直接通向未来社会。赫尔岑进入莫斯科大学学习后,进一步深入探讨俄国发展的历史命运。起初,赫尔岑将希望寄托于实现资本主义制度,但是 1830 年的法国革命和 1848 年的欧洲革命,都让赫尔岑倍感失望,怀揣着对资本主义制度的遗憾,赫尔岑开始关注空想社会主义的相关理论学说,同时他察觉到俄国的发展具有其特殊性,在俄国大地上无法运用空想社会主义理论,因为它并不契合俄国的发展实际。

2. 车尔尼雪夫斯基对俄国发展道路的设想

俄国革命民主主义者的第二代人物,是 19 世纪中期以革命民主主义者别林斯基、车尔尼雪夫斯基、斯卡尔金等人为代表的平民知识分子革命

---

① 安启念:《东方国家的社会跳跃与文化滞后》,北京:中国人民大学出版社 1994 年版,第 148 页。

② 《马克思恩格斯选集》第 3 卷,北京:人民出版社 2012 年版,第 330 页。

③ 马龙闪:《苏联模式与"中国道路"的探索》,桂林:广西师范大学出版社 2013 年版,第 377~378 页。

家。车尔尼雪夫斯基作为时代先驱，在对俄国社会的敏锐观察中提出，按照俄国历史发展的条件，以村社土地公有制为基础，是否可以直接跨越，使其直接过渡到社会主义公有制？在他看来，对这一个问题的回答是十分乐观的。他认为，历史就像是一个溺爱小外孙女的老祖母，当社会在一定的生产力条件下，在发达民族内部实现高度发展的时候，其他落后民族通过效仿发达国家的发展历史，可以更快地到达这个阶段，且耗时远比先进民族少得多、快得多。他认为，落后民族在通向高级社会发展阶段的道路上，可以通过参考借鉴先发国家民族的经验，直接跨过社会发展的中间环节，从而实现直接进入社会发展的最高阶段的跨越。但是，车尔尼雪夫斯基也没有明确指出从村社公有制到社会主义公有制飞跃的实现条件。车尔尼雪夫斯基对列宁造成了重要影响，列宁明确提出，通过车尔尼雪夫斯基，他首次接触到唯物主义哲学、德国古典黑格尔哲学，以及马克思主义辩证法的思想。[1]

(三)借鉴与超越：俄国马克思主义理论家的推动

1. 普列汉诺夫的相关著述

从历史线索来看，普列汉诺夫是俄国完整接受马克思主义思想的第一人。1882 年，普列汉诺夫将《共产党宣言》译为俄文，并明确指出要建立无产阶级政党。1883 年，普列汉诺夫、查苏利奇、巴维尔·阿克雪里罗德在瑞士日内瓦组织成立了"劳动解放社"，尽管劳动解放社只有 3 名成员，但他们不懈努力、孜孜不倦，在他们的辛勤工作下，劳动解放社先后翻译出版了多部马克思主义经典著作，其中就包括《共产党宣言》《雇佣劳动和资本》等。同年，普列汉诺夫关于马克思主义理论的成熟思考的结晶《社会主义和政治斗争》在俄国出版，该书的出版标志着普列汉诺夫的马克思主义思想的成熟，这也是他的第一部著作。后来，普列汉诺夫又写了《我们的

---

[1] 《马列著作编译资料》第 17 辑，北京：人民出版社 1981 年版，第 119 页。

意见分歧》《论一元论历史观之发展》等在国内马克思主义者中产生重大社会影响的重要论著。《社会主义和政治斗争》等普列汉诺夫著作的发表，产生了巨大的社会影响和号召力，在俄国进步群体中掀起了研究马克思主义理论的热潮。在革命的不同时期，列宁经常向周围的革命者及妻子提到普列汉诺夫的著作。列宁高度赞扬普列汉诺夫的著作，也批评过他的一些观点。总而言之，普列汉诺夫对列宁产生了巨大影响，尤其是在列宁走上革命道路、开始革命活动之初。

普列汉诺夫关于革命、关于国家的重要理论贡献还包括：重视工人在革命中的重要作用、培养革命骨干、筹建马克思主义政党、捍卫马克思暴力革命原则、阐明政治斗争的目的和必要性等。以普列汉诺夫阐明政治斗争的目的和必要性为例：(1)普列汉诺夫批判了民粹派无视无产阶级的政治斗争、把社会主义与政治斗争对立起来、消极地看待工人运动的理论根源，实际上源于蒲鲁东—巴枯宁关于国家的思想观点，蒲鲁东等人认为自己参与实践活动的基本原则就是"不干预政治"[1]，还来源于空想社会主义的影响。(2)普列汉诺夫指明，人类社会中的"一切阶级斗争都是政治斗争"[2]，以此为出发点，普列汉诺夫还解答了人类社会历史发展规律从封建阶级到资产阶级，从资产阶级革命再到无产阶级革命，人类社会历史的发展和传承具有一定程度上的同一性，无产阶级要想获得国家权力，必须且只能通过革命暴力夺得国家权力。(3)普列汉诺夫强调，俄国无产阶级只有实现科学社会主义理论同工人运动的紧密的有机的结合，同落后专制的沙皇制度作坚决的斗争，通过暴力革命夺取国家权力，只有这样，才能使管理国家的权力转到工人群众方面来，为真正实现无产阶级的解放创造条件，才能为实现社会主义伟大理想奠定基础。在普列汉诺夫看来，对政治斗争的否认，就是在"间接支持"俄国的沙皇制度。民粹派由于忽视了政治

---

① 《普列汉诺夫哲学著作选集》第 1 卷，北京：生活·读书·新知三联书店 1961 年版，第 409 页。

② 《普列汉诺夫哲学著作选集》第 1 卷，北京：生活·读书·新知三联书店 1961 年版，第 56 页。

斗争的重要性，最终滑向了同封建君主专制的妥协之路。

2. 阿多拉茨基的国家观论著

1878 年，阿多拉茨基出生于喀山，20 岁时入读喀山大学法律系，他与列宁既是同乡，也同为喀山大学法律系的校友。阿多拉茨基在他的长篇回忆录《十八年间》中详细记叙了他与列宁从 1904 年起至 1922 年底，长达 18 年的交往过程。阿多拉茨基在书中记载，1911 年他写完了国家论的书稿，当时列宁就阅读过这部书稿。十月革命后，列宁还亲自支持了这部名为《论国家》的书稿的出版。因此，研究者认为，阿多拉茨基关于国家的理论应作为列宁国家观的理论来源之一。

阿多拉茨基在大学期间便热衷于参加进步活动，先后加入了列宁领导的党章学习小组(1904 年)，积极参加 1905 年俄国革命。理论的积淀与实践的淬炼促使阿多拉茨基开始系统地思考国家问题。为了阐释关于国家问题的诸多想法，阿多拉茨基开始着眼于哲学思考，研究辩证唯物主义以及黑格尔的相关思想，最终于 1911 年初步完成了国家论书稿《唯物主义国家观》。在《十八年间》这部回忆录中，阿多拉茨基记载了列宁对《唯物主义国家观》的重视。1911 年 1 月间，阿多拉茨基带着书稿来到巴黎，并多次拜访列宁。他记录道："弗拉基米尔·伊里奇仔细读了我的草稿之后，对它产生了兴趣"，[1] 还提出帮助印刷他的国家论著作。

十月革命后，列宁非常关注阿多拉茨基的工作和研究情况。阿多拉茨基在俄共(布)中央政治局的安排下，先后从事党史和十月革命史研究、担任俄罗斯苏维埃联邦社会主义共和国国家档案局局长等。在列宁的支持下，1923 年，阿多拉茨基的专著最终被定名为《论国家》并得以在社会主义科学院出版。从以上种种记叙和事迹来看，可以认为，列宁对阿多拉茨基的国家理论给予了高度关注和充分肯定。

---

[1] 《阿多拉茨基选集》，北京：生活·读书·新知三联书店 1964 年版，第 542 页。

三、列宁国家治理思想形成的个人因素

（一）追求革命进步的家庭氛围

列宁不是天生的马克思主义者，原生家庭对列宁世界观的形成产生了重要影响。列宁的父亲曾任辛比尔斯克省国民教育厅总监一职，他致力于平民教育，倡导俄国民主主义思想。父亲的熏陶使列宁较早地萌发了民主主义的种子。读中学时，列宁就因不满社会现实，在作文中使用了"压迫阶级"的概念，尽管这一举动遭到老师批评，但列宁强烈而炽热的革命情感已经熊熊燃烧起来。1887年5月，列宁的哥哥因参与刺杀沙皇亚历山大三世的革命活动被当局逮捕，一个月后被处以绞刑。哥哥遇难前给时年17岁的列宁留下了一本马克思主义著作——《资本论》。哥哥的革命意志和思想深深影响了列宁。妹妹马丽娅回忆列宁在哥哥不幸遇难后的状况时说，当列宁知晓了哥哥被沙皇处以绞刑的悲惨消息后，尽管十分赞同和崇敬哥哥坚定的革命情怀，但他认为通过暗杀的方式不能解决根本问题，他说道："我们要走的不是这条路。不应当走这条路。"①但是哥哥的不幸遭遇促使列宁想尽快地投身于革命实践中去，坚定了列宁反抗沙皇专制制度的革命信念。

1886年，列宁16岁时父亲去世，17岁时哥哥去世，接二连三的家庭变故让列宁过早地感受到了世态炎凉、人情冷暖，也锤炼了列宁异乎常人的坚定心性和务实的精神品质。在克鲁普斯卡娅所撰的《列宁回忆录》中，她记载了和伊里奇交往过程中，伊里奇告诉了她"社会"对他哥哥被捕所持的态度，所有的熟人都避开了自己的家……伊里奇想给去狱中看望儿子的母亲找个旅伴，可是谁也不愿意跟烦人的母亲同行。据伊里奇说，这种普

---

① 《回忆列宁》第1卷，上海外国语学院列宁著作翻译研究室译，北京：人民出版社1982年版，第163页。

遍的懦怯行为当时给了他一个很强烈的印象。由此，克鲁普斯卡娅认为，这种少年时代的体验，在伊里奇对"社会"、对自由派的态度上是有影响的。"他很早就知道自由派空谈的真正意义了。"①"哥哥的遭遇只是使他的思想工作更加紧张，把他锻炼得非常冷静善于正视真理，一分钟也不为漂亮的词句和空想所迷惑。对待一切问题都极其认真。"②

（二）列宁自身的宝贵精神品格

1. 宽广的理论视野和丰富的知识结构

从列宁本人的生活经历来看，列宁的目光始终注视着俄国这片广袤土地，但他的视野却并没有局限于此，这是他与长期生活在俄国国内的马克思主义者最大的不同之处。一方面，以长期侨居国外的普列汉诺夫为例，1880 年，即普列汉诺夫 24 岁时，便开始了长达 37 年的侨居生活，长期流亡国外，直到 1917 年俄国二月革命后才返回祖国大地，尽管他熟稔欧洲资本主义现代文明，具有较高的文化素养，但却脱离了俄国落后的国情这一现实基础，脱离了与俄国群众的血肉联系，这一类革命家还包括托洛茨基、季诺维也夫、加米涅夫、布哈林等；另一方面，以斯大林为代表的革命家如加里宁、捷尔任斯基、莫洛托夫、基洛夫等人长期在俄国国内生活，对整个世界文明进程了解不深，历史局限性较大。列宁的生活经历和他的目光所在使他能够博采众长又能扎根实际。即使是在侨居期间，列宁也总是把自己的主要注意力集中于国内的革命事业，甚至直接领导国内的党组织工作，这使列宁对俄国大地上发生的一切都非常熟悉。此外，受家庭影响，列宁从小就接触进步的西欧民主思想。在侨居国外期间，列宁积极参与了一系列国际思想论争，与众多著名活动家保持着紧密联系，具有

---

① ［苏］娜·康·克鲁普斯卡娅：《列宁回忆录》，北京：人民出版社 1971 年版，第 5 页。

② ［苏］娜·康·克鲁普斯卡娅：《列宁回忆录》，北京：人民出版社 1971 年版，第 6 页。

世界理论眼界，如列宁在瑞士伯尔尼图书馆为写作《帝国主义论》所准备的材料，包括从 148 本著作中所作的详细摘要，其中德文 106 本，法文 23 本，英文 17 本，还包括从 232 篇文章中作的札记，其中德文 206 篇、法文 13 篇，英文 13 篇。因此，列宁是一个十分全面的领导者，可以很好地团结国内外两类革命家开展革命工作。

2. 以刚毅果敢的性格推进国家治理的发展

在《人类群星闪耀时》一书中，茨威格将列宁乘坐的德国列车形容为"一枚不同寻常的炮弹"。革命活动本就是一条极其艰辛、危险重重的道路，革命家通常必须做好随时为革命牺牲的准备。列宁指出："无产阶级专政是一场战争，是一场比过去任何战争更残酷、更持久和更顽强得多的战争。在这场战争中，时时处处都有危险。"①他不止一次强调："革命工作的分工是十分繁杂的……其所以困难，是因为这要求每个人都要有极大的耐心，有高度的自我牺牲精神……要求和同志们断绝往来，要求革命者把全部生活服从枯燥和严格的规定。"②在列宁看来，共产主义和革命事业是为解放全人类而奋斗的伟大事业，每当无产阶级运动遇到挫折，群众情绪陷入低谷时，列宁总是会强调："革命者牺牲了——但革命必将胜利!"③苏维埃政权建立后，特别是在新经济政策实施后，为了适应新经济政策，列宁果断提出要进行政治改革，改进苏维埃机关作风，完善政治制度。列宁还是个实干家，陈独秀曾追忆："列宁的外表，像个朴素的教授，又像个很活泼的工人。"④列宁始终怀揣广博的人民情怀、坚定立足于人民立场，获得了广大无产阶级人民群众的爱戴和拥护。

---

① 《列宁全集》第 42 卷，北京：人民出版社 2017 年版，第 242 页。
② 《列宁全集》第 2 卷，北京：人民出版社 2013 年版，第 450~451 页。
③ 《列宁全集》第 2 卷，北京：人民出版社 2013 年版，第 449 页。
④ 《陈独秀文章选编》下卷，北京：生活·读书·新知三联书店 1984 年版，第 5 页。

四、列宁国家治理思想生成的历史分期

评析列宁的国家治理思想，应基于一定的历史发展过程及列宁的思想转变过程。首先，应考察列宁国家治理思想的严整性。列宁国家治理思想的诞生具有其特定的历史条件和历史背景，包含了列宁国家学说的系统性阐释，对国家治理主体、治理策略、治理方式的认识，以人民群众为中心的国家治理的价值旨归等方面。其次，列宁的国家治理思想并非一成不变的，而是在俄国革命和社会主义建设时期曲折探索中形成的，是在列宁将马克思主义科学原理同俄国社会发展道路、同苏维埃俄国面临的具体形势相结合的过程中凝练而成的。因此，在苏维埃俄国建设的不同时期，列宁的国家治理思想在治理的指导思路、治理的组织架构、治理的方法手段等方面呈现出不同的侧重点，最终形成了列宁国家治理思想的"具体的真理"。本书认为，从十月革命前列宁关于国家治理的理论设想，到列宁晚年在"最后的书信和文章"中形成"政治—经济—文化"三位一体的国家治理体系，可以将其分为列宁提出国家治理相关的理论设想、列宁国家治理的初步探索、列宁国家治理思想的重大转折、列宁国家治理思想"最后的沉思"四个部分。

（一）列宁国家治理思想的准备时期（1893—1917）

从 1893 年列宁登上俄国政治舞台到 1917 年十月革命胜利之前，是列宁国家治理思想的准备时期。

首先，是关于列宁国家治理思想萌发起点的时间选择问题。如前文所述，列宁的国家治理思想形成于革命实践中，马克思主义理论在俄国的运用，其中就蕴含了形成列宁国家治理思想的特定历史条件：对马克思、恩格斯著作的精心研读，对俄国历史文化和现实发展状况的深入研究，注定了列宁国家治理思想的形成是从零散的观点到系统的理论、从简单认识到深入研究的过程。从严格意义上来说，列宁的国家治理思想从列宁开始思考俄国发展道路及其相关问题的时候就开始了。据研究，列宁的革命活动始于 19 世纪 80 年代末，但是由于种种原因，列宁的许多早期著作散佚，无可稽考，于 1893 年春写作的《农民生活中新的经济变动》一文是至今发现的最早的列宁著作。这篇文章对俄国农民经济的现实状况作了深刻的马克思主义的分析，揭示了俄国农业资本主义发展的"商品经济"特征，粉碎了民粹派关于俄国发展道路的观点，他们认为俄国资本主义的发展并没有触动村社农民的基础，并可以使之作为通向社会主义的条件。《农民生活中新的经济变动》一文集中体现了列宁研究俄国问题的基本立场、方法、观点，将其作为列宁国家治理思想准备时期的起点标志具有一定的合理性。

其次，这一时期，列宁关于国家治理的理论设想和政治实践，为无产阶级苏维埃俄国的国家治理活动提供了理论依据和现实基础，具体包括以下四个方面：一是列宁通过科学的方法分析了俄国社会发展的现实情况，揭示了俄国经济基础和经济结构的变化，尤其是资本主义在农业经济中的发展带来的巨大冲击；列宁依据俄国资本主义的发展，批判了俄国经济浪漫主义和民粹派关于俄国发展道路的设想，指出"民粹派的经济学说不过是全欧洲浪漫主义的俄国变种"①，他们提出利用村社发展社会主义的设想在俄国是行不通的。二是列宁批判了君主专制制度和资本主义民主制度，从根本上揭露了封建生产方式和生产关系，揭露了资产阶级民主制度的虚伪性，为俄国革命从民主主义革命向社会主义革命转变提供了理论依据。三是列宁恢复和发展了马克思、恩格斯的国家理论，系统地阐释了关于国家的理论，基本内容包括国家的起源、国家的本质、国家的形态、国家的组织形式等。四是列宁在领导俄国革命的过程中，领导成立了无产阶级的"先锋队"——无产阶级政党，提出了无产阶级政党的性质、任务、组织结构、组织原则等。无产阶级政党的成立发挥了党作为领导人民群众开展革命的"权威"的作用。

---

① 《列宁全集》第 2 卷，北京：人民出版社 2013 年版，第 217~218 页。

（二）战时共产主义时期列宁对国家治理的初步探索（1918—1921）

1917 年十月革命胜利后，列宁开始了对苏维埃俄国国家治理的初步探索。首先，从无产阶级苏维埃俄国成立之初到 1918 年夏天国内战争爆发，列宁的国家治理活动的主要内容包含以下两个方面：一是巩固无产阶级苏维埃政权。其一，列宁领导建立了苏维埃俄国的党政治理体系，确立了工兵农代表苏维埃制度，颁布了一系列社会主义性质的法律法规，改造和撤销了旧的国家机关、建立了新的国家机关。其二，发挥国家的对外职能，保障国家的政治安全。根据社会主义国家的根本性质和保存社会主义试验基地的现实要求，列宁提出应当立刻同帝国主义德国签订停战协议，退出帝国主义性质的世界战争，列宁关于妥协的思想说明保障国家政治安全的重要性，这既是无产阶级苏维埃俄国治理的重要内容，也是国家治理顺利实施的前提条件。二是列宁提出了苏维埃俄国的经济治理设想。以实现社会主义经济制度为目标，列宁提出了"计算和监督"的治理方法，并形成了"国家资本主义"的短暂构想。列宁关于苏维埃俄国的经济治理思想包含了两种思路：直接过渡还是利用资本主义作为中间环节，二者都内涵了"渐进式"发展的经济治理意蕴。在经济治理的方法上，列宁十分注重发挥群众的能动性，调动群众的积极性，号召无产阶级群众人人都参与到国家管理中来。这一时期，列宁的国家治理思想体现了"全民治理"的特征。

其次，1918 年夏天国内战争爆发，苏维埃俄国不得不调整国家治理模式，集中资源应对战争、饥荒灾难的威胁，形成了以高度集中的政治经济体制为特征的"全能治理"的治理模式。战时共产主义时期国家治理的非常举措，极大地增强了无产阶级群众的凝聚力和向心力，通过集中高效的行政命令保障了战时生产生活资料的统一调配，彰显了社会主义制度的优越性。战时共产主义的治理模式为取得战争胜利发挥了重大的作用，为紧急状态下的国家治理提供了重要的实践经验。战时共产主义前后，在列宁提出的国家治理思想和实践中，揭示社会主义国家治理规律、具有原理意义的内容还包括：（1）强调了恢复和发展大生产对于社会主义建设的重要意义，其中蕴含了发展大生产、发展生产力在社会主义国家治理中具有基础性重要地位。（2）列宁提出了发展社会主义生产力的技术构想，即"全俄电气化计划"，他还阐述了电气化同社会发展、国民经济领域各个方面的密切联系。（3）列宁将"全俄电气化计划"视作苏维埃俄国通向社会主义现代文明的重要路径。列宁关于"全俄电气化计划"的重要论述，为无产阶级国家坚持生产力发展在国家治理中的基础地位奠定了重要理论基础。

（三）新经济政策时期列宁国家治理思想的重大转变（1921—1922）

"战时共产主义"时期的国家治理模式，采取的是紧急状态下的国家治理举措，不适合作为和平时期的长效国家治理政策。一是导致国家治理结构失衡。在战时共产主义时期的特殊条件下，高度集中的政治经济体制造就了"极强政府—极弱社会"的极端不对等的国家治理模式。二是战时共产主义的国家治理模式缺乏制度活力。政府统揽了国家政治经济生活的方方面面，以计划经济取代商品经济，通过行政命令调集和分配国家资源，治理制度本身缺乏"生长性"，决定了战时共产主义的治理模式只能是短暂的、紧急状态下的国家治理模式。三是长期实行战时共产主义政策严重破坏了工人同农民之间的关系。为了巩固工农联盟，必须满足农民的经济利益诉求，实现地方正常的经济流转。四是把"党的委任制"作为干部选派的唯一方式导致民主缺失。尽管"干部任命制实际上成为党控制国家和社会的有效工具"[1]，但是缺少民主决策因素，阻碍了社会主义民主政治发展。随着各种经济、政治矛盾集中爆发，有识之士要求立刻对战时共产主义的治理模式进行调整。

1921年开始实行的新经济政策标志着列宁国家治理思想的重大转变。

---

① 孔寒冰、项佐涛：《社会主义制度从一国到多国的演进（1917—1991）》，北京：北京师范大学出版社2018年版，第19页。

首先，列宁国家治理思想的转变主要集中于对经济关系的调整。立足于俄国多层次经济结构长期存在、农民在经济结构中占优势的现实情况，为了调动农民生产积极性、扩大农业生产面积，苏维埃俄国实行了以粮食税为代表的新经济政策。用粮食税代替余粮收集制之后，农民手中有了自己生产的产品及其处置权后必然要求自由贸易，通过商业买卖就必然会产生货币经济及其场所——市场，最终会导致小资本主义的发展。其次，新经济政策的提出诸如允许私人开办小私营企业等措施，客观上保存和发展了俄国当时存在的多种所有制经济结构。最后，为了适应商品经济的发展，列宁提出国家机关职能改革和国家制度创新的相关问题。新经济政策时期的国家治理模式，从根本上实现了苏维埃俄国的政治制度与经济基础相统一、国家治理同农民利益相结合、行政管理与货币经济和市场手段相结合的国家治理模式。

（四）列宁关于国家治理的最后沉思（1922—1923）

直到生命最后一刻，列宁仍心系苏维埃俄国的发展。1922 年底，由于长期处于艰苦的工作环境之中，以及反革命势力刺杀留下来的旧伤复发，导致列宁不得不离开克里姆林宫。根据福齐耶娃的记录，休养期间，列宁始终没有停止关于俄国国家治理的思考，他口授了《宁肯少些，但要好些》《论我国革命》《论合作社》等五篇文献和书信，这些文章被称为列宁"最后的书信和文章"或"政治遗嘱"。在"最后的书信和文章"中，形成了以探索"社会主义民主政治"为核心的政治治理思想、以"文化革命"为核心的文化治理思想、以"现代商业文明"为核心的经济治理思想，代表了列宁一生中国家治理思想的制高点，蕴含了现代社会主义国家治理的基本规律，为建设社会主义政治文明、经济文明、商业文明积累了宝贵的经验。

一是探索以社会主义"民主政治"为核心的社会主义国家政治治理思想。主要包括：（1）通过扩大党的中央委员会人数，保障工农联盟的政治基础的稳定，保障国家政策的民主决策；（2）通过改组工农检察院，转变工农检察院的工作重心，完善治理的民主监督；（3）改革国家机关的弊病，同拖拉作风、官僚主义作坚决的斗争，提升社会主义国家的治理效能；(4)加强社会主义法制建设，在苏维埃俄国实行全国统一的法制，规范国家治理行为和秩序。

二是列宁提出了以"文化革命"为核心的社会主义国家文化治理思想。通过对全俄居民识字水平的调查，列宁提出了国家治理的文化问题。列宁十分重视发展社会主义文化，他提出：(1)把工作重心转向文化建设；(2)应当汲取全人类的文化成果，正确对待传统文化和资本主义先进文化；(3)提高教师和知识分子待遇；(4)造就全面发展的一代新人。

三是列宁提出了以发展"商品经济"为核心的社会主义国家经济治理思想。新经济政策的实施标志着苏维埃俄国经济治理开始走向正轨。在晚年的沉思中，列宁进一步提出了：(1)以"合作社"作为社会主义经济的主要桥梁和枢纽；(2)把个人利益同商业利益相结合的治理原则；(3)发展欧洲式的现代商业文明。

在列宁关于社会主义国家治理的最后沉思中，形成了党领导下的政治治理、文化治理、经济治理的国家治理结构，治理的制度建设进一步完善，社会各领域的治理实现有机结合，参与治理的社会各阶层各群体的利益得到有效兼顾。

第二章　十月革命前列宁关于国家治理的
理论设想

　　俄国农奴制改革以后，资本主义获得了快速发展的机遇，因此通过政治改革或者民主革命来推翻沙皇君主专制制度成为俄国社会各阶层的普遍诉求。19世纪80年代，列宁已经具备了深厚的马克思主义理论素养，正式登上俄国政治舞台，开始参与革命活动。首先，通过研究资本主义在俄国社会的发展和对俄国农村经济的影响，列宁形成了关于俄国社会经济发展状况的科学认识，对俄国发展阶段的历史定位作了深刻的马克思主义的解读，对国情社情的深入研判奠定了列宁探讨国家发展动力、发展方向、发展道路的现实基础。列宁对塔夫利达省等南俄地区的调查研究，揭示了俄国农业资本主义发展的形式和过程，证明了资本主义在俄国的形成和发展，他批判了以波斯特尼柯夫为代表的民粹派认为村社农民未被资本主义触动、村社可以作为社会主义基础的谬论。列宁关于俄国社会现实情况的研究，确定了国家农业经济发展的"商品经济"特征，确定了农民阶级性质的划分依据。其次，列宁形成了系统的国家理论。19世纪末，列宁在指导俄国无产阶级革命的过程中就已经发现并指出了国家活动的规律。20世纪初，列宁专门研究了各种关于国家的理论学说，尤其是继承和发展了马克思、恩格斯的国家理论，系统地阐释了关于国家的基本问题，回答了包括国家的起源等重要的理论问题，形成了关于社会主义国家治理的一般理论设想。再次，为了领导无产阶级革命运动、表达无产阶级的政治经济诉求、壮大无产阶级运动的社会力量，列宁组织成立了无产阶级运动的领导组织——俄国社会民主工党。无产阶级政党的建立为无产阶级政权建立后，将无产阶级的意志上升为国家意志提供了实践基础，彰显了社会主义国家治理的价值追求——真正人民性。

一、列宁对君主专制和资产阶级民主思想的批判

（一）列宁对君主专制的批判

首先，列宁定义了什么是专制制度。在写于 1899 年底的《俄国社会民主党中的倒退倾向》一文中，列宁批判了《我国的实际情况》中的错误观点，并借此论述了专制制度的根本性质。列宁明确指出，专制制度是这样的一种管理国家的形式，在这种形式中，君主拥有国家的所有权力，拥有国家事务的最高裁决权力。君主的权力神圣不可侵犯。国家的法律体现君主的意志，国家的官吏由君主任命。

（二）列宁对俄国经济浪漫主义和民粹派的批判

列宁驳斥了俄国经济浪漫主义和民粹派关于俄国资本主义发展状况的论述，批判了他们关于俄国发展道路的相关观点。19 世纪末 20 世纪初，在俄国复杂的历史环境中产生了众多社会思潮，其中比较具有代表性的有以米海洛夫斯基为代表的民粹派和以波·艾弗鲁西为代表的俄国经济浪漫主义。尽管民粹派和俄国经济浪漫主义的立论基础、主要内容并不相同，但是二者具有相似的地方：一是他们都忽略了商品经济随着分工的发展而发展，并因此产生工业部门和工业人口；二是他们一致认为俄国社会发展的基础在于农业中的宗法经济，民粹派企图利用旧的经济条件作为通向社会主义的基础，经济浪漫主义则把现实发展中的各种利益矛盾归结为学说、体系的矛盾或错误，企图用传统秩序来规范现实社会。列宁指出了民粹派和经济浪漫主义的空想性，揭示了二者的实质是小资产阶级的和反动的理论，驳斥了他们关于俄国选择社会发展道路的错误思想。

首先，列宁对政治活动的经济基础进行了深入研究，探讨了资本主义

在俄国的发展。列宁通过调查研究，揭示了资本主义经济对俄国经济基础尤其是农业经济造成的重大冲击，并以此为基础驳斥了俄国经济浪漫主义和民粹派利用行会、村社发展社会主义的构想，他认为经济浪漫主义和民粹派"荒谬地把恢复古代宗法式环境的条件移到充满疯狂竞争和利益斗争的大机器工业时代"①，这种"企图以旧的宗法式的尺度来衡量新社会，想在完全不适合于已经变化了的经济条件的旧秩序和旧传统中去寻找典范"②的做法，其本质是小资产阶级的社会主义，是行不通的。其次，列宁始终坚持马克思主义立场，列宁运用马克思主义真理的科学分析方法指出了技术发展和资本主义经济的冲击给俄国社会带来的具体变化，揭示了技术进步、社会分工、工业人口之间的发展规律。最后，列宁在考察经济浪漫主义的思想来源——西斯蒙第的经济思想时，提出谈论"国家"的具体原则，要求从经济基础上对"国家"进行具体研究。

总而言之，列宁通过对民粹派和经济浪漫主义的观点进行考察，从理论上论证了"民粹派的经济学说不过是全欧洲浪漫主义的俄国变种"③，彻底批判了小资产阶级的反动的理论，为确立马克思主义理论的指导地位扫清了思想障碍。

二、列宁关于社会主义国家治理的理论设想

毫无疑问，国家的性质为国家职能的性质提供了本质规定。国家治理的概念具有丰富的时代内涵，但其根本性质依然无法脱离国家性质的本质规定，国家治理的治理结构、治理方式、治理政策系统地反映了国家的性质、国家的任务、国家活动的价值追求。列宁的国家理论阐述了关于国家起源、国家本质、国家形态的重要内容，是研究列宁国家治理思想的基础。十月革命前夕，在尚不具备国家治理的条件的情况下，列宁通过对国

---

① 《列宁全集》第2卷，北京：人民出版社2013年版，第206页。
② 《列宁全集》第2卷，北京：人民出版社2013年版，第209页。
③ 《列宁全集》第2卷，北京：人民出版社2013年版，第217~218页。

家学说的研究，阐释了国家学说的重要问题，并初步提出了国家治理的理论设想。

无产阶级苏维埃国家成立以前，列宁关于国家的理论和国家治理的组织方案构想可见于《革命的一个根本问题》《大难临头，出路何在？》《布尔什维克能保持国家政权吗？》等文章中。从整体上看，这一时期，列宁关于国家治理的理论设计最重要的特征就是，主张通过苏维埃将人民组织和武装起来，"使大多数人民不但在选举代表方面，而且在管理国家、实现改革和改造方面，能够发挥创造性和主动性"①，发挥群众组织在平定科尔尼洛夫叛乱时所表现的那种力量和那种伟大而不可战胜的精神，他提出"政权归苏维埃"口号的实质就是把管理国家和监督国家经济的事情完全交给无产阶级人民群众，工人和农民在实践经验中得到锻炼，他们很快就会依据实践经验掌握正确分配土地、产品和粮食的方法。列宁主张全体人民都参与到国家治理中来，号召人民群众开始真正学习掌管国家机器的本领。由于这一时期列宁国家治理思想的特征是全体人民共同参与到对国家的管理中来，因此又被称为"全民治理"。

（一）列宁国家理论研究的起点

列宁系统性地研究并继承了马克思、恩格斯的国家理论。1917 年 8 月至 9 月间，列宁在拉兹里夫湖畔的茅草房里写就了《国家与革命》一书。该书被誉为马克思主义思想史上的"罕见之作"②，是马克思主义国家学说的相关著作中关于无产阶级专政的重要之作。③ 列宁根据马克思和恩格斯关于国家问题的基本观点，阐释了国家的起源和本质、国家的基本特征和职能，论述了无产阶级国家政权即无产阶级国家专政的作用。正是在同各种

---

① 《列宁全集》第 32 卷，北京：人民出版社 2017 年版，第 160 页。

② ［美］史丹利·阿若诺威兹、彼得·布拉提斯：《逝去的范式——反思国家理论》，李中译，长春：吉林人民出版社 2011 年版，第 46~47 页。

③ ［英］密利本德：《马克思主义与政治学》，北京：商务印书馆 1984 年版，第 149 页。

歪曲马克思主义理论的社会思潮作斗争的过程中，列宁归纳、总结、恢复、捍卫和发展了马克思的国家理论，恢复了马克思主义关于国家与革命的学说，总结了巴黎公社的经验教训，科学地揭示了马克思主义国家理论的生成逻辑，揭示了社会主义国家的一般形态，从理论上捍卫了马克思主义科学真理。这一时期，列宁的国家理论及其相关设想还可见于《革命的一个根本问题》《大难临头，出路何在？》

（二）列宁关于国家起源的理论

列宁十分重视国家问题及其重大意义，在他看来：“国家问题，现在无论在理论方面或在政治实践方面，都具有特别重大的意义。”①理解和研究列宁的国家治理思想，必须把科学认识国家的起源、国家的本质和消亡问题放在首位。列宁论述了马克思、恩格斯关于国家理论学说的重要内容，提取其本质性和规律性的内容，并在此基础上进一步发展了马克思主义创始人的国家理论，发展了他们关于无产阶级专政的学说。列宁关于国家的理论很大程度上直接受到恩格斯的影响，普遍认为，恩格斯关于国家的重要理论著作如《家庭、私有制和国家的起源》等对列宁国家理论的形成产生了直接的影响，因此列宁的国家理论在一定程度上有“接着恩格斯说”之意。然而，学界长期以来较少将目光投入到列宁的国家理论对马克思主义创始人的国家理论做出的重要历史贡献方面。② 从国家产生的根源来看，正是由于阶级之间存在不可调和的矛盾，所以产生了国家。从根本上来说，国家的存在从根本上证明了阶级矛盾是不可调和的。马克思主义认为，由于资本主义社会的发展导致各方力量冲突，使社会陷入了不可调和的自我矛盾中，因此就需要有处于社会之上的力量，使矛盾抑制在“秩序”之内，因此必然有一方是压制的强势力量，从而实现了阶级压迫，即“一个阶级对另一个阶级的压迫”。

---

① 《列宁全集》第 31 卷，北京：人民出版社 2017 年版，第 1 页。
② 何萍：《列宁国家理论的研究范式：重读〈国家与革命〉》，《中国地质大学学报（社会科学版）》2016 年第 6 期。

（三）列宁关于国家本质的理论

在马克思、恩格斯看来，作为统治阶级维护自身工具的"国家"是统治阶级压迫被统治阶级的机关，列宁深刻把握了马克思、恩格斯关于国家本质的论述的精髓，即牢牢把握国家的阶级性质这个根本特征。列宁指出："国家是阶级统治的机关，是一个阶级压迫另一个阶级的机关。"①实际上，列宁对国家性质的论述可以追溯到较早写就的《社会民主党纲领草案及其说明》之中，他指出："政府并不是凌驾于阶级之上的，而是维护一个阶级来反对另一个阶级。"②在人类政治思想史和马克思主义发展史中，众多学者试图从经济学、人类学、政治学等不同的角度对国家的本质进行分析，但他们不足以对国家的概念进行本质性揭示，马克思、恩格斯从阶级关系出发，揭示了国家的本质特征，才真正阐释了国家的相关理论学说。在马克思、恩格斯之后，列宁继承和发展了马克思、恩格斯关于国家的理论学说，以"阶级"为中心阐述了国家的最深刻的本质。

（四）列宁关于国家形态的理论

1. 无产阶级国家的形式

恩格斯提出的"国家的最高形式"以民主共和国作为出发点，列宁则阐明了其国家观的核心概念——无产阶级革命，即无产阶级获得政权的唯一方式是通过无产阶级革命而获得。这一政治上的重要发现是列宁超越布哈林、伯恩施坦等同时代其他思想家的伟大之处。布哈林的国家理论立足于研究帝国主义国家与经济的关系，重点考察帝国主义国家的经济职能，而疏于对国家政治结构加以说明。列宁把国家问题研究的核心放在了"国家与革命"的关系上，揭示了国家的政治结构和社会权力二者间的关系，揭

---

① 《列宁全集》第31卷，北京：人民出版社2017年版，第6页。
② 《列宁全集》第2卷，北京：人民出版社2013年版，第84页。

示了无产阶级革命成为国家政治职能的重要组成部分。这一发现具有重要的政治意义，赋予了"无产阶级革命"这一概念以主动性、积极性，并通过其自身的政治特性规定国家的性质。

列宁揭露了资产阶级国家的虚伪性。在列宁看来，资产阶级议会制共和国类型的资产阶级国家中"财富"具有无限的权力。正如恩格斯所言，资本家既没有直接当官，也没有直接参加政府，而是简洁但也是更可靠地运用自己的权力，这个权力是"资本剥削雇佣劳动"的权力，因而"现代的代议制的国家是资本剥削雇佣劳动的工具"①。列宁在"蓝皮笔记"中还提到了"半国家"的概念，归纳了建立俄国"半国家"即"无产阶级国家"的五项措施：（1）废除常备军，（2）废除官僚制，（3）废除议会制，（4）实行"没有国家从上面进行监督和监护的地方自治"②，（5）实行"完全的民主"③。

综上所述，"无产阶级国家"或"半国家"的实质是指，无产阶级是在废除资产阶级国家官僚军事机器基础上建立起来的，实行地方自治和完全民主的，因而也不是原来意义上的，而是巴黎公社类型或苏维埃类型的国家，是"用巴黎公社类型的无产阶级机构代替议会式的机构和官吏"④的国家。此外，列宁还论述了国家消亡的相关问题，在此不再赘述。

2. "无产阶级专政"的理论实现了革命党与执政党的统一

马克思国家理论的核心概念就是无产阶级专政。在马克思主义创始人看来，从资本主义社会向共产主义社会的发展过程和转变过程中，处于这一过程中的国家从治理结构上看，只能是无产阶级的革命专政的形式。"无产阶级专政"也是列宁国家治理思想的核心概念，也是研究列宁国家治理思想的立足点。这一时期，国家治理的相关问题都是基于无产阶级专政

---

① 《马克思恩格斯全集》第 28 卷，北京：人民出版社 2018 年版，第 200 页。
② 《列宁全集》第 31 卷，北京：人民出版社 2017 年版，第 184 页。
③ 《列宁全集》第 31 卷，北京：人民出版社 2017 年版，第 184 页。
④ 《列宁全集》第 31 卷，北京：人民出版社 2017 年版，第 209 页。

理论而展开的，例如扩大民主，对压迫者、剥削者、资本家采取一些剥夺财产、剥夺自由的政策，进行社会主义建设的具体措施等。另外，无产阶级凭借掌握的国家权力，就可以通过强力的中央集权组织，开启国家暴力机关机器，镇压被剥夺的剥削者的反抗，同时还能高效地团结凝聚各个社会阶级开展社会主义建设。列宁指出，不与任何人分掌而直接凭借群众武装力量夺取的政权是无产阶级专政的重要特征。在保证无产阶级政党执政地位的前提条件下，才能从根本上巩固政权，才能避免"不可靠的同路人"①，列宁进一步强调："党是直接执政的无产阶级先锋队，是领导者。"②通过共产党领导国家机关，并在宪法赋予的范围内实现本阶级的意志，团结社会各阶级制定社会主义经济发展战略，既实现了革命党与执政党的统一，也才有可能实现有效的国家治理。

（五）列宁关于"全民治理"的设想

列宁在解决从资本主义转向社会主义过渡的问题中，并没有满足于对历史一般规律的认识。列宁在"四月提纲"中写道："我们的直接任务并不是'实施'社会主义，而只是立刻过渡到由工人代表苏维埃监督社会的产品生产和分配。"③在《大难临头，出路何在？》这篇文章中，列宁第一次明确地提出了无产阶级专政条件下（即"革命民主国家下面"）的国家资本主义问题，第一次讨论这种国家资本主义和社会主义的关系，提出"国家垄断资本主义是社会主义的最充分的物质准备，是社会主义的前阶，是历史阶梯上的一级，在这一级和叫作社会主义的那一级之间，没有任何中间级"④。

列宁将"邮政"视作国家资本主义垄断组织的代表。列宁指出了旧的邮

① 《列宁全集》第41卷，北京：人民出版社2017年版，第206页。
② 《列宁全集》第40卷，北京：人民出版社2017年版，第299页。
③ 《列宁全集》第29页，北京：人民出版社2017年版，第116页。
④ 《列宁全集》第32卷，北京：人民出版社1985年版，第218~219页。

政组织的性质，即劳动者是受到资产阶级官僚的统治的。他认为，在无产阶级苏维埃国家，现代国家的官僚机器被彻底摧毁，就获得了去除"寄生物"但具有较高的技术装备的主体，工人阶级将掌握和使用这个主体，只需要雇佣一些技术人员、监工和会计。以"邮政"组织为案例，列宁提出了"我们最近的目标"，是"把整个国民经济组织得像邮政一样，做到在武装的无产阶级的监督和领导下使技术人员、监工和会计，如同所有公职人员一样，都领取不超过'工人工资'的报酬……在这样的经济基础上的国家，才是我们需要的"①。笔者认为，列宁提出的国家的"辛迪加"的社会主义国家治理模式，既有理想主义成分，也包含合理之处：

首先，理想主义的成分包括：第一，列宁国家的"辛迪加"设想代表的是——集中的国家垄断的产品经济形态。从生产关系来看，无产阶级国家作为社会全部生产资料的唯一占有者，直接组织生产，实行对生产的集中统一的统计和监督；从产品的分配机制来看，无产阶级国家按照平等的原则，直接分配个人生活消费品，不存在其他经济成分或经济活动主体，也没有商品、货币和市场。实践证明，列宁这种纯粹的社会主义经济内容包含着理想的成分，与现实之间尚有相当大的间隙，二者之间难以耦合。第二，应当看到，强迫组织全民的、国有的"辛迪加化"，即便是在生产水平较发达的帝国主义国家，也只是它们采取的战时措施，具有临时性和特殊性，无法保证资本主义经济在和平环境中正常运营，其与无产阶级"万能的"国家机构之间存在不小的差别；只有当列宁逐步认识到俄国特殊国情后，开始萌生了借助中间环节，逐步走向社会主义的迂回道路后，列宁对"国家资本主义"的认识才发生了转变。

其次，列宁全民的、国有的"辛迪加"构想的合理成分包括：第一，在恩格斯看来，随着经济垄断组织的出现，计划性成了垄断经济的重要特征。在恩格斯论述的基础上，列宁进一步系统地阐明了，由于国家资本主

---

① 《列宁全集》第31卷，北京：人民出版社2017年版，第47页。

义事先的计划性，造就了全民的计算和监督的现成形式，无产阶级掌握国家政权之后，便可以直接利用这些形式，使之作为社会主义经济改造的武器。正如列宁所说的，"是从资本主义那里获得自己的武器，而不是'臆造'和'凭空创造'这种武器"①。第二，马克思设想的社会主义经济的计划性特征的产生，是生产资料归社会占有的结果。参照国家垄断资本主义在发展过程中具有的重要特征——把计算和监督提到了首要地位，列宁认为，在完成剥夺剥夺者的任务以前，就可以借助和利用国家垄断资本主义，以及国家垄断资本主义造成的计算和监督的形式实现计划经济。他指出，"问题的'关键'甚至不在于没收资本家的财产，而在于对资本家及其可能有的拥护者实行全民的包罗万象的工人监督。单靠没收是无济于事的，因为其中并不包含组织要素和计算正确分配的要素"②。以这种思想作为基础，在马克思主义发展史上，列宁首次提出了借助国家资本主义转向共产主义的方案。

综上所述，面对"西方列宁学"的这样一种观点：列宁对马克思的背叛体现在他忽视了马克思的市民社会理论，直接将共产主义看做剔除了市民社会后保存下来的"计算和监督"的简单规则。③ 笔者认为这是对列宁国家治理思想的片面解读，原因有二：一是外部环境影响。受资本主义股份制企业的迅速发展和德国强迫全国"辛迪加化"的影响，列宁将国家的"辛迪加"作为国家治理的发展方向。二是存在部分理想主义成分。列宁没有考虑到生产社会化的程度，没有考虑到不同层次社会群体的实际利益，没有考虑到高度集中的国家机构带来的官僚主义问题，在三年国内战争结束后仍然寄希望于从高度集中的政治经济垄断体制直接过渡到社会主义社会，在这些方面，列宁确实存在失误，但是认为列宁背叛了马克思的相关理论就不免言过其实了。

---

① 《列宁全集》第32卷，北京：人民出版社2017年版，第302页。

② 《列宁全集》第32卷，北京：人民出版社2017年版，第301页。

③ [美]诺曼·莱文：《列宁〈国家与革命〉再讨论》，林浩超译，《武汉大学学报》2013年第6期。

三、发挥国家治理的"政党优势"

一方面，国家的性质决定了国家职能的性质；另一方面，政党是阶级利益的直接代表，执政党通过将自己所代表的阶级的意志上升为国家意志，并通过国家治理贯彻阶级的意志和主张。关于国家的性质和政党的性质的关系问题，从历史和政治实践的经验来看，一般来说，国家的性质不一定和政党的性质一致，但是国家的性质和执政党的性质是相一致的。现代政党参与国家治理，关涉到党在国家权力资源中的分配问题，党在国家权力中处于什么样的地位，代表着特定的制度安排，直接影响着国家治理能力能否得以有效实现。马克思主义认为，政党是阶级斗争最严整的组织形式，无产阶级组织的代表就是政党，实现无产阶级专政必须要把无产阶级政党的领导作为基本条件；组织和纪律是无产阶级政党的战斗力保证，无产阶级政党必须实行民主集中制的原则；必须在革命事业中保持独立地位；必须坚持对阶级和群众运动的领导权。列宁在领导俄国革命的过程中，恢复和发展了马克思、恩格斯关于无产阶级政党的设想，确立了无产阶级政党在国家治理中的领导地位，初步形成了社会主义国家治理中"国家"和无产阶级政党"互嵌"的治理结构，形成并发挥了国家治理的政党制度优势。

（一）无产阶级政党是国家治理的领导"权威"

立足于唯物史观，马克思、恩格斯对"权威"概念进行了科学全面的界定。恩格斯指明了权威关系的两大根本原则——权力性与服从性，在《论权威》一文中，恩格斯指出："这里所说的权威，是指把别人的意志强加于我们；另一方面，权威又是以服从为前提的。"①在恩格斯看来，权力与权威是辩证统一的关系，权力分为两个方面，一方面是权威，另一方面是服

---

① 《马克思恩格斯选集》第3卷，北京：人民出版社2012年版，第274页。

从。从权威产生的根源来看，权威现象是社会和自然决定的，是伴随社会存在而长期存在的客观现实，并且随着社会化生产的不断扩大，权威存在的范围将更加广泛。马克思和恩格斯阐释了权威与自治的关系，他们批判了无政府主义者否定权威、鼓吹自由状态的错误观点。当时，无政府主义的代表巴枯宁等人反对一切权威的观点甚嚣尘上，他们要求消灭一切国家。在研究者看来，马克思、恩格斯关于权威的论述可以分为三个维度，分别是党的权威、政治权威和社会权威。① 马克思、恩格斯既明确了权威在无产阶级运动中的全部指向，也论证了权威在人类解放里程中的重要地位，尤其是权威在人类历史发展的不同阶段、在国家治理的不同阶段，具体的表现形式又存在差异性。从历史来看，在社会主义国家诞生和开展国家治理活动过程中，无产阶级政党领导是社会主义国家治理的根本特征，是国家治理有序运行的重要保证。

（二）党的领导反映了无产阶级的意志和主张

列宁明确了"阶级"这一重要概念，"所谓阶级，就是这样一些大的集团，这些集团在历史上一定的社会生产体系中所处的地位不同，同生产资料的关系（这种关系大部分是在法律上明文规定了的）不同，在社会劳动组织中所起的作用不同，因而取得归自己支配的那份社会财富的方式和多寡也不同。所谓阶级，就是这样一些集团，由于它们在一定社会经济结构中所处的地位不同，其中一个集团能够占有另一个集团的劳动"②。在列宁看来，马克思、恩格斯创立了科学的理论学说，从生产方式和生产关系的角度入手揭示了阶级的本质特征，为阶级斗争提供了先进的理论引导。然而，历史活动不是涅瓦大街的人行道，"向这种结合迈进"的过程注定是不平坦的。考察 19 世纪下半叶欧洲各国工人政党的活动内容，其中右翼势力及右倾思潮风靡是当时社会民主党的重要特征，他们认为应当对马克思主

---

① 蔺奥、符豪：《马克思恩格斯权威思想的三重内涵及新时代启示》，《东北大学学报（社会科学版）》2020 年第 2 期。

② 《列宁全集》第 37 卷，北京：人民出版社 2017 年版，第 13 页。

义进行修正：放弃暴力革命、和平步入社会主义在他们看来是可行的。面对这种国际性思潮的影响，俄国无产阶级团体概莫能外。1895 年 11 月，在列宁的倡议下，俄国无产阶级运动的领导组织——"圣彼得堡工人阶级解放斗争协会"成立。"圣彼得堡工人阶级解放斗争协会"是俄国无产阶级政党的雏形，其并不成熟，尤其是围绕工人阶级斗争和俄国革命发展道路的各种思想观点纷争不断，经济派十分看重工人运动的自发性一面，在他们看来，工人运动应当把经济斗争作为他们的主要任务，由此形成了俄国社会运动的两种方向：一种是自发的群众运动，另一种是接受社会民主党的学说的社会思想运动；在社会民主党人中也形成了两种组织形式，即"一种是社会主义的表现"，"另一种是民主主义的表现"①。经济文化落后的俄国社会特殊的二重性导致社会主义革命任务和民主主义革命任务交织，由此带来的思想分歧和理论混乱成为俄国无产阶级政党建设道路上的最大障碍。

这一时期，列宁的文稿主要围绕批判民粹主义和经济主义，在批判性论战和鼓动性宣传中恢复和传播了革命的马克思主义理论，并将其灌输给无产阶级，试图"从争取实现零星小要求的局部性片段性鼓动提高到争取实现社会民主党全部要求的鼓动"，厘清了建党所面临的思想障碍。具体来说，列宁通过对现实斗争活动的思考，提出了无产阶级政党的根本性质、重要任务、组成成分、组织原则、活动策略等重要内容，系统地形成了这一时期列宁无产阶级政党建设和加强党的领导的重要理论。

1. 政党的性质：无产阶级先进战士

列宁依照马克思主义理论系统地阐明了无产阶级政党的性质。列宁在其早期著作《民粹主义的经济内容》一文中就指出："唯物主义本身包含有所谓党性，要求在对事变作任何评价时都必须直率而公开地站到一定社会

---

① 《列宁全集》第 2 卷，北京：人民出版社 2013 年版，第 431 页。

集团的立场上。"①换句话说,在列宁看来,党性反映了固定社会集团、社会群体、社会阶级的利益诉求,直接反映了他们所属的阶级立场。他还提出了国家运动的一般规律:"它是由'活的个人',即属于优势社会力量方面的那些'活的个人','突破重重障碍'(诸如直接生产者或旧贵族阶层代表的反抗)来推动的",而形成和联结这些社会力量的最本质的特征是"阶级",因此"在反对阶级时必须依靠阶级"②。在《社会民主党纲领草案及其说明》一文中,列宁着重强调了无产阶级政党具有鲜明的阶级性、政治性。1904 年,列宁在写作《进一步,退两步》时明确提出,"我们是阶级的党"③。作为广大无产阶级代表的俄国社会民主党,具有团结和领导无产阶级运动、指导推翻资产阶级革命的使命责任。而小资产阶级由于它本身具有的两面性——"趋向无产阶级与民主主义""趋向反动阶级",注定了它无法成为争取社会主义革命的阶级,只有无产阶级"才能成为争取政治自由与民主制度的先进战士"④,换言之,只有无产阶级才是彻底的革命的阶级,如果仅从经济斗争的层面而言,"如果为了争取改善自己的生活状况……工人就根本不需要社会党人"⑤。正是与无产阶级政党的性质这一根本差异决定了革命的俄国社会民主党人和其他思想派别的差异:俄国自由派从来没有组织革命政党来推翻专制制度的斗争,从来没有担任而且也不可能担任独立的革命角色;列宁早已注意到社会民主党基辅委员会、"青年派俄国社会民主党人"等团体中的伯恩施坦主义倾向,要求革命的无产阶级政党停止向"经济主义"和伯恩施坦主义献媚,强调"要承认革命社会民主党的原则"⑥。

列宁要求坚持无产阶级政党的党性原则,认为坚持党性原则具有重大

---

① 《列宁全集》第 1 卷,北京:人民出版社 2013 年版,第 363 页。

② 《列宁全集》第 1 卷,北京:人民出版社 2013 年版,第 317~318 页。

③ 《列宁全集》第 8 卷,北京:人民出版社 2017 年版,第 256 页。

④ 《列宁全集》第 2 卷,北京:人民出版社 2013 年版,第 438 页。

⑤ 《列宁全集》第 4 卷,北京:人民出版社 2013 年版,第 229 页。

⑥ 《列宁全集》第 5 卷,北京:人民出版社 2013 年版,第 260 页。

意义。他坚持主张无产阶级政党的党性应当具备坚定性、彻底性和纯洁性的特点。在 1908 年写就的《唯物主义和经验批判主义》一文中，列宁批判第二国际机会主义者："哲学上无党性的人，像政治上无党性的人一样，是不可救药的蠢材。"①列宁极其重视理论修养和革命坚定性之间的关系，反复强调工人运动的旗帜必须是革命的马克思主义，反映了列宁对指导实践的科学理论的重视，并将其作为无产阶级政党统一组织的思想基础。列宁总结了俄国社会民主党人活动初期的问题缺陷，即只进行小组宣传活动，把政治宣传推到了次要位置，在贯彻斗争原则、加强无产阶级党的组织领导、党的宣传动员等方面都较为薄弱。因此列宁强调，"必须使这些思想在较有锻炼的人们中间扎下较深的根"②。面对群众中间较少有很高理论修养的、绝不会发生任何动摇的"思想家"这一问题，为达此目的，必须重视科学理论的指导地位，坚持党性修养。也只有坚持这一目标，才能使无产阶级政党从"自在的党"转变成"自为的党"。

2. 无产阶级政党的根本任务和当前任务

首先，无产阶级政党的性质决定了无产阶级将夺取政权、建设社会主义社会作为自己的根本任务，并且只有"革命无产阶级的独立的、毫不妥协的马克思主义政党，是社会主义胜利的唯一保证，是一条通向胜利的康庄大道"③。当时俄国工人运动的自发性特点导致他们在争取自己权利的时候往往只看重眼前的、局部的经济利益，列宁提出，"党的活动应该是帮助工人进行阶级斗争"④，列宁要求党必须参加到工人运动中去，维护工人的利益，代表工人的利益，并明确无产阶级政党的政治任务——由自发的经济斗争转变为有组织的政治斗争。列宁反复强调，无产阶级要争取经济上的解放，就必须争得一定的政治权利，"只有争得了政治自由，整个工

---

① 《列宁全集》第 18 卷，北京：人民出版社 2017 年版，第 299 页。
② 《列宁全集》第 2 卷，北京：人民出版社 2013 年版，第 434 页。
③ 《列宁全集》第 9 卷，北京：人民出版社 2017 年版，第 257 页。
④ 《列宁全集》第 2 卷，北京：人民出版社 2013 年版，第 85 页。

人阶级才能坚决地进行反对资产阶级的斗争，而这个斗争的最终目的就是无产阶级夺取政权和组织社会主义社会"①。列宁归纳提出了俄国社会民主党的实质就是"组织无产阶级的阶级斗争，目的在于夺取政权"②，俄国社会民主党的任务是"建立俄国工人的革命政党……推翻专制制度，争取政治自由"③。其次，从掌握国家治理权力的主体来说，俄国社会民主党的实质和最终目的集中体现在政治权力转移这个过程中，"必须使政权即管理国家的权力，从处在资本家和土地占有者影响下的政府手里，或者说从直接由资本家选出的代表组成的政府手里，转到工人阶级手里"④，这个斗争结束的标志是"政权转到工人阶级手中，全部土地、工具、工厂、机器、矿山转交给全社会来组织社会主义生产时"⑤，即实现了社会主义的生产制度，完成了社会主义的生产关系之时。1905 年，列宁在回答署名"一个工人"的德文斯克来信时，针对"临时政府将起什么作用？它将领导国家，还是管理国家，还是既不领导国家也不管理国家？"⑥这一问题，他明确提出："在召集全民立宪会议以前既要领导国家又要管理国家。"⑦

无产阶级的任务具有实践特点。列宁提出，社会民主党人的实践活动问题是现在最迫切的问题。第一，应当"把争取政治自由作为首要任务"⑧。列宁尤其看重斗争的政治成分这一方面，他指出：社会民主党人在工人中间宣传的时候，不能避开政治问题，想避开政治问题或者想把它们搁置一边的做法，都是极大的错误，都是背离社会主义的表现。在列宁看来，无产阶级坚持其独立性具有重大的意义，他主张努力建立独立的工人政党，并进一步指出，无产阶级政党政治实践活动的主要目的应该是成为

---

① 《列宁全集》第 4 卷，北京：人民出版社 2013 年版，第 220 页。
② 《列宁全集》第 4 卷，北京：人民出版社 2013 年版，第 240 页。
③ 《列宁全集》第 4 卷，北京：人民出版社 2013 年版，第 238 页。
④ 《列宁全集》第 2 卷，北京：人民出版社 2013 年版，第 81 页。
⑤ 《列宁全集》第 2 卷，北京：人民出版社 2013 年版，第 70 页。
⑥ 《列宁全集》第 11 卷，北京：人民出版社 2017 年版，第 462 页。
⑦ 《列宁全集》第 11 卷，北京：人民出版社 2017 年版，第 171 页。
⑧ 《列宁全集》第 6 卷，北京：人民出版社 2013 年版，第 30 页。

一切被压迫阶级的保护者。第二，加强宣传和鼓动工作。"同宣传工作紧密相联的，就是在工人中间进行鼓动工作"①，而开展鼓动工作，首先应当具有一定的群众基础和阶级基础，鼓动活动主要针对的是城市工人，应当集中力量在工业无产阶级中进行活动。除宣传科学社会主义以外，还要在工人群众中广泛宣传民主主义思想；成立党报，强调党报反映党性，在列宁关于"立刻着手做统一工作，先从统一刊物做起，就是要先创办一个全俄机关报"②的要求下，历经《火星报》的分裂，列宁主张布尔什维克创办自己的机关报，定期印刷出版，使无产阶级政党"从小组习气过渡到党性"③，这是列宁首次将党性和党的报刊工作联系起来。第三，加强党的组织工作。工人政党必须运用一切力量，使自己成为"严密的机构"④，在无产阶级群众中选拔"机灵能干的革命活动家"⑤。

（三）无产阶级政党的组织结构和活动原则

一方面，由于工作的手工业方式占优势、各地社会民主党的报纸平时关于组织问题谈得太少了，党的组织工作长期得不到应有的重视；另一方面，群众运动的迅速发展，导致党的理论工作和组织工作的速度远远落后于群众运动的进步。由于党的理论工作、政治工作和组织工作远远落后于群众运动的迅速发展，为此列宁要求社会民主党迅速自觉地提高相关工作水平，以应对现实需要。列宁及同期一些革命家均十分重视无产阶级政党的组织问题及其对于革命事业的重大意义。

布哈林则从工人阶级的非单一性来阐释政党及其组织的必要性：工人阶级可以分为许多大大小小的集团，正如一根链条具有结实程度不一样的许多环节一样，政党作为阶级的头脑，是最先进、最有训练和最团结的一部分，

① 《列宁全集》第 2 卷，北京：人民出版社 2013 年版，第 432 页。
② 《列宁全集》第 4 卷，北京：人民出版社 2013 年版，第 281 页。
③ 《列宁全集》第 8 卷，北京：人民出版社 2017 年版，第 19 页。
④ 《列宁全集》第 4 卷，北京：人民出版社 2013 年版，第 229 页。
⑤ 《列宁全集》第 4 卷，北京：人民出版社 2013 年版，第 229 页。

担负着对非党成员领导和指挥、说服和教育的责任。① 实现无产阶级从"自在"到"自为"的转变，必须依靠有组织的政党提高工人的阶级自觉、协助工人组织起来、指出斗争的真正目的。正如列宁所提出的："只有当个别的工人意识到自己是整个工人阶级的一员……他们的斗争才是阶级斗争。"②

1. 无产阶级政党的组成和组织结构

（1）无产阶级政党的组成

关于组成无产阶级政党的人员成分问题。1899 年，列宁在《俄国社会民主党中的倒退倾向》一文中指出，无产阶级包括先进分子、中等水平的工人、无产阶级中水平低的广大群众。在他们中间，最先接受社会主义思想，也是最容易接受社会主义思想的，无疑是文化素质较高的部分工人群众，他们通过学习有潜力成为社会民主党人。列宁还提出，不能把农民看做无产阶级的代表，因为他们在资本主义经济组织下是小资产者，在自己生活和自己思想的若干方面接近于资产阶级。结合史实来看，无产阶级政党的组成人员应当包括知识分子、工人阶级以及部分政治上不开展运动的群众，无产阶级政党也采用了这种组织形式，形成了典型的"核心—外围"的组织特征。在《怎么办？》等文稿中，列宁创造性地制定了一种不同于西欧社会民主党的新的组织形式：由职业革命家组织和被党批准为党组织的各种工人组织这两个部分共同组成。列宁并且指出，"革命家的组织应当包括的首先是并且主要是以革命活动为职业的人"③。阶级成了革命家组织中的组织成员所具有的共同特征，使得不同职业之间的区别由此消除了。

（2）无产阶级政党的组织结构

职业革命家组织是无产阶级政党组织的领导核心。1900 年，列宁便指出："我们缺少一个组织。工人群众已经行动起来了，并且准备跟着社会

---

① ［苏］尼·布哈林：《历史唯物主义理论》，北京：人民出版社 1983 年版，第 363 页。

② 《列宁全集》第 4 卷，北京：人民出版社 2013 年版，第 165 页。

③ 《列宁全集》第 6 卷，北京：人民出版社 2013 年版，第 106 页。

主义的领袖们走，但是'总部'还没有能够组织成一个坚强的核心，来合理部署觉悟工人的全部力量……这个组织应当是革命的组织。"①由于俄国社会民主党人在活动初期，只重视进行一些小组宣传活动、在同民意党人的斗争中笼统地把政治工作推到了次要位置、忽视组织革命政党来统一各个地方团体的一切活动，导致社会革命活动呈现脱离工人运动的趋势，无产阶级在贯彻斗争原则、加强无产阶级政党的组织领导、党的宣传动员等方面都较为薄弱。列宁反复强调组织工作的重要性，他提出，"随着运动的发展……需要越来越多的搞运动的人集中力量去解决宣传和鼓动的日常需要提出的各种各样的局部任务"②，"促进工人阶级的政治发展和政治组织，是我们主要的和基本的任务"③。在《怎么办?》一文中，列宁多次提到建立"由职业革命家组成而由全体人民的真正的政治领袖们领导的组织"④，作为领导者的革命家必须具备自觉性和首创精神，这个革命家组织的目的是使政治斗争具有力量、具有稳定性和继承性。

职业革命家组织具有严密的纪律性和隐蔽性。列宁指出，职业革命家组织必须是不很广泛的和尽可能秘密的组织。它与职业组织的不同之处表现在：第一，工人的组织的目的是经济活动与经济斗争，因此组成工人组织的成员应当具有某一种固定的职业。但是无产阶级政党作为革命家的组织必须摒弃依照职业建立无产阶级政党的做法，无产阶级运动的最终目的是消灭阶级的差别，在革命的目的下，也就没有了职业的差异。第二，工会作为工人组织广泛地吸收了无产阶级或人民群众，但是革命家的组织应当保持一定的容纳限度，不应该使其成为广泛的组织。第三，从组织活动的秘密程度来看，一般来说，工人的组织是公开的，但是职业革命家的组织，由于其从事的革命活动的高度机密性，应当保持党组织的严密性。在讨论建立革命家组织之初，列宁便明确阐明了摆在社会民主党人面前的现

---

① 《列宁全集》第 4 卷，北京：人民出版社 2013 年版，第 327 页。
② 《列宁全集》第 4 卷，北京：人民出版社 2013 年版，第 335 页。
③ 《列宁全集》第 4 卷，北京：人民出版社 2013 年版，第 336 页。
④ 《列宁全集》第 6 卷，北京：人民出版社 2013 年版，第 95 页。

实问题是如何建立一个能够领导无产阶级的全部解放斗争的革命家组织，当时的斗争环境和运动的发展阶段要求必须实行集中制，俄国君主专制的政治环境和肩负着领导无产阶级革命运动的历史使命，要求职业革命家组织，即无产阶级政党在组织活动过程中，时刻保持严密性和隐蔽性。列宁高度概括了这种统一体的组织原则："专业化必须以集中化为前提，并且绝对需要有集中化"①，并依据这一原则建立了以革命家组织为领导核心的无产阶级政党的有机统一体。

职业革命家组织的提出，符合俄国高压的政治态势和无产阶级政党非法存在的现实情况，处于非法状态和秘密状态的党必须由职业革命家来领导，这个组织熟谙马克思主义革命理论和斗争策略，而且久经考验，能够保持革命行动的稳定性和继承性，从而能够有效领导广大地方组织，实现其高度集中的秘密活动和尽可能广泛而持续的群众运动的有效结合。

无产阶级政党的组织还包括党的支部，列宁关于党的支部的性质和作用的认识也经历了一个转变的过程。1905 年，社会民主党改组前，列宁认为："支部大概应当是手续不太严格的、比较'自由的'、'松散的'组织。"②经过改造后，列宁认为社会民主党已经走上革命的大道，党的支部成为"赖以建立起革命的社会民主主义工人运动的不可动摇的坚强核心的基础"③。与改组前相比，列宁对党的支部性质的定位发生根本转变，强调支部在联系群众力量上，处于革命所必需的工人运动力量的"核心""基础"地位。④

2."民主集中制"的组织原则

（1）关于"集中制"的论争

面对俄国工人运动中的自发性、分散性、无序性的特点，列宁反复强

①　《列宁全集》第 6 卷，北京：人民出版社 2013 年版，第 124 页。
②　《列宁全集》第 12 卷，北京：人民出版社 2017 年版，第 82 页。
③　《列宁全集》第 17 卷，北京：人民出版社 2017 年版，第 4 页。
④　丁俊萍、张克荣：《马克思主义政党支部的历史考察》，《科学社会主义》2018年第 1 期。

调"组织的武器及其重要性"，他要求结合俄国的特点和实际，确立无产阶级政党的组织和活动形式。列宁在领导创建俄国社会民主工党的过程中，对经济主义的观点进行了严肃批判，他指出，根据现实形势，当党的组织工作不具备公开性的条件下，无产阶级政党必须依据集中制的组织原则，建立严密的职业革命家群体。

但是，列宁关于"集中制"的思想引发了党内外的争论，直接导致了1903 年俄国社会民主党在布鲁塞尔召开的第二次代表大会上分裂为布尔什维克和孟什维克两派。面对反对派围绕"集中制"提出来的种种责难，1904年，列宁撰写了《进一步，退两步》，更明确地阐述了集中制的思想。在列宁看来，集中制可以从原则上解决组织和活动问题，应该贯穿党章反映"集中制"思想和活动原则。对这一时期的文献予以梳理，"集中"主要表现在以下方面：

一是确立党的纲领和章程。通过党纲党章统一各个小组的行动。二是建立无产阶级政党的代表大会制度。党的总委员会从代表大会获取自己作为领导机关的合法性和职权。最高机关应该由党代表大会所依法选出的人组成。三是形成了"中央—地方委员会"的体系。由于工厂集中了工人运动的主要力量，列宁主张在工厂中建立委员会或党的小组，认为"每个工厂都应当成为我们的堡垒"①，且在工厂中成立了专门领导无产阶级运动的各种小组，包括经济斗争小组、宣传小组等，工厂委员会正是通过这些小组掌握整个工厂，从而号召和鼓动无产阶级的政治运动，做好组织和组织成员之间的命令联络工作和上传下达。1902 年，列宁写作《就我们的组织任务给一位同志的信》，对当时《圣彼得堡革命党的组织》草案提出批评，他指出党在其他许多地方存在诸如缺乏认真训练和革命教育、不恰当地过分地采用选举原则、工人不积极参加革命活动等问题，提出党的专门的中央组织是指导无产阶级运动的负责单位。四是要求全体党员必须加入党的组织，并且接受党的领导。

---

① 《列宁全集》第 7 卷，北京：人民出版社 2013 年版，第 10 页。

（2）"民主集中制"及其重要意义

实际上，"民主集中制"这一概念是俄国社会民主工党孟什维克最早提出的。孟什维克在第二次代表会议上提出了"民主集中制"概念，并在制度安排中体现了这一组织原则和思想。① 当年 12 月，布尔什维克在芬兰召开塔墨尔福斯会议，提出了"代表会议确认民主集中制原则是不容争论的，认为必须实行广泛的选举制度"②，这一提议成为列宁在国家治理中运用"民主集中制"的历史起点。此外，列宁最先赋予"民主集中制"全面系统性规定，并先后在政党制度、政权制度、经济制度这三个国家治理的重大方面，丰富和发展了民主集中制的内涵。列宁进一步将"民主集中制"制度化、规范化，运用于国家治理的各个方面。1906 年，在第四次（统一）代表大会上，"民主集中制"原则被正式确立为俄国社会民主工党的组织原则，"党的一切组织原则是按民主集中制组织起来的"③。具体来看，"民主集中制"的内涵主要体现在五个方面：①组织统一、纪律严格，即具有集中制的一般特点；②党内民主；③集体领导制；④加强党内监督；⑤强化制度建设。

（四）在国家治理中发挥新型政党制度优势

如前文所述，政党的本质是阶级提出和维护自身利益诉求的政治团体，从政党形成之初便是如此。17 世纪以来，西方资本主义国家中商业经济的快速发展导致自由主义的意识形态出现，其后，进一步催生出派系政治，并进一步演进成政党政治。④ 新型政党制度是社会经济发展到一定阶段的产物。随着资本主义的发展，在无产阶级运动中，逐渐形成了无产阶级的政党，在无产阶级工人群众实现社会主义目标的奋斗征程中，无产阶

---

① 董德兵：《"民主集中制"概念考》，《当代世界与社会主义》2014 年第 4 期。

② 《苏联共产党代表大会、代表会议和中央全会决议汇编》，北京：人民出版社 1964 年版，第 119 页。

③ 《苏联共产党章程汇编》，北京：求实出版社 1982 年版，第 10 页。

④ 赵鼎新：《论意识形态与政党政治》，《学海》2017 年第 3 期。

级政党成为广大被压迫的工人群众同资产阶级斗争的组织核心和领导核心。恩格斯将英国的宪章派称为"近代第一个工人政党",并高度评价了他们的运动,认为工人阶级"才能作为一个阶级来行动"①。与一般社会团体不同,政党的形成要求组织成员具有共同的纲领目标、系统的组织结构和组织纪律等。从"政党中心主义"的视角来看,政党具有利益表达和利益聚合功能,作为一种有别于资产阶级政党的新型政党制度,这一时期俄国无产阶级政党在领导无产阶级革命和国家治理中具有以下优势:

1. 无产阶级政党具有引领、凝聚和整合无产阶级政治认同的重要作用

首先,在资本主义国家,资产阶级政党本质上代表的是大资本家、大财阀的利益和主张,其通过国家暴力机器的统治和让渡部分利益给小资产阶级和无产阶级的方式,来维系资本主义制度和资产阶级的统治,但实际上,在资产阶级内部,常常因为分赃不均等问题产生矛盾和斗争,资产阶级政党的作用在于维持社会不同利益团体之间的平衡。在新型无产阶级政党制度中,价值认同是实现凝聚革命共识的重要基础。其次,无产阶级政党的组成人员来自占社会大多数的无产阶级工人群众和农民,无产阶级政党的根本任务"追求人的全面自由的解放"具有长期性,贯穿了无产阶级革命和社会主义国家治理的整个过程;从无产阶级人民群众的政治认同来看,无产阶级政党的价值追求具有一致性,是全世界无产阶级共同的行动指南和政治纲领,彰显了在马克思主义指导下,无产阶级政党的真正人民性。无产阶级政党通过巩固政治认同,凝聚无产阶级广大人民群众的价值观念,形成广泛的革命共识。在社会主义国家成立后,无产阶级政党的凝聚力在领导国家治理的过程中发挥着重要的作用。

---

① 《马克思恩格斯选集》第3卷,北京:人民出版社2012年版,第173页。

2. 无产阶级政党在凝聚无产阶级群众的过程中，首要的是提高群众的政治认同意识

"政党的稳定取决于它维护自身的能力"①，列宁高度关注无产阶级政党的理论建设和宣传教育工作。在谈到无产阶级的组织问题时，列宁多次强调，必须使已经开始在俄国土壤上生根的马克思主义的社会主义和俄国的工人运动结合成为一个不可分割的整体，"只有实现了这样的结合，才能在俄国建立起社会民主工党"②，而要实现这样的结合，除了要求组织在形式上具有严整性，从根本上还要求组织的成员形成思想上的统一，"没有思想上的统一，组织上的统一是没有意义的"③，"我们不应该忘记，没有共同的思想基础，根本谈不上统一问题"④。

3. 在社会主义国家中，开展治国理政的根本力量

社会主义国家治理的本质要求必须坚持无产阶级政党对国家治理的领导，形成"政党权威"和"政治权威"互嵌的国家治理模式，才能在国家治理中体现无产阶级人民群众的意志，才能坚持社会主义建设的根本方向。比较政治学理论指出，国家和政党之间存在着四种关系，即"政党嵌入国家模式""国家嵌入政党模式""政党—国家互嵌模式"和"政党—国家脱嵌模式"，有学者在考察了这四种模式后认为，只有"政党—国家互嵌模式才可能实现政党中心的国家治理"⑤。从国家治理的实践来看，十月革命胜利后，无产阶级苏维埃俄国进入"过渡时期"，被推翻的地主阶级、资产阶级同无产阶级进行了你死我活的斗争，他们竭力组织军事叛乱，企图通过各

---

① 王红玉：《比较视野下的中国新型政党制度效能优势研究》，《中央社会主义学院学报》2020 年第 5 期。

② 《列宁全集》第 4 卷，北京：人民出版社 2013 年版，第 287 页。

③ 《列宁全集》第 5 卷，北京：人民出版社 2013 年版，第 247 页。

④ 《列宁全集》第 5 卷，北京：人民出版社 2013 年版，第 248 页。

⑤ 郭定平：《政党中心的国家治理：中国的经验》，《政治学研究》2019 年第 3 期。

种暴力手段，破坏搞垮新生政权。部分帝国主义国家对苏俄政权虎视眈眈，不断派遣军队侵入苏俄，试图扼杀苏维埃政权。因此，只有在"铁一般"的无产阶级政党的领导下，苏维埃俄国才能实现资源的有效配置，从而有效应对极端复杂的环境。

第三章　战时共产主义时期列宁关于
国家治理的初步探索

十月革命胜利初期,列宁进行了社会主义国家治理的初步探索。苏维埃俄国成立后,首要的任务就是巩固无产阶级苏维埃政权,首先,列宁按照十月革命前提出的理论构想初步建立起社会主义国家治理的民主政治制度,颁布调节社会关系、规范社会秩序、保障社会良好运行的各项社会主义性质的法律法规,逐步撤销和改造旧的国家行政机关。其次,保障国家安全,尤其是保障国家的政治安全是国家治理的重要内容,也是保障社会主义建设顺利开展的基本条件。如何使苏维埃俄国政权能够存续,为世界社会主义运动保存试验基地成为苏维埃俄国国家治理面临的重要问题,甚至一度在党内造成重大分歧。从无产阶级苏维埃俄国的社会主义性质出发,列宁指出苏俄必须退出帝国主义战争;从保存无产阶级政权出发,列宁要求同帝国主义德国实施妥协政策,正确地认识妥协的性质,科学合理地选择斗争的策略。对于刚刚诞生的苏维埃俄国而言,如何将落后的生产力与先进的社会主义制度结合起来是列宁面临的重要的现实问题。立足于全民的"辛迪加"的理论设想,在实践中列宁意识到应当"渐进地"走上共产主义道路。1918年春,列宁短暂地提出了"国家资本主义"的国家治理设想。这一时期,列宁国家治理思想的重要特征就是发动全体人民参与国家治理,高度重视群众的首创精神,调动全体人民的积极性,形成了"全民治理"的国家治理形态。

1918年夏天,国内战争爆发,苏维埃俄国必须将国家治理的主要任务转变为应对军事斗争。在战争的紧急状态下,为了实现国家资源的高效集中调配、快速执行国家的各项政策指令，要求形成高效的政治经济体制，"战时共产主义"时期的国家治理模式应运而生。以高度集中的政治经济体制为代表的"战时共产主义"政策强化了紧急状态下无产阶级专政的政治统治职能，展现了社会主义制度的优越性，为特殊时期的国家治理提供了宝贵的历史经验。

一、十月革命初期列宁的国家治理实践

在列宁看来，国家政权问题是革命活动的核心问题，也是基础问题。"任何革命的最主要的问题都是国家政权问题。政权在哪一个阶级手里，这一点决定一切。"①1917 年俄国十月革命胜利后，人类历史上第一个无产阶级领导的社会主义国家诞生了。十月革命爆发当天，列宁起草了《告俄国公民书》，提出"国家政权业已转到彼得格勒工兵代表苏维埃的机关"②，标志着各地全部政权一律转归工兵农代表苏维埃所有。十月革命胜利初期，帝国主义国家对苏维埃俄国进行残酷围剿，企图用暴力血腥手段扼杀无产阶级政权。对此，列宁要求苏维埃俄国立即退出帝国主义战争、同帝国主义国家签订和约，把保存社会主义的试验基地作为苏俄最高目标。在国内治理方面，列宁提出应当建立强大的国家政权，加强苏维埃俄国的政治建设。为了保障国家政治安全稳定和治理活动的有序运行，无产阶级苏维埃政权颁布了一系列法律法规条文。从国家经济发展来看，如何实现社会主义先进制度与相对落后的生产力有机结合是苏俄国家治理的重要问题。

（一）国家治理的目标：巩固国家政权

十月革命胜利后，在无产阶级政党的领导下，苏维埃俄国如何开展国

---

① 《列宁全集》第 32 卷，北京：人民出版社 2017 年版，第 158 页。
② 《列宁全集》第 33 卷，北京：人民出版社 2017 年版，第 1 页。

家治理成了迫切的现实问题。新政权的诞生标志着无产阶级将革命理论转化为现实实践，但是如何巩固新生的苏维埃政权、领导社会主义建设、开展国家治理是列宁及俄国共产党面临的更为严峻的现实问题。就苏维埃俄国的治理环境而言，经受延续多年的战争摧残，帝国主义俄国留下了一幅政治腐朽、经济衰退、粮食短缺、民不聊生的悲惨画卷，在这幅画卷的阴影和留白之处，还潜藏着白卫分子等意图暴动反抗推翻苏维埃政权的反革命势力；从国际局势来看，俄国依然深陷于帝国主义战争的泥淖，帝国主义国家对新生的无产阶级政权虎视眈眈，意欲将其扼杀在襁褓之中；尽管俄国无产阶级的胜利极大地鼓舞了发达资本主义国家的工人运动，但理论上设想的无产阶级革命运动在资本主义国家迟迟未能爆发，在这样凶险复杂的环境中，新生的无产阶级政权岌岌可危。

保障国家政治安全既是国家治理的重要内容，也是顺利开展国家治理活动的前提条件。尽管工兵农代表无产阶级苏维埃已经掌握了国家政权，但此时国内外严峻的经济、政治和军事形势给这个新生政权笼罩了一层浓重的阴影。首当其冲的是反革命势力发动的军事叛乱，对苏维埃政权的存续产生了直接威胁。列宁意识到，"向新制度过渡是一个非常复杂的过程，为了便于实现这个过渡，必须有坚强的国家政权"[1]，也就是说，拥有坚强的国家政权是国家治理活动得以顺利实施的前提条件。因此，发挥国家的对外职能、争取和平稳定的外部环境既是国家治理的重要内容，也是保障国家治理活动正常开展，顺利向新制度过渡的前提条件。保障国家政治安全要求苏维埃政府着力解决复杂的现实问题，具体来看包括以下几个方面：

其一，无产阶级苏维埃俄国面临的政治上的重大威胁。一是新政权尚未得到人民群众的普遍支持和拥护。处于俄国社会的急剧变化之中，各个政治团体出于对自身利益的维护，对新政权采取了不同的政治态度。其中，小资产阶级性质的政党如俄国社会革命党及其相关的政治组织，仍然

---

[1] 《列宁全集》第33卷，北京：人民出版社2017年版，第114页。

试图组建"联合政府"来挑战布尔什维克和苏维埃政权的权威，对苏维埃政权的安全造成了严重的威胁。从后来担任苏维埃俄国教育人民委员的卢那查尔斯基的记叙中研究者可以了解当时的大致情况。在他的记叙中，布尔什维克领导的无产阶级政权赢得了士兵和部分无产阶级的支持，但大多数社会阶层都对新成立的政权进行了抵制，卢那查尔斯基认为布尔什维克遭遇了"可怕的、令人胆寒的孤立和疯狂的愤怒"。二是围绕政权的归属问题，在布尔什维克党内出现了严重的政治分歧。面对反对派提出的组建"联合政府"的提议，布尔什维克党人加米涅夫和索科尼里科夫采取了调和的、妥协的立场，与坚持"全部政权归苏维埃"的列宁、托洛茨基、捷尔任斯基等人形成了对立，成为政治建设过程中的不确定因素。无产阶级苏维埃俄国面临的政治威胁直接决定了能否坚持社会主义国家的根本性质，这是决定国家治理的性质的重大问题。

其二，无产阶级苏维埃俄国面临着战争的直接威胁。能否有效应对帝国主义国家的军事战争围剿，决定了无产阶级苏维埃政权的生死存亡。一方面，列宁积极组织无产阶级苏维埃政权进行军事部署，他要求组织军事司令部，集中一切物质力量，保证供给士兵一切必需品，并在城市中实现普遍的人民武装，取消常备军；另一方面，列宁对世界无产阶级运动的形势作了客观分析，他始终坚持将俄国无产阶级革命作为世界无产阶级运动的一部分，客观分析了发达资本主义国家能否立刻爆发工人运动实现社会主义的问题，并将其作为苏俄应对战争决策的重要依据。

其三，无产阶级苏维埃俄国面临着严重的经济威胁。一是俄国落后的生产力水平难以在短时间内得到恢复和提高。长期以来，沙皇俄国旧的宗法制经济束缚了资本主义在俄国的发展，导致俄国的工业基础十分薄弱，生产力水平较为落后，且工业技术在俄国的运用分布极不均衡，俄国的大部分地区仍然保留着传统农业经济。二是长年的战争和帝国主义国家的封锁进一步加剧了俄国社会经济的破坏，加剧了饥荒、燃料短缺的危机。沙皇俄国连年参与殖民战争，穷兵黩武；俄国国内工人运动此起彼伏，国内经济发展环境十分恶劣。尤其是 1917 年，俄国爆发了严重的饥荒，统治阶级控制了国内的粮食买卖，囤积居奇，人为地加剧了粮食紧张的状况。三是国内反动势力的阻挠和破坏。无产阶级苏维埃掌握国家政权以后，列宁认为饥荒的问题本质上是一个政治问题，是资产阶级垂死挣扎、反抗苏维埃政权的重要手段。在列宁看来，"饥荒的造成并不是由于俄国没有粮食，而是由于资产阶级和一切富人在粮食这个最重要最尖锐的问题上，同劳动者的统治，同工人国家，同苏维埃政权作最后的斗争"①。为解决严重的饥荒问题，列宁要求尽快把粮食运送到城市中去。此外，为恢复生产建设，列宁还要求工厂转向有效的生产，把用于建造军舰和其他的一切非生产性开支转用于国民经济生产。

总而言之，十月革命取得胜利之后，国家治理的最高目标就是想尽一切办法、动员一切力量、调动一切资源巩固社会主义国家政权，保障国家的政治安全。同时，在国内初步建立起社会主义国家政治、经济的基本制度，组织建立和改造国家行政机关；逐步恢复生产力，开展社会主义经济建设。具体来看，为了保障苏维埃国家的政治安全，巩固无产阶级苏维埃政权，发展社会主义经济，列宁在国家治理中采取了以下措施。

1. 确立了社会主义国家治理的基本政治制度

(1)建立了无产阶级苏维埃俄国的政治体制

首先，把苏维埃作为社会主义国家政权的组织形式。布尔什维克党的宗旨是要建立崭新的社会主义制度，政治制度就包含了国家政权的组织形式和管理方式，国家的结构以及公民在国家政治生活中的地位。② 十月革命胜利后，列宁按照他在《国家与革命》中提出的理论设想进行国家政权的制度设计。依照全体人民群众直接参与国家管理的原则组织国家政权，最主要的表现形式就是苏维埃。苏维埃出现在 1905 年俄国革命时期，当时是作为工人罢工委员会组织的代表会议。到 1917 年 3 月，俄国的苏维埃组织

---

① 《列宁全集》第 34 卷，北京：人民出版社 2017 年版，第 334 页。

② 孔寒冰、项佐涛：《社会主义制度：从一国到多国的演进(1917—1991)》，北京：北京师范大学出版社 2018 年版，第 9 页。

已经发展到 600 多个。从苏维埃的组成类型来看，既有工人代表苏维埃（占绝大多数），也有士兵代表苏维埃和农民代表苏维埃，还有部分苏维埃是由工人、士兵、农民联合组成的。苏维埃作为一种领导机构，其独特性在于反映了工人的真实意愿(工人自发选举产生)，因而，其作为一种表征工人当家做主的国家管理方式被列宁高度认同。

其次，苏维埃俄国通过代表大会和法律法规等形式对其政治体制进行了确认。1917 年 11 月 7 日，在斯莫尔尼宫召开了全俄工兵代表苏维埃第二次代表大会。大会任命了第一届工农政府(人民委员会)的人选，列宁正式当选为人民委员会主席；大会选举产生了第二届全俄中央执行委员会，作为全俄工兵代表苏维埃代表大会闭会期间的常设权力机关。中央执行委员会有成员 102 人，其中布尔什维克党人 62 人，选举加米涅夫作为中央执行委员会主席。第二次代表大会还表决通过了《土地法令》等一系列制度法规，将全部土地无条件地收归国有并交农民使用，标志着土地私有制在俄国历史上被彻底废除，标志着无产阶级社会主义革命彻底完成了俄国二月资产阶级民主革命所未能完成的任务。当天，列宁还起草《俄国社会民主工党(布)宣言》，《宣言》赋予了布尔什维克党组织政府的权利和义务，这实质上为苏维埃俄国走上社会主义道路和开展相应的国家治理奠定了制度和组织前提。1918 年 1 月，在全俄苏维埃第三次代表大会上，中央执行委员会通过了《被剥削劳动人民权利宣言》，以宣言书的形式规定了苏维埃俄国的政权组织形式，宣告俄国的国家组织形式为工兵农代表苏维埃共和国，"中央和地方全部政权属于苏维埃"①。后来，这个宣言被收入《俄罗斯苏维埃联邦社会主义共和国宪法》当中，进一步通过宪法的形式对其加以确认。

最后，苏维埃俄国通过改造旧制度、组织机构为新的政治体制进行确定。列宁领导的无产阶级苏维埃政权逐步对旧有的国家机关进行了撤销和改造。1917 年 11 月 10 日，苏维埃政权颁布关于建立工人民警的法令，工

---

① 《列宁全集》第 33 卷，北京：人民出版社 2017 年版，第 228 页。

人民警由工农代表苏维埃组编,并接受苏维埃领导;12月5日,苏维埃政权对旧法律、司法机关与司法制度进行了改造和清理,在这种时代背景下,旧的司法机关成为了历史,与苏维埃政权的目的和任务相抵触的所有旧法律都被废除了;11月23日,颁布废除等级制度,取消等级特权和爵位称号的法令,宣布全体俄国公民一律平等,成为苏维埃共和国公民;12月20日,决定成立国家专门安全机构——全俄肃清反革命及怠工特设委员会,其任务是揭露并打击国内外反革命势力的阴谋活动,惩治怠工者、投机商人及其他人民的敌人,由捷尔任斯基担任"全俄肃反委员会"主席。

(2)等比例选举制度和罢免权体现了苏维埃的真正人民性

在新型的无产阶级苏维埃共和国中,等比例选举制度和罢免权充分彰显了巴黎公社式的民主精神,体现了无产阶级苏维埃国家的真正人民性,彰显了"以人为本"的国家治理理念。

首先,列宁批评了苏维埃实行的旧的选举制度,倡导以平等的选举权为基础的选举制度。十月革命前,在士兵代表苏维埃中实行的是这样的选举制度:士兵中每产生1个代表的基数是500人,而工人则是1000人;在"大的工会"和"小的工会"中也存在着差异,列宁对这种选举方法提出了明确反对意见,他坚决主张选举权的平等性,即"任何地方的1个代表都由同等数量的选民选出"①,这是最起码的民主,否则就是伪造民主。其次,确立罢免权和改选权制度。在全俄工兵代表苏维埃第二次代表大会上通过了《关于成立工农政府的法令》,全俄工兵代表苏维埃大会以及中央执行委员会被赋予了撤换和监督人民委员会及各部门的权力,具体而言就是,国家由工农政府(人民委员会)负责管理,各方面的工作则由人民委员会负责,但它们均需要接受全俄工兵代表苏维埃代表大会以及中央执行委员会的监督。11月19日,《罢免权法令草案》问世,草案专门就"选举人对代表的罢免权"②予以了确认,这是真正的人民民主和民意的彰显。最后,列宁

---

① 《列宁全集》第32卷,北京:人民出版社2017年版,第141页。

② 《列宁全集》第33卷,北京:人民出版社2017年版,第106页。

确定了采用比例选举的选举制度。《罢免权法令草案》还确定了苏维埃俄国民主选举的基本制度——比例制选举，比例制选举就农民及士兵代表苏维埃对各级代表的改选权进行了明确规定。在列宁看来，"比例制选举，这的确是最民主的选举"①。

结合史实来看，无产阶级苏维埃俄国的政治实践证明，其在国家治理中贯彻执行了列宁设想的社会主义民主政治原则。一是人民委员会组成人员的变化。最初，人民委员会成立了 11 个委员部，全部的 15 位人民委员都是布尔什维克党人；11 月下旬，左派社会党人柯列加出任农业人民委员会委员；12 月上旬，又有 7 名左派社会革命党人进入人民委员会，担任人民委员职务。从人民委员会组成人员所属党派的变化直观地表明：苏维埃代表和人民委员来自多个政党，由不同政党选举产生的代表组成了苏维埃俄国的统一领导集体，真正体现了巴黎公社式的民主选举原则。二是对全俄中央执行委员会主席加米涅夫的撤换。加米涅夫担任全俄中央执行委员会主席不久，就因犯错误被撤职。从对加米涅夫的撤换中，明确地体现了巴黎公社式罢免制的精神。三是明确限制国家机关工作人员的待遇。无产阶级苏维埃国家成立后，由人民委员会制定的《关于国家机关职员工资问题的决定草案》和《关于高级职员和官员的薪金额的决定草案》详细规定了政府机关职员的工资定额标准和人民委员的薪金、住房，对高级职员征收特别税，削减过高的薪金和退休金，以上这些也是巴黎公社精神的体现。

2. 保障国家的政治安全是国家治理的重要内容

列宁指出："社会主义是在最激烈的、最尖锐的、你死我活的阶级斗争和内战的进程中成长起来的。"②正是通过严酷的、顽强的、你死我活的斗争，无产阶级才逐渐学习掌握了国家治理的本领。苏维埃俄国成立后，列宁原本打算采取渐进的方式过渡到社会主义社会，保留资本家及其私人

① 《列宁全集》第 33 卷，北京：人民出版社 2017 年版，第 111 页。
② 《列宁全集》第 33 卷，北京：人民出版社 2017 年版，第 201 页。

财产并引导其参与社会主义建设。然而，从 1917 年底开始，资本家的不配合以及他们对"计算和监督"政策的抵制、破坏促使苏维埃政府加速了生产资料国有化的进程，大批私人企业被收归国有，这个经济改造时期被列宁称为"赤卫队进攻资本的时期"。在国际局势方面，列宁要求尽快同帝国主义德国签订《布列斯特和约》。围绕签订和约的问题，俄共(布)中央委员会展开了激烈的讨论。在会议的前四次表决中，以列宁为代表赞同签订和约的少数派一直处于不利地位。列宁始终坚持"保存这个已经开始了社会主义革命的共和国是高于一切的"①。最终，苏维埃政府付出了巨大的代价，于 1918 年 3 月同帝国主义德国签订了《布列斯特和约》。《布列斯特和约》的签订，是列宁领导苏俄发挥国家对外职能、保障国家政治安全的重要成果，为无产阶级苏维埃政权赢得了短暂的但弥足珍贵的喘息机会。从《布列斯特和约》签订过程来看，列宁提出了发挥国家对外职能的决策基础、实施方法等治理思想。

(1)正确认识和分析战争的性质和国际局势

列宁对战争的本质进行了科学的论述，为研究者深入理解苏维埃国家治理过程中列宁应对帝国主义战争的基本态度和形成最终决策提供了理论依据。

首先，关于帝国主义战争的根本性质，列宁在战争、和平与政治的关联中进行了深度阐释。在列宁看来，战争与政治密切相关，实质上战争只不过是政治以暴力方式呈现的一种方式，和平亦是如此；和平也反映着敌我双方军事力量的消长变化，而"战争本身并不改变战前政治的发展方向，而只是加速这一发展"②。可见，列宁揭示了战争与和平的本质都是政治的延续，反映了特定历史条件下以"利益竞合"和"力量对比"为核心的国际关系的基本发展趋势。国际战争体现了代表统治阶级的国家意志，是国内阶级政治的外部化结果，具有深刻的阶级性。

① 《列宁全集》第 33 卷，北京：人民出版社 2017 年版，第 261 页。
② 《列宁全集》第 27 卷，北京：人民出版社 2017 年版，第 284 页。

其次，以对帝国主义战争阶级本质的分析作为理论基础，加之对国际局势的客观分析，列宁要求无产阶级苏维埃俄国退出帝国主义瓜分世界的战争，理由包括以下几点：第一，无产阶级的社会主义性质要求它不能够而且不应该支持帝国主义战争；第二，当时的主要任务已经变成了保护新生的苏维埃政权不被颠覆，应尽快恢复和发展经济生产；第三，正在复员和退却的旧式军队拒绝作战；第四，从世界工人运动的现实形势来看，理论设想中的无产阶级革命运动迟迟未能爆发，苏维埃俄国不能指望在资本主义国家中爆发社会主义革命，然后再来援助苏俄政权。以保障国家的政治安全为最高目标，这些客观因素为无产阶级苏维埃俄国指明了唯一出路——立即同帝国主义国家签订和约，退出帝国主义战争。为达到退出战争的目的，苏维埃俄国与同盟国中的帝国主义德国进行了和平谈判。德国提出的割地赔款的严苛条件在布尔什维克党内产生了不同的回响，在布尔什维克党内形成了主战、主和与不战不和三种意见。其中，以布哈林为代表的"左派共产主义者"反对签订和约，主张对帝国主义继续作战，托洛茨基则主张停战，复员军队，但不与德国签约（不战不和）。基于对现实局势的客观分析，列宁阐述了无产阶级苏维埃俄国面临的严峻局势，坚持其对德国"妥协"、反对革命空谈的思想。历史证明，列宁的做法符合了当时的社会现实，是一种正确的历史选择。

（2）"妥协"的国家治理意蕴：保证苏俄的政治安全

在列宁看来，帝国主义战争对刚刚建立的苏维埃俄国的政治安全造成了严重的威胁。列宁指出："和平问题是现时紧要而棘手的问题"①，言明只有在和平环境下，才能保障社会主义国家建设事业的顺利开展。他从两个层次指明了"保存这个已经开始了社会主义革命的共和国是高于一切的"这个重要原则：一是对于苏维埃俄国来说，这是经济文化落后的俄国在布尔什维克党的领导下，探寻未来发展道路的重要起点，代表了苏俄无产阶级的最高利益要求。二是从国际社会主义的立场来看，无产阶级苏维埃俄

---

① 《列宁全集》第33卷，北京：人民出版社2017年版，第9页。

国的建立是科学社会主义从理论到实践的重要里程碑，是人类制度文明的全新模式，具有重要的国际意义，代表了全世界无产阶级的最高利益要求，必须要保存无产阶级苏维埃俄国这个社会主义基地，并等待其他国家爆发革命。列宁清醒地认识到："我们如果把战争当儿戏，就会使革命断送在德国人手里。"①他坚持必须停止战争，原因在于年轻的苏维埃俄国还不具备进行战争的力量，只有停战才能保卫革命果实。面对德国这种高素质的、用高科技武装起来的、严密组织的"世界帝国主义巨人"②，列宁强调了和谈的意义，认为如果在这场声势浩大、力量悬殊的帝国主义战争中持一种轻率的态度，"不仅是极端幼稚，甚至是犯罪行为"③。

列宁在驳斥了其他党派关于"妥协"的不正确的观点后，进一步阐释了签订和约对于社会主义建设事业的重要意义。一是在面对"左派共产主义者"提出的"签订难堪的和约是一种耻辱"这一诘难时，列宁从存续和发展社会主义的现实出发，承认确实在一定程度上背叛了荷兰等国，但其正效应更为巨大，"能保存社会主义的爱斯兰共和国，并且能够巩固我们的成果"④。二是列宁批判了左派社会主义者"貌似国际主义的论调"，他直抵问题的核心方面，通过在与"民族自决权"对比分析中坚定提出"社会主义更重要"⑤的观点，旗帜鲜明地强调指出："保存社会主义共和国是更高的利益。"⑥列宁的这些思想除了反映他力求巩固无产阶级苏维埃俄国政权和在世界范围内推动社会主义发展的坚定信念外，还标志着他能以矛盾的观点看待现实问题，将实现苏维埃政权的保存作为首要目的，进而保障国家安全，体现了马克思主义者"根据客观条件及其变化具体地提出问题"这一原则立场。苏维埃俄国唯有果断地退出帝国主义战争、缔结和约，将停战

---

① 《列宁全集》第 33 卷，北京：人民出版社 2017 年版，第 351 页。
② 《列宁全集》第 33 卷，北京：人民出版社 2017 年版，第 414 页。
③ 《列宁全集》第 33 卷，北京：人民出版社 2017 年版，第 428 页。
④ 《列宁全集》第 33 卷，北京：人民出版社 2017 年版，第 264 页。
⑤ 《列宁全集》第 33 卷，北京：人民出版社 2017 年版，第 366 页。
⑥ 《列宁全集》第 33 卷，北京：人民出版社 2017 年版，第 258 页。

的节点限制在国家资源可支撑的范围之内才是唯一的出路。《布列斯特和约》的签订及从中体现出来的列宁"以空间换时间"的思想，成为落后国家面对大国霸权主义、谋求生存和发展的经典案例。

（3）理解"妥协"的性质：治理决策的重要依据

正确理解"妥协"的性质，是理解认识和约的性质、扫清阻碍和约签订的障碍的重要前提，这对于捍卫苏维埃政权、为国家治理提供和平的国际环境具有重要意义。面对帝国主义战争的直接威胁，列宁坚持主张同德国政府谈判，立刻签署《布列斯特和约》。一方面，列宁要求通过各种方式集中调配资源、积极开展军事部署，保卫苏维埃政权，在 1918 年 2 月 21 日写就的《社会主义祖国在危急中！》及相关补充文章中，列宁领导人民委员会制定了一系列战争时期的应对政策，决定"全国所有一切人力物力全部用于革命的国防事业"①。为此，他要求动员全国的工农群体，直接或间接参与战争，增加工人的工作时限，对违法持有武器和隐匿者施行更严格的法律措施。列宁主张从英、法等国购买粮食和武器，为对付德国的军事进攻作了充分的准备。然而，1918 年 2 月 22 日，"左派共产主义者"针对列宁提出的从英、法等国进口武器和粮食的建议，在中央委员会上进行反对。列宁写了《论疥疮》一文，批判了"左派共产主义者"的谬误，并以卡利亚耶夫为例子说明什么是正当的"妥协"，以区分于资产阶级（剥削者阶级）之间的掠夺性的、诈骗性的、肮脏的交易。因此，正确区分不同情况下的"妥协"，有助于理解列宁国家治理思想中的"妥协"和"退却"的含义。

正确的"妥协"指妥协的目的应当具有正义性。列宁以 1905 年社会革命党分支党员伊瓦·卡利亚耶夫的行为为例进行了详细的阐述，说"卡利亚耶夫为了刺杀暴君和恶棍，从一个大坏蛋或大骗子或大强盗那里搞到一支手枪，答应用面包、金钱和烧酒作报酬"②——他做的事情是正当的，用这种办法搞到手枪就不应该受到非难，而应该得到赞许，为此列宁指出，

① 《列宁全集》第 33 卷，北京：人民出版社 2017 年版，第 370 页。
② 《列宁全集》第 33 卷，北京：人民出版社 2017 年版，第 377 页。

出于抢劫目的而从强盗手中购得武器是一种可耻的行径，但是为了正义的事业而进行上述行为则是合乎理性的。列宁进一步指出，做了好事还是坏事，"难道不取决于搞这些武器的目的和用途吗？难道不取决于这些武器是用于罪恶的、龌龊的战争还是用于正义的、正当的战争吗"①？列宁直指"左派共产主义者"不懂得区分苏维埃政权向英、法购买物资的"妥协"是为了正义的事业，是必要的、合理的做法，由此产生了错误的看法和观点，犹如他们本身患了"疥疮"一样，列宁的分析具有十分深刻的逻辑性和实践性。正确的"妥协"指"妥协"的过程应当具备正当性。在列宁看来，能否使新生的苏维埃政权实现巩固和发展是衡量妥协是否合理的重要尺度。苏维埃俄国在与帝国主义德国谈判的过程中，坚持将谈判的不利条件向全党和全民公开坦诚，也并未签订秘密条约，这种"妥协"从性质上来说丝毫没有背叛社会主义。但是如果签订了以出卖国家利益为基础的"秘密条约"，那么这种妥协将断送新生的苏维埃政权，并且将使人民深陷帝国主义带来的"水深火热"之中。可见，签订对德国有利的和约是唯一的出路，只有适度的妥协才能以空间换时间，为苏维埃政权发展壮大争取宝贵的喘息机会。

从国际社会主义的观点来看，只要帝国主义制度在全球范围内继续存在，新生的苏维埃政权就会与之产生关联。如果继续同德帝国主义进行战争，那么客观上将为其他帝国主义国家从中"浑水摸鱼"提供了机会。在列宁看来，针对新生的苏维埃政权，要实现国家问题的解决，开展国家治理的依据是，哪种方式最有利于巩固和发展新生的社会主义政权，而不是哪个帝国主义国家相对较为友善，合理利用帝国主义国家之间的矛盾，寻找帝国主义集团之间的裂缝，继续等待欧洲革命的爆发方是正途。"失败的时候签订条约是积聚力量的手段"②，"妥协"和"和约"正是这样一种以退为进的战略的体现，展现了列宁在苏维埃俄国所处的特殊环境下，作为政治家的坚强政治定力、作为革命家的广阔革命胸怀和作为军事家的深厚战

---

① 《列宁全集》第 33 卷，北京：人民出版社 2017 年版，第 379 页。
② 《列宁全集》第 34 卷，北京：人民出版社 2017 年版，第 28 页。

略素养。

(4) 反对革命空谈

为了争取无产阶级苏维埃国家治理的和平环境，列宁从理论上彻底批判了"左派共产主义者"的革命空谈行为。首先，从"革命空谈"产生的背景来看，如前文所述，中央委员会中的"左派共产主义者"如布哈林等人反对同帝国主义德国签订和约；1918 年 2 月，以奥辛恩斯基、洛莫夫等为代表的"左派共产主义者"所掌控的莫斯科省委会通过一项决议：拒绝与德国停战，抵制和约的签订。1918 年 3 月，在彼得格勒召开了党的第七次紧急代表大会，列宁再一次从军队的瓦解、各国革命无法同时成熟等方面说明必须批准同德国签订苛刻和极屈辱的和约，指出这是苏维埃国家的唯一正确出路。梁赞诺夫赞同列宁的观点并指出这个决策的重要意义，他认为"列宁让出空间以便赢得时间"是正确的策略。因为，就国内来看，尚未建立起足以与德国相抗衡的军事力量，红军部队尚在建设中。基于德国的革命形势来看，社会主义革命的可能性不能保证，但是反动势力可能随时攻击苏俄。正是以上述理由为根据，列宁认为"左派共产主义者"的言论属于"革命空谈"性质。列宁总结指出："主张在 1918 年 2 月进行革命战争的'口号'是一句毫无内容的空话，没有一点现实的、客观的根据……而仅有这种内容的口号就叫做革命空谈。"①列宁分析了空谈产生的危害是有利于帝国主义德国和俄国资产阶级的，在他看来，对于德帝国主义的攻击，如果不切实际地盲目地诉诸武装斗争予以回应，这对我们新生的苏维埃政权是极为不利的，"那就是十足的空谈"②。他还从国际视角出发，针对以支援国际社会主义事业为借口而提出"革命战争"的观点的空谈性进行了驳斥，他说："借口支援国际社会主义运动而主张目前进行革命战争，同样也是空谈。"③在列宁看来，与德国发动"革命战争"实质上是不利于国际社会主义的发展和不合时宜的。可见，列宁分析了空谈的本质，指出空谈实

① 《列宁全集》第 33 卷，北京：人民出版社 2017 年版，第 359 页。

② 《列宁全集》第 33 卷，北京：人民出版社 2017 年版，第 408 页。

③ 《列宁全集》第 33 卷，北京：人民出版社 2017 年版，第 408~409 页。

际上是无视现实形势、没有现实依据的漂亮的口号。进而，列宁还指出了革命空谈的后果具有极其严重的危害性，他强调了"空谈"的有害性，更指出在苏维埃政权生死存亡的危急时刻，它会产生"致命的作用"①。当然，"左派共产主义者"提出革命的空谈必然有其思想根源，列宁进一步阐释了"左派共产主义者"所陷入的思想误区。

首先，"左派共产主义者"陷入"革命空谈"，是因为他们犯了教条主义错误，缺乏对实际情况的客观分析。在"左派共产主义者"看来，俄国完全可以像1793年的法国一样，当时巴黎人民推翻吉伦特派统治，建立雅各宾派专政后，面临着国外反法同盟的武装干涉和国内各种叛乱的复杂局面而进行了坚决的斗争。但是列宁指出苏维埃俄国与当年法国的情况有诸多不同之处。法国具有更先进的生产方式和良好的经济基础，有强大的革命军队，人民没有经过太多战争的折磨并保留了土地，总体情况要比现时的苏维埃俄国好得多；苏维埃俄国已经饱受战争的摧残，国土遭到侵蚀，能源极度短缺，农民和工人刚刚获得自由，大多数工厂还处于停工状态，经济生产活动和生活秩序尚未恢复，可谓百废待兴、百业待举；旧式的濒临瓦解的帝俄军队正在复员，苏维埃俄国的军队尚未建立，"左派共产主义者"却期待用法国革命的经验来指导无产阶级苏维埃政权，显然这是不切实际的幻想，这反映了"左派共产主义者"观点错误的思想根源之一，就是受教条主义的禁锢。② 其次，"左派共产主义者"对德国共产主义运动的发展的认知存在着一定的幻想性。"左派共产主义者"幻想德国共产主义运动能够迅速发展甚至支援俄国革命，一方面，他们认为德国的对外战争将受到德国国内革命的掣肘，使其无法对苏俄发动进攻；另一方面，还有人认为"我们反抗德帝国主义就是援助德国革命，以此加速李卜克内西对威廉的胜利"③等，列宁始终坚持运用"具体的真理"，从理论和现实形势等方面

---

① 《列宁全集》第 33 卷，北京：人民出版社 2017 年版，第 429 页。

② 俞敏：《列宁反对"革命空谈"的话语及思想》，《当代世界与社会主义》2008 年第 6 期。

③ 《列宁全集》第 33 卷，北京：人民出版社 2017 年版，第 362 页。

对这些说法分别进行了驳斥，彰显了列宁作为坚定的社会主义革命家和出色的军事家，在国家治理的内政外交等方面的卓越领导才能。列宁从根本上指出，苏维埃俄国能否对德国宣战取决于现实的军队的发展，而非依据理论的幻想。可见，列宁对"革命空谈"的反驳采取了理论与实践相结合的方式，从而得以形成合理的国家治理策略，保障了战时新生苏维埃政权的安全。

（二）经济治理的思路：渐进的"国有化"

从十月革命胜利后至 1918 年春这段时期，列宁的国家治理思想整体上遵循的是以"直接过渡"的方式进入共产主义社会的指导思想，在他的治理思想中呈现出国家垄断的特征。及至 1918 年春，列宁短暂地提出了"国家资本主义"的国家治理设想，提出从"计算和监督"到"国家资本主义"治理模式的短暂构想，这一时期可以用"渐进的发展模式"来概括列宁国家治理思想的实质。列宁以"渐进的发展模式"为特征的治理思想主要体现在国家经济治理层面。

建立苏维埃类型的国家，只是部分地完成了无产阶级政党所肩负的历史使命，列宁指出，苏维埃俄国"主要的困难是在经济方面：对产品的生产和分配实行最严格的普遍的计算和监督，提高劳动生产率，使生产在事实上社会化"①。可见，在列宁看来，此时最迫切的问题是开展经济治理。而如何发展社会主义经济，实现社会化大生产，在经济建设中如何实现普遍的"计算和监督"，这成为苏维埃俄国经济治理的中心工作。下面笔者将对列宁渐进的"国有化"经济治理思想的提出及其核心内容、阶段性特征进行阐述。

1. 列宁渐进的"国有化"经济治理思想的提出及其核心内容

1917 年底，列宁领导苏维埃俄国进行社会主义经济改造时，明确提出

---

① 《列宁全集》第 34 卷，北京：人民出版社 2017 年版，第 154 页。

将银行和大的垄断经济组织收归国有，但是允许资本家保留其个人财产，集中体现了"非剥夺剥夺者"的思想，从列宁社会主义国家经济治理的思路来看，他既希望通过"直接过渡"，通过经济国有化的方式进入社会主义社会，但是列宁也认识到在"直接过渡"的总目标下，采取哪些具体步骤实现"直接过渡"，是没有详细的理论遵循和实践经验的，因此必须采取十分谨慎的态度。正是基于苏维埃俄国这种经济治理的现实状况，列宁采取了较为审慎的态度，逐步放弃了"直接过渡"到共产主义的战略选择，开启了渐进式"国有化"经济治理的新构想。

从苏维埃俄国经济治理的思路来看，列宁对待社会主义国家经济治理的根本态度具象化表现为两种思路相互交织：既希望直接过渡，又要求慎重对待资本家和私营业主。后者衍生出 1918 年春提出的短暂的"国家资本主义计划"，而前者由于 1918 年夏天战争的爆发，进而形成了"战时共产主义"的国家治理模式。由于特殊的时代背景，"战时共产主义"逐步上升为占据核心地位的国家治理模式。但总的来看，十月革命前后，列宁尽管意识到在向共产主义社会过渡的过程中可以借助多种经济形式的共同努力，但是对共产主义的理解和迫切想要实现共产主义的美好愿望导致"直接过渡"始终在列宁的治理思想中占据上风，并在国内战争结束后依然坚持高度集中的政治经济治理模式。列宁坚持"直接过渡"的心态是可以理解的，作为苏维埃俄国的开创者，作为"前无古人"的社会主义治理模式的开创者，迫切地想看到共产主义的实现也是无可厚非的。但是，列宁也是极其理智的，这是它在战时共产主义时期能够采取渐进式经济治理的客观缘由。

既然苏维埃取代了旧官吏，那么全部国家管理的职责就落在无产阶级人民群众的身上，但这对于当时的俄国社会来说是难以实现的，列宁由此意识到要采取渐进的发展思路过渡到社会主义。列宁以"计算和监督"为基础的"渐进发展"的国家治理思想的核心内容体现在以下几方面：其一，"计算和监督"是"非剥夺剥夺者"的措施，是以保持资本主义私有制为前提的，列宁将国内私营资本纳入社会主义经济建设的范畴内，体现了列宁对于社会结构和经济制度的改变具有长期性的认识，同时真正做到了将马克思主义国家和经济治理与俄国现实实际相结合。其二，在社会管理等方面，尽管理论上无产阶级理应是社会主义国家的治理主体，但由于无产阶级此时还没有国家管理的经验，苏维埃组织还没有掌握管理的技能，列宁为此号召无产阶级要不断学习，掌握管理本领。由这些方面可以得出结论，列宁认为必须要在实践中不断学习才能掌握国家治理的本领。其三，列宁"渐进的"国家治理思想的另一个重要体现就是对待私人报纸广告的态度。十月革命前夕，列宁在《革命的任务》一文中鲜明地表达了他对待资产阶级报纸的态度及治理措施，他指出："必须查封资产阶级的反革命报纸（《言语报》、《俄罗斯言论报》等），没收它们的印刷厂，宣布由国家垄断报纸的私人广告业务。"①在他看来，报纸只能由代表无产阶级、农民意志的苏维埃政府发行，只有这样，才能真正掌握舆论的话语权，避免农民被资产阶级欺骗、污蔑或引入迷途。1921年，列宁在出席莫斯科省第七次党代会时，曾提到1917年底颁布的一条法令，主张国家对广告业务进行垄断，进而对这条法令从渐进式国家治理的维度阐述了其内涵。他指出："争得国家政权的无产阶级设想，向新的社会经济关系过渡尽可能采用渐进的办法——不取消私人报刊，而使它们在某种程度上服从国家的领导，把它们纳入国家资本主义轨道。"②通过列宁对这条法令的阐释可知，其目的并不是为了全面取消报纸所蕴含的私有属性，而是尽可能促使其为社会主义国家服务。列宁在回忆中曾提到政策的"过渡"性质，"苏维埃政权试行了一种经济政策，起初打算实行一系列渐进的改变，打算比较慎重地向新制度过渡"③。列宁以"计算和监督"为基础的"渐进发展"的国家治理思想体现在社会的方方面面，真实地体现了列宁依据现实国情开展国家治理的治理构想。

这一时期，列宁关于"计算和监督"的国家治理思想与他对社会主义本

---

① 《列宁全集》第32卷，北京：人民出版社2017年版，第156页。
② 《列宁全集》第42卷，北京：人民出版社2017年版，第233页。
③ 《列宁全集》第42卷，北京：人民出版社2017年版，第236页。

质的认识密不可分。列宁认为，"社会主义无非是变得有利于全体人民的国家资本主义垄断"①，那么"计算和监督"就是苏俄走向社会主义的"初步的具体的步骤"，在经济上是完全可以实现的。在列宁看来，"计算和监督"是国家治理的手段和方法，而非目的。因此，列宁在谈到全民的辛迪加构想和"计算和监督"的政策时明确指出，这项措施是过渡性的措施，紧接着他又进行了补充性说明，由于这种措施是和"工兵代表苏维埃"并存的，自然就使得这项举措对社会主义发展的促进作用凸显，产生"使俄国一只脚踏进社会主义"的重要历史影响，之所以如此说，是因为"占多数的农民还支配着国家经济的另一方面"②。

2. 列宁渐进的"国有化"经济治理发展的阶段性特征

从十月革命胜利后至 1918 年春这段时期，列宁的国家治理思想整体上遵循的是"直接过渡"到共产主义社会的指导思想，呈现出国家垄断的特征。具体来看，在无产阶级苏维埃政权建立之初，主张以全民的、国有的"辛迪加"设想作为国家治理的经济构想，以"计算和监督"作为国家治理的方法和手段，形成了这一时期列宁国家治理思想的主要内容。及至 1918 年春，列宁短暂地提出了"国家资本主义"的国家治理设想，即提出从"计算和监督"到"国家资本主义"治理模式的短暂构想，这一时期可以用"渐进的发展模式"来概括列宁国家治理思想的实质，其发展阶段如下：

第一阶段，十月革命胜利初期，按照《国家与革命》中所提出来的理论设想，列宁把经济组织"国有化"作为社会主义经济治理的指导思想，并提出把"计算和监督"作为经济治理的重要方法。

第一，通过颁布法令为开展社会主义性质的经济治理奠基。新政权成立后，苏俄政府迅速颁布了一系列具有社会主义性质的法令。一是颁布体现社会主义国家根本性质的土地政策。苏维埃政府颁布的《土地法令》，宣

① 《列宁全集》第 32 卷，北京：人民出版社 2017 年版，第 217 页。
② 《列宁全集》第 29 卷，北京：人民出版社 2017 年版，第 437 页。

布地主土地所有制彻底被废除，实现了地主阶级的土地及其附属物全部国有化。《土地法令》的颁布以及将土地收为国有的措施，有效地巩固了国家治理的政治基础——苏维埃俄国的工农联盟。二是列宁高度重视银行作为监督工具的重要作用，将银行视作现代经济生活的中心。他指出，只有实现银行国有化，把各个银行合并为一个国家银行，使国家掌握资本的基本情况，才有可能实现真正的监督，才能"做好对全部经济生活的监督，做好对最重要产品的生产和分配的监督，才能做到'调节经济生活'"①。列宁反复强调银行的"国民经济的中枢神经"地位，他将银行比作赖以生存的粮食，指明银行在国家治理中所具备的重要基础性作用，进而对金融机构统一进行了重组，建立了苏俄人民银行。三是苏维埃国家有权掌握和调节社会财富的使用情况。苏俄政府规定，企业的股东必须要向国家交出一切股票，"凡属于富有阶级的人必须将其全部现金存入国家银行及其分行或储蓄所，每周取做消费用的数目不得超过 100—125 卢布（按照当地苏维埃的规定），而取做生产和商业用的数目，必须具有工人监督机关发给的书面证明"②。四是将"国有化"运用在经济治理的主要方面。"国有化"的经济治理思想体现在与民生直接相关的各个方面，如租住房等，苏维埃政府将长期出租的房屋转归人民所有。

　　第二，把"计算和监督"作为国家经济治理的重要方法。十月革命前，列宁在《大难临头，出路何在？》一文中列举了主要的监督办法，如银行国有化、将大型垄断经济组织收归国有、强迫居民加入消费合作社等，其目的都是为实现苏维埃俄国政府对社会经济生产状况的及时调节和控制。无产阶级政权建立后，按照列宁的理论设想，整个苏维埃在经济治理方面的职能就是作为大的经济调节机关，来调节俄国的全部生产。首先，从经济治理的结构来看，在产品的生产端，列宁要求对大型垄断经济组织实行国有化，在产品的供给和分配端，苏维埃政府强迫或鼓励居民加入消费合作

---

① 《列宁全集》第 32 卷，北京：人民出版社 2017 年版，第 191 页。
② 《列宁全集》第 33 卷，北京：人民出版社 2017 年版，第 182 页。

社，生产和分配端由国家集中调控，完整地形成了苏维埃俄国的经济治理形式。在列宁看来，通过发挥苏维埃对产品调节和分配的作用，苏俄可以促进工业生产，实现城市工厂的工业品和农村粮食的交换，具体的表现就是"工人供给农民布和铁，而农民则提供粮食"①。其次，列宁主张将"计算和监督"贯彻到经济生活的所有方面，并以法律法规的形式予以明确规定。在一般的企业组织中，也应当使用"计算和监督"的办法。1917 年 10 月下旬，十月革命胜利仅数天，列宁就着手起草了《工农监督条例草案》。《草案》详细规定了实施"计算和监督"的企业范围，严格规定了"计算和监督"的实施程度。《草案》提出："在工人和职员（共计）人数不少于 5 人，或年周转额不少于 1 万卢布的一切工业、商业、银行、农业等企业中，对一切产品和原材料的生产、储藏和买卖事宜应实行工人监督。"②具体而言，《草案》对监督的主体、监督的内容、监督的具体方式进行了详细的安排，提出在大企业中，由工人和职员的代表实行监督，在较小的企业中实行全体工人和职员的直接监督。最后，列宁主张从实际出发开展"计算和监督"。列宁还特别指出各地苏维埃应当结合当地实际情况，因地制宜、因时制宜，对政府所制定条例进行修改和扩充。从"计算和监督"的实施范围和实施程度来看，列宁认为应当严格执行对经济生产的核算，"每一件产品、每一俄磅粮食都应当计算到"③。

第三，形成了国家治理的经济结构。"计算和监督"的实质是一条"从下面改造"的道路。列宁在《关于彼得格勒工人经济状况和工人阶级任务的报告》中已经提出，苏维埃是调节俄国全部生产的机关，俄国工人阶级的任务是"组织产品交换，使计算和监督形成制度"，"让每个工厂委员会都感觉到自己不仅是从事本厂的工作，而且是建设整个国家生活的组织细胞"④。苏维埃要求全部人民都必须加入合作社并在其中完成产品的交换环

---

① 《列宁全集》第 33 卷，北京：人民出版社 2017 年版，第 63 页。
② 《列宁全集》第 33 卷，北京：人民出版社 2017 年版，第 24 页。
③ 《列宁全集》第 33 卷，北京：人民出版社 2017 年版，第 57 页。
④ 《列宁全集》第 33 卷，北京：人民出版社 2017 年版，第 148 页。

节，完成"从下面改造"的过程。具体来看，"从下面改造"的道路有以下两种具体形式：其一，强迫工业家、商人以及所有企业主辛迪加化（即强迫他们参加各种组织）。列宁指出了这种做法的目的性和必要性，在他看来，这既体现了国家促进资本主义发展的重要作用，也意味着强迫"联合化"是"计算和监督"的"先决条件"①。除了将大的工厂收归国有，控制在苏维埃政权手中，列宁倡导的辛迪加化本质上是企业的"联合化"，其目的是在规模化、集约化、合作化的生产过程中实现资源调配效用的最大化。诚如他自己所言，"'联合化'的目的……而主要是把购买原料、销售产品、节省国民财力和人力方面的业务联合起来。分散的企业联合为一个辛迪加"②，实现经济效益的最大化。其二，在全国范围内形成劳动者"同志式"的结合方式，进而借助于一切手段助推城乡产品交换的顺利进行和铁路运输的便利化，最终实现国民经济在全国范围内的组织化运作。"只要实际经验向农民表明例如城乡间应该如何进行交换，农民自己就会根据切身的经验，从下面来建立自己的联系。"③在这一条从"下面相结合"的道路中，全部居民都必须参加消费合作社，用消费合作社的办法使消费集中，城市街区中委员会和农村地区乡的消费合作社是组织结合的基层单位，产品的调运以及买卖只能在供销委员会之间进行。

第二阶段，以1918年春天列宁关于"国家资本主义"道路的短暂设想为主要内容。这一阶段列宁关于渐进式经济治理的思想主要体现在：

第一，从管理之维探讨经济治理，充分强调了经济治理的艺术。值得注意的是，列宁在《苏维埃政权的当前任务》一文初稿中着重强调了"管理"在经济层面的重要含义，指出管理已经"不是政治而是经济具有主要的意义"，"管理国家的任务现在首先是归结为纯粹经济的任务"④。具体来看，列宁在《苏维埃政权的当前任务》一文中围绕"管理的艺术"详细阐述了以下措

---

① 《列宁全集》第32卷，北京：人民出版社2017年版，第203页。
② 《列宁全集》第32卷，北京：人民出版社2017年版，第204页。
③ 《列宁全集》第33卷，北京：人民出版社2017年版，第269页。
④ 《列宁全集》第34卷，北京：人民出版社2017年版，第122~123页。

施：一是恢复生产力，医治战争创伤，发展国家经济，维持基本秩序。结合史实，1918年1—3月，苏维埃俄国仅仅完成了粮食采购计划的21.8%、36.5%、36.5%。① 广大劳动群众难以保障基本生活，更遑论经济生活和军事活动。贫弱的苏维埃政府在情况如此不利的社会境遇下，不得不竭尽全力地利用喘息时机，维持基本秩序，恢复国民经济，加强国防力量。二是实现经济治理措施的现实转换，从"直接剥夺剥夺者"转化为"计算和监督"。列宁用"轻骑兵"和"重炮兵"分别比喻管理和镇压两种不同的经济治理手段，意在说明在不同的斗争形势和阶段下，可以改变对敌斗争的具体方式。在对部分企业实行国有化的过程中，人民群众在实践中学会了管理的艺术和经验，成为支配各种学术和技术领域的专家，此时就不应当把赤卫队式的管理方法摆在首位，而应当利用各类专家来"重耕"社会主义的土壤，列宁表达的主要思想就是强调斗争形势应当适合这个阶段的特殊情况。三是同资产阶级斗争应当勇于进入"更高形式"。列宁指出，资产阶级虽然被击败了，但未被根除和彻底瓦解，因而不得不与资产阶级展开"更高形式"的斗争，就是采取措施将资产阶级连根拔起，并清理适合其生存的温床。列宁强调指出，尽管苏维埃政权的建立从军事上和政治上摧毁了资产阶级政权，资产阶级失去统治地位，但其赖以生存的经济基础和社会条件依然存在。然而消灭资产阶级的任务是一下子办不到的，必须通过"计算和监督"、提高劳动生产率、通过组织竞赛等方式。列宁还强调要加强国家机构和治理制度建设，加强法院、铁路等组织的建设工作，尤其强调了要遵守劳动纪律，必须建立专门的工业法庭，采用一切科学的工作方法。

第二，1918年春列宁的国家治理思想存在矛盾的"二重性"。首先，列宁关于国家治理的立场和基本点没有变，也即从资本主义向社会主义过渡的目的始终不变，要求把"一切生产资料转归人民所有"，如此一来，建立无产阶级国家垄断制经济体系便成为首要任务。但是在总的治理目标之

---

① 周尚文、叶书宗等：《苏联兴亡史》，上海：上海人民出版社2002年版，第71页。

下，存在两条不同的治理思路：一方面，列宁试图借助于国家资本主义的中间环节走迂回道路；另一方面，他又试图依靠国家垄断制排除贸易，通过"直接过渡"的方式走上社会主义道路。结合 1917 年 12 月底列宁写作的《怎样组织竞赛》一文来看，他设想通过两个步骤实现无产阶级国家垄断制经济体系这个目标，其一，"就是没收地主土地，实行工人监督，把银行收归国有"①，其二就是"把工厂收归国有"②。通过对这段话进行分析得出，要实现无产阶级国家垄断制，"计算和监督"是这两个步骤正常开展的重要保证，贯穿于实现无产阶级国家垄断制的整个过程。因此，列宁认为无产阶级苏维埃国家对生产的直接统计和监督彰显了社会主义及其改造的本质。在列宁看来，在建立无产阶级性质的苏维埃政权的前提下，应由其来"实行全面的、普遍的、包括一切的计算和监督"③。

　　从"起初打算实行一系列渐进的改变""慎重地向新制度过渡"到建立无产阶级国家垄断制经济体系，在列宁思想的矛盾变化之处也存在逻辑上合理的地方。列宁对商品经济的消极态度可以从《俄共第七次（紧急）代表大会文献》中窥见一斑。在这组文献中，列宁要求无产阶级政权高度重视"商品"这一概念，要求记住商品生产和交换导致了资本主义的发展并形成了帝国主义这一事实。列宁指出，无产阶级专政要求俄国的共产党完成的任务中就包括：实现对资产阶级和地主的彻底改造，实现国家对银行、铁路、工厂等流通手段和生产资料的国有化。在党纲草案《关于苏维埃政权的十个要点》中，列宁提出为了彻底完成对地主和资产阶级的剥夺，在经济层面，实现全国生产活动的社会主义化，在苏维埃政权的领导下由工会管理，由苏维埃政权统一进行经济分配和管理交通运输业。此外，列宁还要求在依靠自己的经营维持生活的小农中逐步推行"普遍义务劳动制"，进而分步骤地向集体经济过渡。从经济制度的角度来看，这一模式具有三个主要特征：工人国家的集中管理制、排除市场的统一分配制、集中划一的

① 《列宁全集》第 33 卷，北京：人民出版社 2017 年版，第 207 页。
② 《列宁全集》第 33 卷，北京：人民出版社 2017 年版，第 207 页。
③ 《列宁全集》第 33 卷，北京：人民出版社 2017 年版，第 210 页。

消费公社制。如果说社会主义经济是由生产消费公社构成的机体，那么生产消费公社就是实行国家垄断制的基本单位和细胞。列宁对社会主义经济治理的理解，虽然认识到了过渡时期的存在，但其底色始终是基于对共产主义集中管理制、贸易垄断制的坚持，通过国家行政强制直接过渡的道路在列宁思想中占据上风。

（三）社会治理的方式：组织动员群众

列宁将组织动员群众作为社会主义条件下社会治理的主要方式，他通过比较分析的视角，阐述了社会主义条件下开展社会治理的独特优势。

列宁批判了资本主义制度对劳动者的异化，对人的自由自觉的创造精神的抑制，进而强调了社会主义对人的"自由个性"的倡导。在列宁看来，社会主义国家为普遍地"组织竞赛"、发挥人民群众的创造性提供了可能，通过组织竞赛进而将劳动者吸引到某个"工作舞台"之上，并且借助于这个平台，劳动者的各方面才能才能获得最大化的释放。"组织竞赛"是列宁基于社会主义制度提出的在经济生产中调动广大无产阶级劳动群众积极性的主要方法。苏维埃政权的形成，使领导者和广大人民群众受到了极大的鼓舞，他们信心倍增，在苏维埃俄国上下普遍存在着乘胜前进、一鼓作气地推进社会主义建设进程的心理，甚至认为"'监工和会计'的简单职能"应该立即取代"国家官吏的特殊'长官职能'"①。此外，在开展无产阶级苏维埃国家治理的过程中，列宁十分重视发挥无产阶级和工农群众的首创精神，十分重视依靠苏维埃政权的旺盛生命力，要求尽可能最大化地发挥工人、农民等"被剥削劳动者"在组织工作中所展现出来的"独创精神"②。

首先，从劳动的根本性质来看，社会主义制度下的"组织竞赛"与资本主义经济制度下的强迫劳动有本质的区别。在资本主义经济制度的逻辑之中，无产阶级是被剥削、被压迫的阶级；但是在无产阶级专政后，生产资

---

① 《列宁全集》第31卷，北京：人民出版社2017年版，第46页。
② 《列宁全集》第33卷，北京：人民出版社2017年版，第209页。

料归社会全体人民所有，实现共产主义是广大劳动群众的最高利益和共同利益。工人群众劳动的根本目的是为了实现自身的最高利益，实现人的真正的解放。因此，就再也没有被迫劳动，无产阶级群众不但真正地获得了解放，"而且可以利用技术和文化的一切最新成就来工作了"①。列宁称这一过程为"人类历史上最伟大的更替"。其次，"组织竞赛"有助于选择和培养无产阶级的"组织家"：（1）列宁提出最终是要使无产阶级劳动群众认识自己，在生机勃发的、开创性的工作氛围中实现社会主义社会的建设；（2）"组织竞赛"需要经历像"组织家"一样的工作过程；（3）选拔组织家的来源广泛，在列宁看来，大凡具备认识字的、识人本领的、经验丰富的无产阶级等群体均有希望成为"组织家"；（4）列宁对"组织家"选拔的标准进行了阐明，在列宁看来，要成为"组织家"，必须是才能卓越和对社会主义极其忠诚的人，只有这样的人才能将人们良好地团结在苏维埃政权之下，团结一致地开展工作，只有这样的人，经过长时期的历练才能转变为优秀的"组织家"，即"提拔到领导国民劳动和领导管理工作的负责岗位上来"②。再次，从"组织竞赛"体现的国家治理结构来看：（1）在列宁看来，此时组织工作，即推动社会主义建设的工作和"镇压"工作同样重要，组织工作和镇压工作实际上已经形成了一个整体，间接地体现了苏维埃俄国将工作重心转移到经济建设上的趋势；（2）"有学问的人"的群体日益发生分化，日益成为劳动者和人民群众中的一员，并且帮助劳苦大众抗争资本奴仆的压榨。俄国知识分子开始逐渐向苏维埃靠拢，社会主义建设力量进一步得到增强。

总而言之，"组织竞赛"作为国家治理中重要的组织动员模式，充分展现了苏维埃社会主义建设的创造性和生命力，展现了无产阶级苏维埃政权以人为本的价值旨归，正如列宁所指出的："十月革命的力量，它的生命力，它的不可战胜性，正是在于……把劳动者引上独立创造新生

---

① 《列宁全集》第33卷，北京：人民出版社2017年版，第207页。
② 《列宁全集》第34卷，北京：人民出版社2017年版，第174页。

活的道路。"①列宁十分看重"组织竞赛"在国家治理中的重要作用，他在《苏维埃政权的当前任务》中专门强调了"组织竞赛"在经济建设方面的重要意义。"组织竞赛"除了推动物质生产方面的价值，在国家治理中还具有精神层面的感召力和影响力。列宁十分重视宣传这一精神动力，他提出创办报刊借以帮助群众、教育群众，强调通过群众评判来帮助他们认知经济治理的重要性，"报刊应该成为社会主义建设的工具，详细介绍模范公社的成绩，研究它们取得成绩的原因和它们经营的方法"②。列宁要求制定优秀公社的奖励措施，既包括物质的也包括精神文化方面的奖励。

二、战时共产主义：非常时期的国家治理举措

"战时共产主义"通常又被称作"军事共产主义"，是无产阶级苏维埃俄国在 1918 年上半年至 1921 年初，应对帝国主义武装干涉和国内战争所实行的战时国家治理模式，因此兼具有"军事战争"时期的特征和"共产主义"的特点。除了军事战争的直接威胁外，敌人特务的政治暗杀活动也十分猖獗，严重危害无产阶级领袖的生命安全，如列宁、乌里茨基接连遭到生命威胁，无产阶级苏维埃政权面临的政治、经济、军事形势十分危急，在这样的历史背景下，列宁在特殊时期采取了战时共产主义的国家治理举措。

（一）治理特征：高度集中的政治经济体系

列宁在"战时共产主义"时期推动形成了高度集中的经济政治体制，这在经济及政治之维分别表征着其时国家治理的本质特征。

1. 经济之维：形成了高度集中的经济体制

从 1918 年夏天开始，面对日益严峻的军事威胁，"战时共产主义政

---

① 《列宁全集》第 33 卷，北京：人民出版社 2017 年版，第 209 页。
② 《列宁全集》第 34 卷，北京：人民出版社 2017 年版，第 172 页。

策"逐渐从个别领域的施政方针演变为一套完整的政策体系，通过行政命令的手段形成了高度集中的国家垄断经济体制。从经济上看，战时共产主义的国家治理本质上是排斥商品市场的产品经济形式，这在列宁主持制定的党纲中有明确体现，在列宁看来，经济治理的主要任务是，实现私人贸易的消除，用有计划的产品交换对其取而代之，进而采取措施为货币的消除作好充分准备。在列宁看来，处于社会主义条件下，甚至在从资本主义向社会主义过渡时期，就会出现商品、价值、利润统统消失的情况。在战时共产主义条件下，商品变成了不通过市场而供社会消费的产品。

高度集中的经济体制表现在以下几个方面：

（1）实行财政集中制度

当时的俄国，经历了几年的帝国主义战争，尽快恢复国民经济的重要任务要求制定集中的、正确的财政政策。列宁提出，苏维埃国家要从社会主义事业发展的角度出发，建立自己的财政制度。1918年5月，在全俄苏维埃财政部门第一次代表大会上，列宁提出了"财政集中"这一原则。在他看来，"财政集中"就是"力量集中"，建立集中的财政制度是完成经济改造的基础工作。另外，列宁明确表示"赞成地方苏维埃组织实行广泛的自治"。在苏维埃国家税收方面，列宁主张"唯一正确的税收是累进所得税和财产税"。他认为，征收这些税项，体现了社会主义的原则，符合人民群众的利益要求。面对征税过程中可能出现的困难，列宁要求不仅靠一些法令，必须有切实的办法和经验。

（2）实行全盘国有化和国家垄断制

如前文所述，国内资本家对"计算和监督"的抗拒加之战时的紧张状态，从客观上加快了无产阶级国家掌握国家经济命脉的步伐。1918年6月，人民委员会公布了大企业国有化的法令，要求对轻重工业中的一切大企业、铁路运输业、地方公用事业企业全部实行国有化，转变为国有财产，由国家直接进行管理。这一年中，有1500多个较大的企业被收归国有。1920年初，国有企业数量增加到2500个。1920年11月，实行国有化的对象转变为中小型企业，其标准为5人以上的拥有机械动力或10人以上没有机械动力的小型企业，国有企业数量激增至 4500 个。

（3）建立中央集权的"总局制"

在无产阶级苏维埃政权建立不久，即确定了由劳动国防委员会领导整个国民经济大权，并按照工业部门的划分成立了 18 个管理总局，其中包括石油、煤炭及化学等多个工业总局，1920 年底，总局数量增加到 52 个。通过总局，国家可以直接给企业下达生产命令，制订生产计划和商品调配计划，总局包揽了企业的人、财、物和产、供、销各个方面。因此，在这种管理体制下，完全不需要市场，排除了市场的作用。

（4）实行平均主义的国家统一配给制

1919 年 2 月，出于战争形势的要求，列宁强调了改变分配和供应制度的必要性，即统一采用"共产主义的供应和分配"。对此，不久人民委员会颁布的《关于消费公社的法令》规定：城乡的一切合作社、商业机构都必须合并为一个统一的分配机关——消费公社；当地一切居民均需通过到分配站注册的方式成为这个公社的一员；全国范围内分配站、消费公社形成一个统一的分配网络；而人的一切生产生活所需均由这个网络统一调配。围绕粮食、燃料等其他日用品，人民委员会均制定了相应的法令。在配给原则上，列宁提出了贯彻共产主义平等原则的主导方针，苏维埃国家努力"使任何劳动的报酬一律平等"①，按照共产主义的方式进行分配。但是，在战时极端匮乏的经济状况下，"共产主义的供应和分配"呈现出普遍贫困的平均化特征，是一种低标准的分配。

（5）组织向大规模社会主义农业过渡

列宁试图直接推动农业联合的大生产模式，有时甚至提出了向共产主义农业过渡的任务，但此时列宁还没有决定具体采取哪一种过渡办法。在党纲中，列宁提出："至于向共产主义的农业过渡的办法，俄共将通过实践来检验在实际生活中创造出来的三个主要措施，即国营农场、农业公社

---

① 《列宁全集》第 36 卷，北京：人民出版社 2017 年版，第 89 页。

和共耕社(以及协作社)。"①摆在第一位的是建立国营农场,这是国有化的社会主义大农业的代表。之后是鼓励农业公社和农民经营的公共大经济的自愿联合。共耕社作为集体经济组织的初级形式则处于第三位,这些方法和目标旨在较短的时间里组织起社会主义大农业。

"战时共产主义"时期,苏维埃俄国施行的国家治理的经济举措实质就是"用实物经济排除商品货币关系",完全消除了价值范畴,消除了市场在资源流通、资源配置中的作用,彻底利用行政命令、计划经济代替了市场自身的运行和调节规律。总体来看,"用实物经济排除商品货币关系"政策的产生过程大致如下:1918 年 11 月,人民委员会颁布《关于组织居民各种食品、个人消费品和日用物品供应》的法令,对私营商业实行了国有化,用国营和合作社的分配站代替私人商业网点,私人贸易完全被置入取消状态或非法状态;由于国家对生产和分配的全过程实行统一管理、集中调配,普通居民凭国家发给的票证换取所需物品,商品和货币的关系被大大削弱;1920 年 10 月,人民委员会通过了《关于取消若干货币结算的法令》,并逐步推广到各个细分的领域之中,1921 年 3 月,又通过了取消对出版物的货币结算的规定。正是通过这一系列步骤,完成了战时共产主义时期,无产阶级苏维埃俄国经济关系的实物化。

2. 政治之维:建立了高度集中的政治体制

一方面,高度集中的国家治理的经济体制,要求政治体制也随之转变;另一方面,建立高度集中的政治体制还有其更长远、更深层次的原因,就是在经济文化落后的农民国家,想要实现"人人参与国家管理"这个美好的愿望难以一蹴而就,提高群众的文化水平、寄希望于提升群众的管理本领需要长年累月的实践积累。为了保证战时共产主义时期令行禁止、高效地实现资源集中配置,必须建立高度集中的政治体制。具体来看,在国家治理的政治结构上,列宁领导的无产阶级苏维埃政权作了以下几个方

---

① 《列宁全集》第 36 卷,北京:人民出版社 2017 年版,第 92 页。

面的调整：

(1)从人民直接管理转变为政党代表制

十月革命前，按照对社会主义民主政治的理论设想，建立巴黎公社式的新型民主是列宁及其领导的布尔什维克党的政治诉求，即"通过人民自己实现人民管理制"。无产阶级政权建立初期，在列宁看来，资本主义建立的经济制度使国家治理制度化，也简单化了，让全民参与管理是可行的，甚至是非常容易实现的。列宁认为，以资本主义工业文明为基础的"旧的'国家政权'的大多数职能已经变得极其简单……以致每一个识字的人都完全能够胜任这些职能"①。尽管让群众人人参与国家治理，体现了生产资料公有制基础上真正的人人平等，符合社会主义的本质要求，但是设想中人民群众一天就能掌握"计算和监督"的情况并没有出现，文化水平落后成了制约劳动者进行管理的最大障碍。针对这一未曾预料到的状况，1919年3月，在党的八大上，列宁第一次明确提出了用政党代表制取代人民管理制具有历史的必然性，在列宁看来，人民普遍低下的文化水平决定了苏维埃的人民管理只能是"通过无产阶级先进阶层来为劳动者实行管理而不是通过劳动群众来实行管理"②。到了新经济政策实施后，列宁开始关注到俄国人民群众的教育问题，对制约无产阶级群众参与国家治理的文化因素有了进一步的认识，例如在1922年俄共(布)第十一次代表大会时，列宁提出"被推举出来的工人阶级先锋队却没有足够的本领去直接进行管理"，因为"那些共产党员缺少文化"③。正是由于文化水平低下，不得不由少数人组成无产阶级政党代表人民进行管理。

(2)党的委任制逐步取代了苏维埃民主选举制、罢免制

十月革命时期，列宁曾设想按照巴黎公社的模式，由群众自由选出的、随时都可以撤换的劳动人民的代表组成苏维埃，体现了苏维埃的真正人民性。但是，在战时共产主义时期，党的委任制逐步贯彻到了苏维埃的

---

① 《列宁全集》第31卷，北京：人民出版社2017年版，第41页。
② 《列宁全集》第36卷，北京：人民出版社2017年版，第155页。
③ 《列宁全集》第43卷，北京：人民出版社2017年版，第97页。

党、政、军、工会等各个方面，罢免制、选举制逐步被废弃。正如列宁所说的，"中央委员会拥有巨大的权力，具有极大的潜力。我们负责分配 20 万—40 万党的工作人员的工作，并且通过他们来分配千百万非党人员的工作"①。尽管"委任制"的实施是战争状态下的客观要求，但是普遍的委任制长期存在，是对人民民主政治的极大损害，也不利于和平时期国家治理的科学决策。

（3）肃反委员会的地位得到极大提高

1917 年 12 月 4 日，彼得格勒军事革命委员会批准了捷尔任斯基的建议并于当月成立了全俄肃反委员会（以下简称"肃反委员会"）。1919 年以来，反革命恐怖分子活动十分猖獗，他们不断派间谍到莫斯科、彼得格勒等城市进行破坏活动，如煽动罢工、策动叛乱、毁坏重要的基础设施等。据《列宁全集》中收录的相关材料记载，1919 年 4 月，高尔察克、邓尼金和协约国所派的间谍试图炸毁彼得格勒的自来水厂，导致十余名红军战士被炸死炸伤。8 月，列宁、乌里茨基先后遭到枪击和暗杀，在严峻的斗争形势下，全俄中央执行委员会决定实行"红色恐怖"的非常措施，并由全俄肃反委员会贯彻执行。列宁在全俄苏维埃第七次代表大会上明确提出："恐怖手段和肃反委员会都是绝对必要的。"②此后，随着斗争进入白热化，肃反委员会的工作职责和工作权限都得到了增强。具体来看，肃反委员会工作策略呈现出阶段性变化，1919 年 2 月，列宁在各省肃反委员会第四次代表大会上的讲话中号召肃反委员会理应"把自己的工作同宣传鼓动工作结合起来，激发铁路员工群众对这场斗争的自觉态度"③。可以推断，此时肃反委员会的工作策略和工作中心依然是依靠群众，积极宣传鼓动发动群众帮助开展肃反工作。但是随着"红色恐怖"的升级，肃反委员会被特许可以不经过法院法庭和正常的司法程序，而施行审讯、逮捕直至枪决特权。直至 1921 年 12 月，俄共（布）中央政治局才正式通过法案，限制肃反委员会

---

① 《列宁全集》第 42 卷，北京：人民出版社 2017 年版，第 430 页。
② 《列宁全集》第 37 卷，北京：人民出版社 2017 年版，第 402 页。
③ 《列宁全集》第 38 卷，北京：人民出版社 2017 年版，第 136 页。

的权限、缩小逮捕权等。在实行战时共产主义政策的特殊时期，列宁十分看重肃反委员会在保障无产阶级苏维埃政权方面的镇压手段，这是列宁对国家安全高度重视的具体体现。他指出："你们从这些阴谋的始末就可知道这些人是怎样行动的。你们知道，对付他们，除了采用无情的、迅速的、紧急的、得到工人农民支持的镇压手段以外，没有其他办法。"①在新经济政策阶段，列宁开始对肃反委员会的职权进行反思，认为其权限及做法严重损害了社会主义民主政治和社会主义法制，因此他要求对肃反委员会机构及其职能进行改革，使肃反委员会的工作回到协助国家治理的正轨上来，列宁提出"必须改革全俄肃反委员会"②，将其权限限定于"政治任务"方面。1922年2月20日，列宁在给司法人民委员部领导德·伊·库尔斯基的信中提出："现在战斗性特别强的职能则由司法人民委员部承担。"③这表明列宁对肃反委员会破坏社会主义法制的情况已有所警惕，要求厘清部门的职责和权限。

（二）治理核心：阐释"无产阶级专政"理论

无产阶级专政是社会主义国家的本质，使用暴力手段对反革命势力进行无情的镇压是社会主义国家的特殊治理手段。列宁曾指出："专政就是铁的政权，是有革命勇气的和果敢的政权，是无论对剥削者或流氓都实行无情镇压的政权。"④易言之，在社会主义国家处于特殊状态的情况下，无产阶级政权可以而且必须采取无产阶级专政的国家治理模式。

实现从资本主义向社会主义过渡，必须依靠强制和专政。1918年3月3日，苏维埃政权与帝国主义德国签订《布列斯特和约》，苏维埃代表大会核准了和约的签订，并向全体工人、农民和士兵提出了当前最重要和最紧

---

① 《列宁全集》第42卷，北京：人民出版社2017年版，第363页。
② 《列宁全集》第42卷，北京：人民出版社2017年版，第364页。
③ 《列宁全集》第42卷，北京：人民出版社2017年版，第435页。
④ 《列宁全集》第34卷，北京：人民出版社2017年版，第176~177页。

急的任务：加强劳动者的纪律、建立"协调的组织"①。一是为了渡过灾难性的战争造成的惨重的经济破坏，必须对一切中间的解决办法加以批判，应当坚决反对小资产阶级民主主义和无政府主义如切尔诺夫之流、策列铁里之流、马尔托夫之流。二是镇压剥削者的反抗和应对必然发生的内部战争，要求必须运用"铁的手腕"。列宁认识到，一方面，尽管无产阶级苏维埃取得了国家政权，消灭了旧的生产制度和生产关系，但是在很长时期内，剥削者及其所占有的财富是不可能一下子被剥夺掉的，剥削者生存的土壤仍然存在，他们必将挣扎和反抗，这就要求无产阶级对他们的反抗进行无情的镇压；另一方面，列宁预见了社会主义革命必然会发生的内部战争及其造成的经济破坏和社会破坏，内战"会造成极不明确、极不确定、极为混乱的状态"，为了消除有害分子制造的种种混乱，要求实行无产阶级专政。无产阶级专政即先进阶级专政的组织形式，有纪律有觉悟的无产阶级政党是无产阶级专政的领导核心。

为了应对战争的严峻环境，列宁不得不对处于激烈斗争中的苏维埃俄国国家治理体制进行深入思考，"战时共产主义"时期国家治理思想及其实践标志着列宁关于无产阶级专政的思想逐渐走向成熟。1919年是苏维埃俄国国内战争形势最严峻的一年，也是取得决定性胜利的一年。列宁系统阐发无产阶级专政理论。1919年3月，列宁在《共产国际第一次代表大会开幕词》中，开门见山地提出无产阶级专政作为时代课题的迫切意义、现实意义和国际普遍意义，"只是必须找出一种能使无产阶级实现自己的统治的实际形式。这种形式就是实行无产阶级专政的苏维埃制度"②。在为俄共(布)第八次代表大会提供的《俄共(布)纲领草案初稿——俄国无产阶级专政的基本任务》一文中，列宁将无产阶级专政的基本任务划分为经济、政治、文化教育、民族关系等十个具体方面，并就每一个方面的工作任务提出了理论纲要。列宁以"无产阶级专政"为核心的国家治理思想彰显了两个

---

① 《列宁全集》第34卷，北京：人民出版社2017年版，第114页。

② 《列宁全集》第35卷，北京：人民出版社2017年版，第483页。

方面的重要含义：一是以"无产阶级专政"来阐释马克思主义国家观，指导社会主义国家治理；二是通过系统地阐明群众、阶级、政党、领袖的相互关系，构建"无产阶级专政"的国家治理体系及其蕴含的多层次复杂结构关系。

其一，列宁系统地阐释了"无产阶级专政"的理论体系，用以统摄和指导无产阶级苏维埃国家的治理实践。列宁在《俄共（布）纲领草案初稿——俄国无产阶级专政的基本任务》中，用简明且精准的语言对苏维埃政权面临的无产阶级专政的任务进行了揭示。尤其值得关注的是，1919年10月30日，列宁部分地完成了《无产阶级专政时代的经济和政治》，其核心在于阐释俄国无产阶级专政在经济、政治方面面临的特殊情况，在第一部分列宁谈论了过渡时期的历史必然性，从第二部分其就开始转向俄国无产阶级专政面临的特殊问题。列宁提出了俄国无产阶级专政面临的主要矛盾，俄国阶级斗争的主要形式、主要特点，指出了无产阶级专政国家统一组织生产消费、垄断粮食，与小农分散经营、反对国家收购粮食存在的天然矛盾。列宁认为："无产阶级专政时代的俄国经济表现为如下双方的斗争，一方面是在一个大国的全国范围内按共产主义原则联合劳动的最初步骤，另一方面是小商品生产，是保留下来的以及在小商品生产基础上复活着的资本主义。"[1]同时，列宁还对反对国家收购粮食的行为作了经济立场上的分析，指出"农民经济仍然是小商品生产……在这个基础上，资本主义……同共产主义进行着极其残酷的斗争。这个斗争的形式，就是以私贩粮食和投机倒把来反对国家收购粮食"[2]。在此基础上，列宁上升到社会主义实质的高度，提出无产阶级专政的现实意义。为了达到消灭阶级的目的，在完成了推翻地主和资本家这一部分任务后，面对消灭工农之间的差别这一无比艰难且长期的任务，完成"整个社会经济组织"的改造，"只有帮助农民大大改进以至根本改造全部农业技术，才能加速这种过渡"[3]。

---

[1] 《列宁全集》第37卷，北京：人民出版社2017年版，第266~271页。

[2] 《列宁全集》第37卷，北京：人民出版社2017年版，第271~272页。

[3] 《列宁全集》第37卷，北京：人民出版社2017年版，第275页。

其二，列宁将"无产阶级专政"思想作为国家治理的核心原则，系统地阐释了领袖、政党、阶级、群众之间的相互关系，阐释了党与工会、党的领导与工人群众组织间的关系，并提出"共产主义就是苏维埃政权加全国电气化"①。鉴于战时共产主义时期苏维埃俄国国家治理体系呈现的某些历史特点，有些人质疑俄国无产阶级专政，提出俄国无产阶级专政的本质是一党专政、领袖专政。列宁在《共产主义运动中的"左派"幼稚病》这篇重要文献中对这些问题作了集中解答，他初步系统地阐释了"无产阶级专政体系"的基本思想。首先，列宁阐释了无产阶级专政体系及其诸多层次、复杂结构的问题。列宁旗帜鲜明地强调了政党在阶级斗争中的核心领导作用，并对政党的内在本质及构成进行了集中探讨。列宁由群众、阶级、政党、领袖相互关系的问题，引出了党的作用、党的纪律在无产阶级专政体系中只能加强不能削弱的问题。在列宁看来，俄国共产党承担着国家治理的领导核心作用，共产党通过对工人群众的领导，通过各种方式对这些工人群众展开培训、教育和启发，进而达到提升他们管理水平的目的，最终使得他们"把全部国民经济的管理集中在自己手中"②。同时，列宁也从反面强调了"否定政党"的负面影响，取消政党在苏维埃政权中的作用就相当于从资本主义直接过渡到"共产主义的最高阶段而不是进到它的低级阶段和中级阶段"③。在对待地主、资本家和小生产者的态度方面，列宁提出必须与之"和睦相处"，而不能采取极端的粗暴的暴力驱逐或镇压方式。但是，不能任其自由发展，共产党应该"改造他们，重新陶冶和重新教育他们"④，当然，这需要经历一个缓慢而长期的改造过程，需要持之以恒方能达到目标。其次，列宁揭示了无产阶级专政在和旧社会的势力和传统进行斗争过程中，所采取的手段的复杂性和辩证性，涉及政治、经济、军事等多个层面，暴力和非暴力共存，充满着流血牺牲。用列宁的话语来讲，就

---

① 《列宁全集》第40卷，北京：人民出版社2017年版，第30页。
② 《列宁全集》第40卷，北京：人民出版社2017年版，第242页。
③ 《列宁全集》第39卷，北京：人民出版社2017年版，第24页。
④ 《列宁全集》第39卷，北京：人民出版社2017年版，第92页。

是"流血的和不流血的""暴力的和和平的""军事的和经济的""教育的和行政的"斗争。列宁要求掌握对旧势力进行改造和治理的基本规律，"没有铁一般的在斗争中锻炼出来的党"①，并且这个党必须被无产阶级所信赖，积极与人民群众保持血肉联系，才能促进这种斗争的顺利推进。及至1920年12月底，列宁在《论工会、目前局势及托洛茨基同志的错误》一文中明确提出"无产阶级专政体系"概念，标志着列宁国家治理思想在理论上上升到了一个全新的高度。

（三）历史价值：特殊时期的国家治理经验

从理论研究的层面来看，以往研究著作中将苏维埃俄国"战时共产主义"政治经济体制的形成归因为，列宁在苏维埃俄国的国家治理思想上倾向于"直接向社会主义过渡"，认为实现社会主义目标可以直接依靠高度集中的政治经济体制，采用一般的"计算和监督"的管理办法来治理国家政治和经济发展。有论者认为"战时共产主义"政策集中体现了当时列宁关于苏维埃俄国通向现代文明道路的构想，并在这种观点的指导下得出关于"战时共产主义"国家治理的负面评价。笔者认为，从思想的起源和所选取的研究视角来看，一是应当将"战时共产主义"的指导思想置诸当时苏维埃俄国所处的历史环境中进行具体分析；二是应当结合"战时共产主义"国家治理举措的具体内容、实施效果、治理目标进行综合分析；三是应当立足于"国家治理"这个焦点论题，实现观察角度的转换，准确把握列宁所说的"我们实行'战时共产主义'是一种功劳"②的国家治理意蕴。"战时共产主义"的国家治理模式是在战争的特殊环境中催生的，"战时共产主义"国家治理的特殊形式为非常时期的国家治理提供了经验借鉴。其中体现出的国家治理的原则性问题，如在巩固苏维埃政权、保障国家发展的社会秩序等方面有许多可圈可点之处，在"战时共产主义"国家治理的具体思想方面，

① 《列宁全集》第39卷，北京：人民出版社2017年版，第24页。
② 《列宁全集》第41卷，北京：人民出版社2017年版，第208页。

如在征收粮食的过程中，列宁也反复强调要保证农民的利益，对被征收粮食的农民给予一定补偿，尽管由于条件的限制，其举措并没有得到很好的执行，但他的有关思想依然值得学习。"战时共产主义"时期的国家治理模式具有以下四个方面的重要意义：

1. 为苏维埃俄国实现战争的胜利、捍卫社会主义国家政权提供了坚定的保障

作为应对战争压力的国家治理的非常举措，"战时共产主义"政策取得的巨大历史功绩是不容否定的，集中体现了列宁作为政治家和军事指挥家的卓越领导才能。"战时共产主义"的国家治理模式能够取得成功的原因包括两个方面：一是以保存和巩固苏维埃无产阶级国家政权为目标形成的高度集中的政治经济体制，实现了国家行政权力、组织动员能力、资源配置能力的集中统一，有效地提高了国家行政活动的效能，充分发挥了人民群众的首创精神。在列宁和俄共（布）的领导下，"一切权力归政治局"，实行党的委任制，凸显了无产阶级政党作为无产阶级国家"先锋队"的核心领导能力、组织战斗能力和团结凝聚群众的能力，保障了各级苏维埃政府在战时令行禁止、整齐划一的高效行动，为肃反委员会镇压国内反革命恐怖活动提供了坚定的支持和便利条件。二是通过完善"战时共产主义"高度集中的政治经济体制，实现了极端艰难环境下苏维埃俄国国内资源的有效统筹及利用。以余粮收集制为例，国内战争这三年中，第一年余粮收集达5000万普特，第二年增至1亿普特，第三年为2亿普特，有效地保障了红军和城市粮食的供给，为苏维埃俄国取得战争的最终胜利做出了不可磨灭的历史性贡献。

2. 战时共产主义政策是紧急状态下国家治理的非常举措

1921年春，列宁在《论粮食税》中回顾了三年国内战争时期的国家治理实践。首先，列宁认为战时共产主义政策是有效的，促进了战争的最终胜利。其次，列宁分析了"战时共产主义"产生的原因，指明战时共产主义政

策是在紧急状态下国家治理的非常举措，必须清醒地认识战时共产主义的限度。列宁指出："'战时共产主义'是战争和经济破坏迫使我们实行的。它不是而且也不能是一项适应无产阶级经济任务的政策。它是一种临时的办法。"①列宁认为"战时共产主义"有功的同时，也提出必须知道这个功劳的真正限度。

3. 列宁要求在征收粮食的过程中，应当"以合乎人情的方式"接近农民群众，进行宣传工作，达到征收粮食的目的

1918 年 5 月，苏维埃颁布法令，规定在粮食人民委员部以及各地方粮食机关之下成立武装的工人征粮队，到产粮地区征粮。随着工会组织、工厂委员会和地方粮食机关建立征粮队，工人征粮队的种类和数量繁多，加之在部分地区如辛比尔斯克省，敌视苏维埃政权的富农和投机商在农民中散布反对苏维埃政权的言论，鼓动农民违法参与粮食投机买卖，在农村中形成了反对苏维埃政权的政策和敌视苏维埃政权的情绪。征粮队在征收过程中，自然难以避免同农民发生龃龉和冲突。列宁指出，缺乏文化的贫苦农民易于受到富农的蛊惑，但是征粮队的同志应当善于接近农民，用通俗的语言和合乎人情的方式向农民解释，"就能够把贫苦农民组织起来，把余粮收集起来"②，在列宁看来，收集余粮不应当依靠暴力，而是通过实现贫苦农民组织化的办法来予以实现。列宁强调，应当采用合理的方式在工业品和农民的粮食之间开展交换，不应该采取暴力的方式，"凡是出粮的，一定给予纺织品、纱线、日用品和农具"③。依据列宁关于合理征收粮食的重要思想，粮食机关或工人征粮队应当将城市的工业产品运到农村，并从农民手中获取粮食；征粮队在同农民交换粮食的过程中，应把纺织品的价格降低一半再同农民进行交换，其目的就是让贫苦农民得到利益补偿，获得好处。这一政策说明，尽管苏维埃政权的处境十分艰难，但仍希望照顾

① 《列宁全集》第 41 卷，北京：人民出版社 2017 年版，第 208~209 页。
② 《列宁全集》第 34 卷，北京：人民出版社 2017 年版，第 421 页。
③ 《列宁全集》第 34 卷，北京：人民出版社 2017 年版，第 400 页。

农民的利益，希望农民得到一定的补偿。1918 年 7 月，列宁在全俄苏维埃第五次代表大会关于人民委员会工作的报告中提出，人民委员会已经调拨 10 亿卢布，用来收购纺织品，准备运往农村，同农民交换粮食。对此，列宁通过通俗的方式阐明了社会主义的本质，"使得从粮食分配和用纺织品交换粮食的具体措施中得到好处的是贫苦农民，而不是富有的投机商"①。

4. 国家治理应当始终高度重视粮食的生产工作

列宁提出，"粮食问题是一切问题的基础"②，巩固无产阶级苏维埃政权、同帝国主义和反动势力斗争、开展社会主义建设，无不依赖于充足的粮食供应。基于对粮食生产极端重要性的认识，列宁要求在农业生产中运用新的技术和新机器促进粮食生产。在全俄土地局、贫苦农民委员会和公社第一次代表大会上，列宁提出："战争已经唤醒了大多数农民，战争使他们看到现时有着多么惊人的技术奇迹，而这些技术奇迹却被用来杀人。不仅如此，战争还使他们产生一种想法：技术奇迹首先应该用来改造……农业生产。"③为了改造落后的农业生产，苏维埃政权在十分艰苦的条件下，拨出了 10 亿卢布作为发展农业的专用基金。为了提高现有劳动生产率，列宁十分重视农业生产工具和农业机械的投入和分配，并提出要对贫苦的劳动农民优先供应农业机械；为统筹协调解决农业机械分配的问题，1918 年 7 月，列宁提出成立由农业人民委员部、最高国民经济委员会农机局等多个部委组成的委员会，专门针对如何向农民供给农业机械问题展开探讨。综上所述，列宁十分重视农业生产尤其是粮食生产在国家治理中的基础性地位，十分重视先进科学技术在提高生产力和生产效率方面的重大作用。

总之，针对列宁指导苏维埃俄国形成的"战时共产主义"国家治理之策，我们对其价值的探讨应该基于当时的时代语境进行辩证看待，不应该

---

① 《列宁全集》第 34 卷，北京：人民出版社 2017 年版，第 484 页。
② 《列宁全集》第 37 卷，北京：人民出版社 2017 年版，第 353 页。
③ 《列宁全集》第 35 卷，北京：人民出版社 2017 年版，第 353~354 页。

以当代的治理眼光和评价标准一味地予以否定或者赞同。战时共产主义国家治理方式作为一种特殊时期的国家治理的特殊时代产物，应当说对当时的苏维埃政权的存续和发展做出了巨大的历史贡献，我们应当合情合理地总结其经验教训。

三、"全俄电气化设想"的国家治理意蕴

长期在欧洲游历的经历让列宁亲眼见识到先进科学技术在发达国家发挥出来的巨大作用，他指出，促进生产力的发展是社会进步的最高标准。1918年上半年，苏维埃俄国的工作重心甫一转变，列宁便开始着手拟定国家科学技术发展规划。1918年4月中下旬，列宁起草了《科学技术工作计划草稿》，对实施全俄电气化设想的组织实施工作进行了具体部署。《科学技术工作计划草稿》提出：应当立即成立一系列由专家组成的委员会，为工业和电力在农业中的运用制订专门的计划。以往列宁关于国家治理的系统性设想主要集中于社会经济形态的改造，关于实施全俄电气化的设想则侧重于对社会技术形态的改造。1920年2月，全俄中央执行委员会通过了关于电气化的决议，要求用科学方法制订整个国民经济计划，充分估计到电气化对工业、农业、运输业和整个经济发展的头等重要意义。经最高国民经济委员会主席团批准，在电力局下设电气化委员会。1920年12月，列宁进一步提出了"共产主义＝苏维埃政权＋电气化"这一著名的公式，揭示了通过先进的社会主义政治经济制度和发展先进生产力的组合，实现共产主义的想法。

在列宁的领导下，科学家克尔日札诺夫具体主导制订了苏维埃俄国的电气化计划，召集了200多位优秀专家，耗时8个月，形成200余篇研究成果，即全俄电气化的主要内容。从全俄电气化计划制订之初，列宁就意识到了电气化计划在苏维埃俄国的社会主义建设事业中的重要地位，"列宁同志认为，这些电力干线将调整我们的整个经济工作，并使整个经济计划所必需的一切生产机构的工作从属于自己。这样，俄国整个工业的命运

同严格执行电气计划、同顺利实现这个计划联系在一起"①。然而，当时以米柳亭为代表的官员指责全俄电气化计划的制定者都是资产阶级专家，并以此为由拒绝实施这个计划。为此，列宁在 1921 年 2 月所作的《论统一的经济计划》中对知识分子和官僚主义者的错误行为提出了严肃批评，认为正是这种自负压倒了真正的实干，他要求"应该学会尊重科学……应该学会利用我们自己的经验和我们自己的实践，有系统地从事工作"②，并一针见血地指出这一问题产生的官僚主义根源，就在于苏维埃国家管理机构当中的官僚主义作风。在列宁看来，官僚主义作风的产生导致共产党员无法以正确态度对待专家和学者，无法虚心地向专家和学者请教，无法认真研究科学技术发展的本质问题。应该说列宁对当时管理者普遍存在的针对专家学者的不良态度和官僚主义的分析是透彻而深刻的，他看到了问题的实质及根源之所在。对此，列宁并未仅仅停留于口头的批判上，他不仅深度揭示了其可能产生的社会危害，而且积极采取相应的措施在实践中予以纠正。列宁还指出，不愿认真研究问题的官僚主义作风将会产生有害的后果，这样的共产党员及其所开展的工作将会伤及苏维埃俄国的社会主义建设及国家治理。正是在列宁的全力支持下，"全俄电气化"计划得以顺利实施，并产生了巨大成效。

在多个不同的场合，列宁还积极向全世界传递苏维埃俄国实施电气化建设的构想，并提出了实现"全俄电气化"的"十年规划"。例如，在同美国《世界报》记者林肯·埃尔谈话中，列宁提出："实现电气化将是走向按共产主义方式组织社会经济生活的第一个重要阶段。"③在接受日本记者布施胜治采访时，列宁提出："我们的电气化计划预定 10 年完成。如果情况非常顺利的话，这就是我们建立新制度的最短期限。"④

---

① 《苏联社会主义经济史》第 1 卷，莫斯科：莫斯科科学出版社 1979 年版，第 548 页。

② 《列宁全集》第 40 卷，北京：人民出版社 2017 年版，第 353 页。

③ 《列宁全集》第 38 卷，北京：人民出版社 2017 年版，第 176 页

④ 《列宁全集》第 39 卷，北京：人民出版社 2017 年版，第 124~125 页。

（一）治理的技术基础：发展和解放生产力

提高生产力水平对于国家治理而言具有基础性作用。马克思主义创始人通过分析人类历史和当时资本主义的发展情况后认为：生产力的发展导致人类社会产生了阶级的划分，落后的生产力又使阶级之间的矛盾保存延续下来。当无产阶级取得革命胜利、控制国家政权以后，就掌握着一切大工业的命脉，而"生产力的'巨大增长和高度发展'是社会主义实现的必要条件"①。为了完成无产阶级肩负的消灭阶级本身的历史使命、实现社会主义社会的远大理想，必须要推动生产力快速发展，正如列宁所指出的那样，除了要通过种种方式推翻国家及私有制，消除"三大差别"之外，"为了完全消灭阶级……必须大大发展生产力，必须克服无数小生产残余的反抗"②。列宁指明了消灭阶级的两个方面：一是消除剥削阶级存在的基础：就是要消灭一切剥削制度；二是使阶级的存在最终成为不必要，要废除生产资料的私有制，必须大力发展和解放生产力。换言之，发展生产力是改变社会形态、变革生产关系和生产制度的基础。在马克思主义者看来，经济基础的发展决定国家制度的发展，经济发展到什么水平，就应该有相应的制度形态演化。因此，发展和解放生产力对于提高国家治理能力、完善国家治理制度而言具有重要的作用，重视发展生产力是国家治理的重要内容。

苏维埃俄国生产力相对落后的现实国情制约了社会主义建设事业的发展，也制约了国家治理水平和治理能力的提升。长期以来，沙皇俄国处于封建君主专制制度之中，宗法制的经济关系极大地限制了资本主义经济的发展，阻碍了工业技术的进步，在无产阶级苏维埃国家建立以前，俄国的工业基础十分薄弱，生产力水平较低，工业生产总值较低，尤其是经过第一次世界大战和三年国内战争的磨难，加之粮食匮乏、燃料短缺，农业产

---

① 吴玉贵主编：《马克思、恩格斯、列宁、斯大林论社会形态》，北京：中国社会科学出版社2012年版，第426页。

② 《列宁全集》第37卷，北京：人民出版社2017年版，第13页。

量急剧下降，工业生产几乎难以为继。列宁意识到，没有工业化大生产，就不可能巩固工人和农民的关系，更不可能实现社会主义建设。列宁认为，无产阶级在取得革命胜利、掌握国家政权后，应当利用自己在政治上的统治地位，发展社会主义经济，提高社会生产力。要实现这个目的，必须恢复和发展大工业、大生产。列宁十分重视工业化在国民经济发展中的重要地位，他认为实现工业化就标志着社会主义社会建设走上快车道，就是将"驽马"换成"良驹"，基于对生产力在治理中的基础地位的认识，列宁要求大力发展生产力。

（二）治理的物质保障：发展大工业大生产

列宁十分重视大工业生产对社会主义建设的重要意义：一是能否实现恢复和发展大工业直接关系到苏维埃俄国能否迅速改变经济技术水平的劣势，是关系到无产阶级苏维埃政权存亡的重大问题。列宁反复强调："没有工业，我们就会灭亡，而不能成为独立国家。"①二是发展大工业有利于提高社会生产力，直接关系到能否建成社会主义社会这一问题。在列宁看来，是否具备大工业生产条件构成了向社会主义过渡的必要条件，"如果一个国家大工业占优势，或者即使不占优势，但是十分发达，而且农业中的大生产也很发达，那么直接向共产主义过渡是可能的。没有这种条件，向共产主义过渡在经济上是不可能的"②。甚至，列宁认为大工业是建立社会主义社会的真正的和唯一的基础。三是恢复和发展大工业、大产业，有利于巩固工农联盟。列宁认为，只有恢复和发展大工业，才能改善农民的生活条件，才能使农民在同资本家的斗争中站到"我们这边来"，才能巩固国家治理的工农联盟的政治基础。

大工业、大生产通过提供丰富的物质产品从而发挥其在国家治理中的重要作用。首先，发展大工业有助于国家对小农的改造。实现社会主义社

①　《列宁全集》第43卷，北京：人民出版社2017年版，第286页。
②　《列宁全集》第41卷，北京：人民出版社2017年版，第70页。

会要求物质产品的极大丰富，离不开通过大工业促进生产力的提高；在建设社会主义的过程中，大工业通过提供国家治理的物质基础，满足小农的生活需要和现实利益的需求，并进一步帮助国家实现对小农的改造。列宁指出："只有有了物质基础，只有有了技术，只有在农业中大规模地使用拖拉机和机器，只有大规模电气化，才能解决小农这个问题。"①其次，发展大工业有助于推动国家治理中经济制度的变化。大工业作为先进的科学技术不仅在制度建设中具有基础性作用，而且昭示了未来经济制度的发展方向，并在理论上描绘了未来社会主义社会的社会形态。列宁提出了一系列推动社会主义工业化的重大治理措施，如实行工人监督、实行工业尤其大型垄断经济组织的国有化、优先发展大工业，尤其是列宁提出了未来社会主义文明的发展方向，借助"全俄电气化计划"的实施通向社会主义文明。在列宁看来，铲除俄国资本主义制度及其产生的土壤——小农经济基础，有且只有一种方法，就是"把我国经济，包括农业在内，转到新的技术基础上，转到现代大生产的技术基础上。只有电力才能成为这样的基础"②。正是在这个意义上，列宁提出了"共产主义就是苏维埃政权加全国电气化"③的重要论断。为了实现电气化发展，列宁系统地提出了"全俄电气化设想"。

（三）发展先进生产力："全俄电气化设想"

根据列宁的观点，"全俄电气化设想"的实施将极大助力社会主义的发展，在社会经济发展中具有基础性支柱功能，具体体现如下：其一，生产力的发展、劳动生产率的提高对苏维埃俄国社会主义的发展具有极端重要作用。在列宁看来，劳动生产率是从根本上保证新社会制度能够胜利的最重要的东西。他特别指出了这一任务对于苏维埃俄国的迫切性："没有高度发达的大工业，那就根本谈不上社会主义，而对于一个农民国家来说就

---

① 《列宁全集》第41卷，北京：人民出版社2017年版，第53页。
② 《列宁全集》第40卷，北京：人民出版社2017年版，第159页。
③ 《列宁全集》第40卷，北京：人民出版社2017年版，第159页。

更是如此；我们在俄国，对于这一点比以前知道得具体多了。"①而"现代化大工业意味着什么呢？它意味着全俄电气化"②。如何为社会主义大厦奠定物质基础、技术基础、经济基础，这是在小农国家开展社会主义建设的基础性问题。列宁指出，发展生产力的途径就是"在各地更多地采用机器，尽量广泛地采用机器技术"③。列宁反复强调全俄实现电气化的重要意义，"共产主义就是苏维埃政权加全国电气化"④。在列宁看来，除此之外，别无他法。

　　如果说苏维埃政权是实现共产主义在政治方面的保证，那么"建立在现代技术基础上的大工业机器的一切脉络真正布满无产阶级的俄国时"，则为实现共产主义提供了经济方面的保证。为此，列宁提出要学会尊重那些"科学和技术专家"的手头工作。他预见今后谈论政治会比较少，讲话更多的将是工程师和农艺师，并且要求树立这种风气。列宁还提出必须对群众进行电气化教育，"当我们有文盲的时候是不可能实现电气化的"⑤，体现了列宁对建设社会主义和提升文化水平之间关系的认识。苏维埃电气化计划是基于对国情的合理分析基础上制订的科学计划，是在列宁要求进行全国性的人口普查和工业普查的基础上得来的。整个计划花费了大量笔墨，全面分析了苏维埃俄国的国情国力，既包括社会经济结构、社会技术结构，又包括自然资源分布，以实事求是的态度，列举了详实的数据和充分的史实，揭示了苏维埃俄国经济文化发展的落后性，以及实现电气化的艰巨性、长期性。苏维埃电气化计划把燃料作为典型问题，揭示了俄国工业中的原始性和落后性。俄国燃料开采拉动生产率的比例非常低——仅及德国的八分之五，美国的九分之二；工业燃料消耗量在燃料消耗总量中的比重很低，只有四分之一，每个人的燃料消耗量只有发达国家的四分之一

---

① 《列宁全集》第 41 卷，北京：人民出版社 2017 年版，第 301~302 页。
② 《列宁全集》第 42 卷，北京：人民出版社 2017 年版，第 57 页。
③ 《列宁全集》第 40 卷，北京：人民出版社 2017 年版，第 153 页。
④ 《列宁全集》第 40 卷，北京：人民出版社 2017 年版，第 159 页。
⑤ 《列宁全集》第 40 卷，北京：人民出版社 2017 年版，第 161 页。

至七分之一；燃料的有效利用率很低，平均发热量只抵得上发达国家的三分之二。因此，这一计划指出，电气化计划势在必行，但它是一个长期艰难的过程。电气化计划还对人口分布、土地状况、自然资源、矿产资源等情况进行了详细分析。在此基础上，针对地域辽阔、地形多样等特点，电气化计划把俄国分成八大地区，分析了每个地区的自然与社会、经济与政治、历史和现状的特点，因地制宜地制订了各区的计划大纲。列宁高度重视电气化问题，不仅仅着眼于先进科学技术自身的发展，他把电气化看成是苏维埃俄国依托生产力进步摆脱经济困难、跨过粮食危机、解决燃料危机，进而消除整个工农业危机状态的根本出路，是彻底改变整个俄国落后状况的强大动力，是实现共产主义的物质基础，正如他深刻指出的那样，苏维埃电气化计划"不是技术的而是国家的——计划草案"①。全俄电气化计划是 10~15 年内推动社会发展的整体规划，涵盖了"技术—经济—社会—文化"等社会发展的全部方面，完整地呈现了电气化计划与社会各方面发展的关联：电气化与国家经济计划密切相关：其一，国民经济电气化是提高劳动生产率、助推工业化的重要途径；其二，电气化是提供能源、摆脱燃料危机，最终实现燃料供给改善的有力方式；其三，电气化带来的生产设备和生产效率、生产强度的提高，有助于改善俄国农业落后现状，解决人们的温饱问题；其四，铁路交通和水运的电气化改造，将大大降低运输成本，提升社会经济发展能级；其五，电气化作为工业的"中枢神经"，将极大助力俄国的工业化发展；其六，电气化与文化发展的关系，列宁要求政府广泛宣传电气化计划，每个县图书馆应有几本这种"参考书"，举办关于电力、关于俄罗斯电气化以及关于一般技术的大众通俗讲座，要求在校学生到电站开展实习实践。

"全俄电气化计划"的提出还扩展了列宁无产阶级专政理论空间，增加了无产阶级专政体系赖以建立与取胜的物质技术基础和现代化创新问题，实现了无产阶级专政指导下的国家治理的社会技术形态改造。

---

① 《列宁全集》第38卷，北京：人民出版社 2017 年版，第 76 页。

第四章　新经济政策时期列宁国家治理思想的重要转变

　　1919 年初颁布余粮征集法令后，在苏维埃俄国国内围绕余粮收集制度出现了许多不同意见，如最高国民经济委员会负责人奥辛斯基、博格丹诺夫等人都曾就这个问题展开激烈讨论。当无产阶级苏维埃俄国的政权领导者们还在围绕这个问题开展激烈辩论、难以抉择的时候，人民群众已经开始采用更为激进的方式要求政府尽快停止施行余粮收集制。从苏维埃俄国国内处境来看，随着国内战争结束、地主资本家复辟危险的因素消除，农民对战时共产主义政策过度征收粮食、征粮队的行为和禁止买卖政策的不满，在经年累月的积攒下终于爆发。政治上，革命战争时期建立的农工间稳固的政治同盟基础岌岌可危；经济上，连年的剧烈战争导致苏维埃俄国劳动力大幅下降、基础设施遭到严重损毁、粮食播种面积锐减，战争带来的残酷破坏使苏俄经济严重倒退，部分地区因余粮征集没有完成相应指标，合作社拒绝提供工业产品，使得苏维埃政权经济状况雪上加霜。1921 年初，因战时共产主义政策引发的不满最终演变成人民群众的暴动和骚乱，参与农民暴动的起义者们纷纷喊出"打倒余粮收集制"和"自由贸易万岁"的口号，要求取消征粮队，施行自由贸易。1921 年 3 月，某军事基地发生水兵暴动，士兵们提出"要苏维埃，但不要共产党人参加"，因为他们认为，布尔什维克党的政策是"国家社会主义"，而不是真正的社会主义。

　　从国际无产阶级运动的形势和世界局势来看，设想中的西方无产阶级对苏维埃俄国的援助遥遥无期。1919 年由库恩·贝拉领导的匈牙利苏维埃共和国仅存在 133 天便宣告结束、德国三月暴动也以悲剧性结局收尾。列宁提出的"在俄国这样的国家里，社会主义革命只有具备两个条件才能获得彻底的胜利"①，其中第一个条件，"及时得到一个或几个先进国家社会主义革命的支援"②已经难以实现。俄共(布)第十次代表大会在科学分析当时的形势后，认为要摆脱这种经济和政治的危机，必须调整国家的经济政策，由战时共产主义政策转向新经济政策，"俄共第十次代表大会要求全党，要求所有党的机关和苏维埃机关特别注意这个问题，并且立即采取一系列的措施，竭力改善工人的生活状况，减轻他们的困苦"③。

一、国家治理的经济政策转向

(一)经济治理的起点：多层经济结构基础

科学分析苏维埃俄国的经济结构有助于正确认识现实国情，这种实事求是的品格是科学制定国家经济政策的出发点和立足点，是列宁研究俄国问题的一贯立场。列宁所撰写的《论粮食税》一文集中体现了"实事求是"的精神品格，他指出，要研究"过渡"一词的具体含义，就必须从俄国各种社会经济成分入手，而且"问题的全部关键就在这里"④。在当时的俄国社会中，存在五种经济成分，分别为宗法式经济、小商品生产经济、私人资本主义经济、国家资本主义经济、社会主义经济。列宁认为，正是这五种经济类型的错综复杂、互相交叠，整体上造就了俄国的特殊国情，且由于小商品生产经济在五层经济结构中占据突出地位，决定了俄国作为小农国家的根本性质，列宁在对经济结构进行细致剖析后得出结论："在一个小农国家内，占优势而且不能不占优势的是小资产阶级自发势力，因为大多数

---

① 《列宁全集》第41卷，北京：人民出版社2017年版，第51页。
② 《列宁全集》第41卷，北京：人民出版社2017年版，第51页。
③ 《列宁全集》第41卷，北京：人民出版社2017年版，第76页。
④ 《列宁全集》第41卷，北京：人民出版社2017年版，第196页。

甚至绝大多数耕作者都是小商品生产者。"①事实确实如此，依据苏维埃俄国 1923—1924 年度的统计数据，位居所有经济成分占比首位的小商品生产经济，占了整个国民经济的 51%。依据苏维埃俄国的经济结构特征，列宁认识到："在一个小农国家内，不言而喻是小农'结构'，即部分是宗法式的、部分是小资产阶级的'结构'占着优势。既然有交换，那么，小经济的发展就是小资产阶级的发展，就是资本主义的发展。"②列宁承认在当时的俄国，存在着资本主义发展的经济基础，"就是在俄国人数特别众多的小私有者阶层，以及以每一个小资产者作为自己代理人的私人资本主义"③。

苏维埃俄国的经济结构从根本上反映了国家经济发展中存在的主要矛盾。列宁指出，当前俄国的情况是小资产者和私人资本主义相互勾连，同国家资本主义和社会主义作斗争，要求我们必须以正确的态度和政策对待私人资本主义。那么什么是正确的态度呢？就是在苏维埃俄国施行"国家资本主义"，列宁将此视作一个巨大的进步。首先，列宁明确指出，能否顺利实施"国家资本主义"是关系到苏维埃政权生死存亡的重大问题，因为"小私有者的无政府状态继续下去就是最大、最严重的危险，它无疑会葬送我们"④。"国家资本主义"的实施可以有力地将小私有者纳入国家统一管理，进而消除无秩序、经济破坏和松懈现象，这是当时苏维埃俄国的首要任务。其次，列宁认识到，尽管实施"国家资本主义"必然会付出一定代价，但这条道路是最可靠的。同时，在实施"国家资本主义"的过程中，工人阶级得以学习和利用"国家资本主义"的原则来组织好全国性的大生产。列宁之所以选择"国家资本主义"这一过渡形式，具有深刻的思想渊源，也体现了从"完全排除货币经济"转向利用市场和货币、从直接过渡转向迂回道路的历史抉择。

---

① 《列宁全集》第 41 卷，北京：人民出版社 2017 年版，第 196 页。
② 《列宁全集》第 41 卷，北京：人民出版社 2017 年版，第 210 页。
③ 《列宁全集》第 34 卷，北京：人民出版社 2017 年版，第 276 页。
④ 《列宁全集》第 34 卷，北京：人民出版社 2017 年版，第 278 页。

(二)经济治理的实质：部分恢复资本主义

1. 由余粮收集制到实行粮食税

新经济政策实施的标志，便是以粮食税取代余粮收集制。实行粮食税不是一般的政策调整，而是开启了一次重大的历史性转折，是在"经济的极度破坏""大工业又不可能迅速恢复"的情况下迫切需要实行的一项过渡政策，列宁称之为"新的转变""换过一次车"。1921年2月初，列宁在《农民问题提纲初稿》中，建议满足非党农民的愿望，用粮食税取代余粮收集制，并降低粮食税额，在农民缴纳规定数额的实物税后，余粮由个人自由支配。3月15日，在俄共(布)十大上，列宁作了《关于以实物税代替余粮收集制的报告》，《报告》提出"应当让农民在当地流转方面有一定的自由，把余粮收集制改为实物税，使小业主可以更好地安排自己的生产，根据税额的多少来确定生产规模的大小"①。粮食人民委员瞿鲁巴、副粮食人民委员弗鲁姆金、最高国民经济委员会副主席米柳亭、经济学家普列奥布拉任斯基等都表示支持实行粮食税。3月21日，全俄苏维埃中央委员会通过相关法令，开始实施粮食税制。法令要求，每年春耕前，国家根据农民每家每户的实际劳动力、土地、预计收成，来确定农民的税额。秋收时不因增产而增税，对贫困和受灾农户适当免税。农民只上交自己的部分收成给国家，其余的归个人所有。鉴于国家的征税幅度远低于余粮收集制时的征税要求，农民得以支配自身绝大部分的劳动所得，极大地促进了农民的生产积极性。粮食税实施后效果显著，1921年俄国蒙受巨大的自然灾害，但粮食播种面积却并未因此发生大幅度下降。

2. 允许私营经济的发展

粮食税制度的实行，使得农民手中开始存有粮食和各种农副产品，随

---

① 《列宁全集》第41卷，北京：人民出版社2017年版，第23页。

之而产生的社会经济活动中的"自由贸易"便成为必然。苏维埃俄国新经济政策的实施，实际上承认了苏维埃俄国多层次经济结构的长期存在，即国家允许私人资本主义、小私有者的商品生产等多种经济成分的合法存在甚至容许它们在一定范围内得到发展。事实也证明了这一点，战争结束后百业凋敝，面对帝国主义的长期封锁，苏俄国有大型工厂企业在恢复生产的过程中不得不面对各种重大困难，而小型工厂和小企业则较为灵活，恢复生产只需要相对较少的投入即可。因此，小工业小企业生产恢复得相对较快。因此，国家解除了对私人企业的种种约束，并要求它们尽快组织恢复生产，以满足人民生活所需的基本物质条件。国家还把过去已经国有化了的小工业企业退还给私人业主，交由他们继续经营。正如列宁所说："在理论上，不一定要认为国家垄断制从社会主义观点看来是最好的办法。在一个拥有工业、而且工业正在运转的农民国家里，如果有一定数量的商品，那是可以采用实物税和自由流转的制度作为一种过渡办法的。"①

3. 实行租让制度

既然在短时间内无法实现社会主义在全世界范围内的胜利，列宁为此指出，一方面依然应当进行鼓动和宣传，加速这个未来的到来；另一方面要使自己能够在资本主义的包围中生存下去，"要在资本主义包围中利用资本家对利润的贪婪和托拉斯与托拉斯之间的敌对关系，为社会主义共和国的生存创造条件"②。从租让的政治性质来看，列宁多次强调"租让不过是战争的新形式"③。首先，从实施租让的目标来看，列宁指出，实行租让的出发点是提高生产力，租让是实现无产阶级最终目标的方式和手段之一。其次，租让制度有其开展的基本原则：应该利用两个帝国主义之间、两个资本主义国家集团之间的对立和矛盾，使其互相斗争。再次，从租让的经济性质来看，在苏维埃俄国和帝国主义的联系中，想要利用资本主义

---

① 《列宁全集》第41卷，北京：人民出版社2017年版，第63页。
② 《列宁全集》第41卷，北京：人民出版社2017年版，第167页。
③ 《列宁全集》第40卷，北京：人民出版社2017年版，第76页。

发展社会主义经济，就必须懂得资本主义的生意经，让外国资本家把资金、技术带到俄国，帮助没有力量复产的国有大型企业尽快恢复生产，帮助苏维埃俄国的技术尽快赶上现代水平。最后，从租让内容来看，其包括森林租让、粮食租让、矿业租让等；租让是依据苏维埃法律进行的，"（俄罗斯联邦的法律）保证我们不会发生歪曲苏维埃国家制度和培植资本主义制度的危险"①。

列宁的国家治理思想中，关于"租让"的制度设想经历了一个发展过程。早在1919年2月，人民委员会就通过了关于北方大铁路修建工程租让问题的决定草案，该草案认为"对外国资本的代表实行租让，从原则上讲，一般是容许的，是有利于发展生产力的"②，即从原则上认定了租让并不会妨害社会主义建设，而是有利于推动生产力发展的。1920年11月，苏维埃政府颁布了租让法令，鼓励实行租让制，但是实施租让的过程并不顺利，外国资本家对无产阶级苏维埃俄国到底能存在多久心怀疑虑。1921年2月，面对俄国国内采油量不断下降的灾难，列宁要求必须想尽一切办法在巴库实行租让（找到承租人）。由此可见，租让问题对于苏维埃俄国而言，不仅事关发展，更事关生存。因此，列宁十分重视租让制度，多次强调要加大推进租让制度的力度，千方百计利用好租让制度。在其重视下，苏维埃俄国签订租让合同的数量不断增加，从1921年苏维埃政府同外国资本家签订租让合同5份，1922年签订10份，1923年签订37份，1924年签订34份，到1925年4月，工业领域有91份租让合同生效。

4. 把商业原则引入国有企业

商业原则，即经济利益的原则。列宁要求国有企业大力实行商业原则，一是组织经济核算，统筹成本和利润，以营业额作为评价企业经营好坏的重要依据，企业作为参与市场活动的主体，必须对自身负责；二是对

---

① 《列宁全集》第40卷，北京：人民出版社2017年版，第127页。
② 《列宁全集》第35卷，北京：人民出版社2017年版，第463页。

职工实行实物奖励，多劳多得，贡献大的职工会得到更多的奖励。

新经济政策的实施具有三层国家治理意蕴：首先，新经济政策巩固了工农联盟，为工农联盟奠定了新的经济基础。新经济政策的实施，改善了国家的经济状况和农民的生活状况，尤其是消除了和平年代，农民对国家政权尤其是对继续实施"战时共产主义"政策的不满情绪，商品经济或货币经济的实施对于农民来说是刺激农业生产的动因和动力。其次，加强了工业生产，小型工业企业得到恢复，通过租让制引入国外资本和先进技术，提高了工人生活水平。最后，推进苏维埃国家的社会主义事业建设向现代化、正规化、制度化方向发展，提升了社会主义国家治国理政的能力，为以后无产阶级国家开展治理积累了宝贵经验。

（三）经济治理的方法：利用中间环节过渡

毫无疑问，社会主义制度是世界上最先进的政治制度，但是先进的社会主义制度和苏维埃俄国落后的生产力之间的矛盾成为苏维埃俄国国家治理的重要阻碍。列宁认为，在短时间内科学技术无法实现飞跃、国际社会主义革命无法完成的情况下，必须从苏俄国家建设的实际出发，要善于考虑从宗法制和小生产过渡到社会主义的中间环节。1921年4月，列宁写作了《论粮食税》一文，并注明"新政策的意义及条件"。立足于"俄国社会经济结构中的所有不同的类型都互相错综地交织在一起，其中小资产阶级自发势力占优势的"这一现实特点，列宁系统地论述了苏维埃俄国实施新经济政策的必要性，特别是论述了苏维埃国家支持小农经济发展、支持城市小工业企业发展、允许自由贸易和商品交换、实行租让制和租赁制的必要性和重要意义，提出了"利用私人资本主义促进社会主义发展"的重要思想，以及经济文化落后的苏俄如何通过"中间环节"向社会主义过渡的理论依据。

列宁提出，掌握国家权力的无产阶级政权如果禁止和堵塞资本主义经济发展无异于"自杀"。列宁一再强调俄国经济现有的各种组成部分及其复杂关系，强调俄国作为小农国家的主要代表，必须承认俄国国内资本主义的客观存在与发展。在小农经济占优势的情况下，社会主义大工厂却无法拿出足够产品与之交换粮食和原料。因此，商业和资本主义的发展是完全不可避免的。如果通过行政命令的方式彻底禁止资本主义的发展，列宁认为："一个政党要是试行这样的政策，那它就是在干蠢事，就是自杀。"①对于无产阶级苏维埃政权而言，发展的唯一出路就是列宁提出的，努力把资本主义的发展纳入国家资本主义的轨道，实施"国家资本主义"的经济治理模式，通过苏维埃国家的经济政策去影响、干预和引导国家资本主义经济的发展，这是列宁对待资本主义经济成分增长的基本态度和主张。立足于这一基本认识，列宁进一步明确了国家资本主义的四种形式：以大机器工业为基础的租让制，以手工业甚至是宗法式的小生产为基础的合作社，给付商人资本家佣金的代销制，把油田等租借给企业资本家的租赁制。列宁指出，既然要实现资本主义向社会主义过渡，就必须明确懂得中间的途径、方法、手段和辅助办法。

二、国家机关的职能改革和制度创新

（一）国家机关的职能改革

新经济政策分为两个实施阶段，1921 年春天实行了"第一次退却"。当时，列宁还曾试图缩小市场机制的"门缝"，把市场机制控制在"产品交换"和"地方流转"上；1921 年 10 月，又进行了"第二次退却"，即"一连串的退却"，列宁强调要求，真正的后退就是要把市场和商业化作为国民经济的基础。在开展苏维埃国家经济治理的同时，为了适应新经济政策对生产关系的调整，列宁要求创新国家职能，从依靠"国家垄断制""国家组织生产和分配"，转向"国家指导规范下的市场经济"，即通过发挥国家行政力量，对市场经济进行规范和调节。从 1921 年秋到 1922 年春，

---

① 《列宁全集》第 41 卷，北京：人民出版社 2017 年版，第 210 页。

列宁在著作中运用了较多的笔墨来具体地论述国家机关职能改革的设想。在这些著作中，列宁反思了对国家职能的理解，指明了国家机关职能改革的必要性、职能改革的内容、职能改革的重要意义，本章依据列宁提出各类问题的时间顺序，详细梳理列宁关于国家机关职能改革的方向和措施的论述：

其一，调整工农检察院、人民监督国家机关的工作重心。1921 年 9 月 27 日，列宁致信时任工农检察院人民委员的斯大林，提出了关于工农检察院改革的问题，即《关于工农检察院的任务、对任务的理解和执行的问题》。在信中，列宁提出，在转向新经济政策后，必须发挥工农检察院、人民监督国家机关的重要职责——纠错。列宁指出："工农检察院的任务，不仅仅是甚至主要不是'捕捉'和'揭发'（这是法院的事，工农检察院虽然和法院密切有关，但决不等同），而是善于纠正。"[1]列宁具体地指出"纠正"具有"监督"和"改变"这两层意蕴：既要求工农检察院研究并掌握各机关、企业、部门等处理工作的情况，还要求工农检察院及时作必要的切实的改变。

其二，新经济政策要求提高农民的文化水平，改造国家机构，反对官僚主义。列宁指出在新形势下，发展商业保障农民需要，提高群众文化水平，依靠人民群众的帮助同官僚主义作斗争，具有前所未有的特别重大的意义。列宁指出："国家必须学会这样经营商业，即设法使工业能满足农民的需要，使农民能通过商业满足自己的需要……我们才能建立起大工业。"[2]列宁指出，政治教育的重要目的之一就是要提高群众的文化水平，以至于农民能够用读写本领来改进自己的经营和改善国家的状况。列宁还提出共产党员要善于运用法律、依靠人民群众的帮助去同拖拉作风和官僚主义进行斗争，同贪污受贿者进行坚决斗争。

其三，国家职能的根本转变是为了适应新经济政策的要求。1921 年 10

---

① 《列宁全集》第 42 卷，北京：人民出版社 2017 年版，第 161 页。

② 《列宁全集》第 42 卷，北京：人民出版社 2017 年版，第 204 页。

月 24 日，列宁提前撰写了《十月革命四周年》一文，指出先前内战时期主要依靠"国家指令""国家强制"，推行战时共产主义的治理模式；而新时期则应当以国家资本主义为中介，依靠市场机制的经济模式。列宁在此明确反思了先前的冒进错误："我们计划（说我们计划欠周地设想也许较确切）用无产阶级国家直接下命令的办法在一个小农国家里按共产主义原则来调整国家的产品和分配。现实生活说明我们错了。"①他还明确提出了社会主义国家经济治理的另一个重要原则："不能直接凭热情，而要借助于伟大革命所产生的热情，靠个人利益，靠同个人利益的结合，靠经济核算，在这个小农国家里先建立起牢固的桥梁，通过国家资本主义走向社会主义。"②即现实的经济基础和经济关系决定了国家机关职能和制度的变化，在社会主义建设中，既要发挥人民群众的能动性，也要重视同个人利益相结合。

其四，列宁反思了对国家职能的理解。1921 年 11 月 5 日，列宁在为纪念十月革命四周年所作的文章《论黄金在目前和在社会主义完全胜利后的作用》中，他重新思考了两条走向社会主义道路的不同的实质——"直接过渡"与"间接过渡"，分水岭恰恰在于如何理解国家职能，是"国家取代市场"，还是"国家调节商业"。在这篇文章中，列宁指出，新经济政策是改良主义的办法，他进一步解释："所谓改良主义的办法，就是不摧毁旧的社会经济结构——商业、小经济、小企业、资本主义，而是活跃商业、小企业、资本主义，审慎地逐渐地掌握它们，或者说，做到有可能只在使它们活跃起来的范围内对它们实行国家调节。"③

其五，列宁要求从最高层领导机构人民委员会做起，适应新经济政策需要，检查工作实效，反对官僚主义。1922 年 2 月，列宁给人民委员会副主席瞿鲁巴先后写了 6 封信，核心要义是"关于改革人民委员会、劳动国防委员会和小人民委员会的工作问题"，列宁敏锐地察觉到了官僚主义的

① 《列宁全集》第 42 卷，北京：人民出版社 2017 年版，第 187 页。
② 《列宁全集》第 42 卷，北京：人民出版社 2017 年版，第 187 页。
③ 《列宁全集》第 42 卷，北京：人民出版社 2017 年版，第 256 页。

弊病，具体表现在"滥发文件、讨论法令、乱下指示"等方面。列宁要求瞿鲁巴重视改革官僚主义的工作，强调要同官僚主义和拖拉作风进行斗争，重视检查工作的实际效果。

（二）国家机关的制度创新

1922年秋，列宁在《十月革命五周年》等六篇文献中，提出了新经济政策时期涉及国家战略、发展道路和改革创新的系列问题，这表明列宁开始系统地思考国家治理制度创新的相关问题。

其一，列宁强烈反对所谓"双重领导"，强调必须有坚强有力的全国统一法制。列宁的这一思想集中体现在他致斯大林并转政治局的信《论"双重"领导和法制》之中。在这封信中，一方面，列宁指出在国家治理的行政活动中，如果在所有问题上不考虑地方的特点，就会陷入官僚主义的集中制当中，他认识到应当充分考虑不同地方的差别，这是进行合理工作的基础；另一方面，列宁指出，法制只能有一种，"检察机关和任何行政机关不同，它丝毫没有行政权，对任何行政问题都没有表决权。检察长有权利和义务做的只有一件事：注意使整个共和国对法制有真正一致的理解，不管任何地方差别，不受任何地方领导"①。

其二，列宁主张建立无产阶级苏维埃政权的各个国家平等联合组成"欧亚苏维埃共和国联盟"。1922年9月26日，列宁撰写了《关于成立苏维埃共和国联盟》一文，他不同意斯大林让各独立共和国加入苏俄的主张，并就此致信加米涅夫："我们承认自己同乌克兰社会主义苏维埃共和国以及其他共和国是平等的。"②在列宁看来，俄罗斯应该同这些国家一起加入新联盟，新的联邦，即"欧洲和亚洲苏维埃共和国联盟"③。保持各民族平等是列宁国家治理思想中国际交往行为的重要原则，1922年10月致信加

---

① 《列宁全集》第43卷，北京：人民出版社2012年版，第199页。
② 《列宁全集》第43卷，北京：人民出版社2017年版，第217页。
③ 《列宁全集》第43卷，北京：人民出版社2017年版，第217页。

米涅夫时，列宁重申了各民族平等交往原则，并提出"要同大俄罗斯沙文主义决一死战"①。

三、新经济政策的国家治理意蕴

（一）保持多层级经济结构

新经济政策时期，列宁国家治理思想发生重大转变的逻辑起点，就是对苏维埃俄国长期现实存在的多层次经济结构有了清醒认识。结合对俄国现实经济情况的深入研究，列宁提出了富有前瞻性、创造性的经济治理政策的转向，不再一味强调要立刻实现完全纯粹的社会主义经济形式，而是转向认为应当长期保持逐步确立社会主义经济成分占主导地位的"多层次经济结构"。深入剖析列宁转向选择保存多层次经济结构的思想轨迹，可以认为，做出这种历史的选择，不取决于人的主观意愿，亦不取决于法律形式上改造社会主义生产关系的历史进程，归根结底，最本质、最重要的特征是物质基础条件，也即由社会生产力发展的根本状况、一般规律和必然趋势所决定的。1918 年春和 1921 年，列宁曾两度分析过苏俄存在的五层阶梯式的经济结构。从根本上看，经济上的五层阶梯结构，其背后是社会生产力发展的五层阶梯，换言之，五层经济结构就是五种社会技术层级的社会经济所表现出来的具体社会经济形态：与传统宗法制经济相对应的是原始落后的生产力；小商品生产经济所代表的是机械化或半机械化的近代不太发达的生产力；大企业中社会化、机械化程度比较高的现代生产力代表了国家资本主义；与社会主义相适应的社会主义经济，也是较为发达的现代化的生产力。而生产力的存续发展不由人的意志所决定，有其客观规律，是一个循序渐进的自然历史进程，只有长期保持多层次经济结构，才能确保生产力发展的长期均衡稳定。生产力发展的阶段和规律，既不能

---

① 《列宁全集》第 43 卷，北京：人民出版社 2017 年版，第 220 页。

跨越，也不可能靠行政法律强制取消。这种多层次的经济结构，是落后的小农国家走向社会主义、建设社会主义的特殊形式和特殊阶段，要求在充分认识和符合经济规律发展的客观要求的基础上，形成相应的国家治理的科学制度体系。

（二）同农民利益相结合的国家治理意蕴

农民在苏维埃俄国多层级经济结构中的数量优势决定了在社会主义建设事业中，必须重视发挥农民群体的重要作用，必须在政治和经济上团结农民。列宁认识到，余粮收集制阻碍生产力的提高，使得农民的生活状况和生产积极性退化，只有改善农民的经济条件和生活状况，刺激农业生产，才能提供为大工业发展的农业基础。列宁指出，在俄国这样的国家实现社会主义革命的胜利需要具备两个重要条件，其中之一就是"实现自己专政的或者说掌握国家政权的无产阶级和大多数农民之间达成妥协"①，尤其是当大工业的发展还无法具备能够改造农民的条件的时候，就应当保证农民的经营自由，出现农民对于国家政策的强烈不满时，应当从政策的经济根源上去寻找解决问题的办法，以回应农民的现实诉求。在列宁看来，理论和实践的要求都决定了在国家治理中，必须重视和顾及农民的利益，"必须以同农民个人利益的结合为基础"②。具体而言，同农民的利益相结合的经济治理政策，具有三重国家治理意蕴。

第一，同农民利益相结合的治理措施回答了工人阶级和农民阶级的关系问题。列宁指出："政治就是各阶级之间的斗争。"③农民阶级是苏维埃国家政权的重要组成部分，在同君主专制和资本家的政治斗争中，"农民跟谁走"这个问题具有关键意义。正是依靠工人和农民的紧密团结合作，无产阶级政党才取得了国家政权，并跨过了政权建立之初的重重危机。在三年国内战争时期，苏维埃政权依靠余粮收集制度过了最为艰难的时刻。

---

① 《列宁全集》第 41 卷，北京：人民出版社 2017 年版，第 51 页。
② 《列宁全集》第 42 卷，北京：人民出版社 2017 年版，第 201 页。
③ 《列宁选集》第 4 卷，北京：人民出版社 1972 年版，第 370 页。

余粮收集制损害了农民的利益，在战争时期为了保存无产阶级政权，农民尚且可以忍受。但是战争结束后，继续实行余粮收集制给农民阶级带来了沉重的负担，加之粮食征收队伍粗暴的工作作风，极大地损害了无产阶级苏维埃政权在农民心目中的权威和形象，严重破坏了农民对工农紧密结合的政治认同。战后形势要求必须及时调整经济制度，满足农民的经济利益需要，并依靠农民"对资本家老爷加以适当的控制，把资本主义纳入国家轨道"[①]，行使工农联盟的政治权力，加快向社会主义过渡。

第二，同农民利益相结合的治理措施蕴含了经济发展的一般规律。在分析了苏维埃俄国的现实发展情况后，列宁认识到，落后的经济基础和薄弱的工业生产能力决定了苏维埃俄国不可能指望通过"直接过渡"的办法进入社会主义，必须采用迂回的办法，必须发展和利用农民经济。首先，列宁关于发展农业经济的思想中就蕴含了其对经济发展规律的科学认识，对经济部门中农业部门和工业部门关系的深刻观察。其次，列宁指明了经济发展的动力源泉，就是从经济上满足农民的要求，实行地方的经济流转"对于农民来说是一种刺激、动因和动力"[②]，把纳税后剩余农产品的处置权交还给农民必然导致经济流转，产生小资本主义经济关系，同时也盘活了农业经济，确立了农民在经济生产中的主体地位，提高了农民农业生产的积极性，对恢复和刺激经济发展具有积极影响。

第三，同农民利益相结合的治理措施能够推动社会主义文化建设。首先，改善农民的生活状况和经济条件，可为提高农民的文化水平扫除经济障碍。实施自由的流转经济后，经济利益对农民的刺激自然会使农民有意愿、有动力扩大再生产，扩大农业经营规模和提高农业技术水平成为农民主动的需求；其次，满足了农民的经济利益诉求后，农民在政治生活中必然会关注对自身权利的维护，从而推动苏维埃俄国政治文化的改造和发展。

---

① 《列宁全集》第 42 卷，北京：人民出版社 2017 年版，第 197 页。
② 《列宁全集》第 41 卷，北京：人民出版社 2017 年版，第 63 页。

（三）巩固了国家治理的"工农联盟"基础

列宁主义的独特特点，就是革命动力从有阶级意识的无产阶级转移到了作为无产阶级先锋队的集中的党，并强调农民作为无产阶级同盟者的作用。在领导无产阶级革命的过程中，列宁最早提出了建立工农联盟的思想。然而经年累月的战争和严苛的战时共产主义制度等让人民群众的利益受到严重的伤害，导致他们对苏维埃政权和政府领导者的信任度急剧下降，农民暴乱持续不断。严峻的现实要求在政治上必须采取适当的方法有力地巩固工农政治联盟，在经济上必须改善贫苦农民的生活条件。因此，用粮食税代替余粮收集制，不仅仅是一项经济政策，还是一项调整人与人之间的社会关系、阶级与阶级之间的社会关系的政治政策。正如列宁在1921年全俄苏维埃第九次代表大会上提出来的，必须弄清楚新经济政策的本质问题，"这个最根本最本质的问题就是工人阶级同农民的关系，就是工人阶级同农民的联盟"①。列宁进一步明确了新经济政策的实质："当然，新经济政策的实质是无产阶级同农民的联盟，是先锋队无产阶级同广大农民群众的结合。"②在此次讲话中，列宁回顾了"在我们共和国最艰苦的年代，我们实行过工农的政治联盟和军事联盟。1921年我们第一次实行了工农的经济联盟"③。工农联盟的组成基础是阶级，工农联盟的状态是由阶级之间的相互关系所决定的。以往在十月革命和国内战争时期，为了夺取政权、镇压反革命势力，工农联盟是以政治联盟和军事联盟的形式团结起广大的工人和农民群众的。1921年新经济政策的实施标志着当权者第一次发现了工农联盟在经济上的重要意义，其目的是通过工农联盟巩固苏维埃俄国政权的政治基础，推动恢复和发展苏维埃俄国国民经济建设。在此次讲话的提纲中，列宁明确论述了新经济政策在建立工农经济联盟方面的重要意义，"这个退却任务的实质是：同农民经济结合起来，满足其最迫

---

① 《列宁全集》第42卷，北京：人民出版社2017年版，第344页。

② 《列宁全集》第42卷，北京：人民出版社2017年版，第358页。

③ 《列宁全集》第42卷，北京：人民出版社2017年版，第344页。

切的经济需要，建立牢固的经济联盟，首先提高生产力，恢复大工业"①，而巩固工人和农民这两大阶级联盟关系的关键就在于，寻找能够把社会主义大工业与小农经济联结在一起的经济纽带和中间环节。

从社会主义的本质规定性出发，列宁指明了工农联盟的组织结构，在这个牢固的经济联盟中，应当是工人阶级领导农民一起开展经济建设。因此，为了建立工农阶级最牢固的经济联盟，既要求提高社会主义生产力，也要尽量兼顾农民的利益。在俄共(布)党的第十次代表大会的报告中，列宁明确提出，必须通过商品交换或流转的自由和对农村供应商品来满足农民对商品的交换需求，因为这种流转是刺激农民提高生产力和生产积极性的动因和动力。列宁认识到，巩固工农联盟的经济基础决定了无产阶级斗争和社会主义建设能否取得成功。1921年10月，列宁在《新经济政策和政治教育委员会的任务》一文中提出"谁将取得胜利——是资本家还是苏维埃政权"的问题，对此，他回答"全部问题在于农民跟谁走：跟无产阶级走呢，还是跟资本家走"②。他进一步指出无产阶级能否领导和团结农民，直接关系到无产阶级事业的成败，"或者是我们能在无产阶级政权支持下发展小农的生产力，并在这个基础上把小农组织起来；或者是资本家控制小农——斗争成败的关键就在于此"③。这段话表明了资本家阶级也在同工人阶级及其国家政权争夺对农民的控制权和领导权，工人阶级只有及时将农民团结起来和组织起来，实现对农民的领导，与农民阶级共同建设苏维埃国家的经济，才能处于不败之地。

（四）新经济政策的实质：保证经济流转

如前文所述，"战时共产主义时期"列宁的国家治理思想是与其"直接过渡"思想相适应的。列宁曾把超经济的国家行政强制力作为建立经济结

---

① 《列宁全集》第42卷，北京：人民出版社2017年版，第526页。
② 《列宁全集》第42卷，北京：人民出版社2017年版，第196页。
③ 《列宁全集》第42卷，北京：人民出版社2017年版，第200页。

构内在联系、控制整个经济运行的重要方法和手段。战时共产主义的国家治理模式是紧急状态下的特殊举措，并不能作为国家治理的长期手段。新经济政策的实施，标志着列宁极具创造性地拓展了一条通往社会主义现代文明的新路，要求把有计划地利用商品货币关系作为国家经济治理的重要手段，通过政府行政命令掌握和调节市场经济关系，从而实现建设社会主义国家的根本目的。在无产阶级政权治理国家的历史上，列宁创造性地提出在过渡时期利用商品市场、货币关系的问题。尽管直到列宁生命的晚期，依托商品经济来建设社会主义的完整构想尚未充分成型，但作为一种重要的社会主义国家经济治理思路，列宁的这个想法已经具有重大意义和实践价值了。

首先，列宁提出的"按商业原则办国营企业"，就是把商业原则引入国营企业经营管理和市场经济中。商业原则就是利用市场关系、商品货币关系，不仅适用于社会主义经济成分与小农之间的经济联系，也适用于社会主义经济成分内部的经济联系，即"国营企业改行所谓经济核算，同新经济政策有着必然的和密切的联系，而且在最近的将来，这种企业即使不会成为唯一的一种，也必定会是主要的一种。在容许和发展贸易自由的情况下，这实际上等于让国营企业在相当程度上改行商业的即资本主义的原则"①。其次，列宁提出了"商业是建成社会主义经济关系的基础"的重要观点。在写于纪念十月革命四周年之际的《论黄金在目前和在社会主义完全胜利后的作用》一文中，列宁论述了商业或商品货币关系在社会主义发展历程中的功能问题。列宁以社会主义的世界性胜利作为划分货币历史价值的依据，指明了社会主义在世界范围内取得完全胜利之前，现有的黄金、货币、商业、市场、商品货币关系，不会彻底退出历史舞台。社会主义在世界范围内取得完全胜利之后，黄金、商品、货币在共产主义社会将彻底失去其历史职能。但在此之前，在社会主义建设时期，必须利用黄金、货币、市场，发挥商品货币关系的历史价值。

---

① 《列宁选集》第4卷，北京：人民出版社2012年版，第620~621页。

（五）治理的行政手段和经济流转相结合

新经济政策的治理思想核心是有计划地利用商品货币关系，利用市场对资源的配置能力，但是绝不意味着政府消极作为，对商品交换采取自由放任态度，任由市场经济的自发存在和自由发展，而是应当由苏维埃国家通过各种治理手段和中介，有意识地调节商业，合理地干预和引导市场发展。市场也会有失灵和失效的情况，在市场失灵的情况下，政府应当通过行政命令的手段进行资源的有效配置，以彰显社会的公平正义和社会主义制度的优越性。因此，发展自由贸易和商品经济的口号不是绝对的、无条件的，绝非无限制、无规范的。列宁提出苏维埃国家在不改变本质的前提下，在一定限度内，以国家调节私营商业和私人资本主义为条件，容许贸易自由和发展资本主义，即"给小农恢复贸易自由"①"国家调节的自由贸易"②"在国家的正确调节（引导）下活跃国内商业"③。从国家治理的层面来看，列宁既主张发挥市场的自主性作用，即市场作为经济治理的主体之一发挥其资源配置作用，也要求国家作为主导和调节经济发展的主体，采取各种经济手段和非经济手段，引导市场、掌握市场，如通过国家立法、行政指令、法律监督、财政政策等超经济的方法，引导甚至强制市场形成有利于社会主义的组织性和有序性，进而实现行政手段和市场机制相互协调、有机结合的经济治理机制。这一思想在列宁晚年的《论合作社》一文中，表现得更为明显，更为成熟。从经济学角度来看，以市场为基础开展的资源配置更容易形成对个体的有效激励，调动个体的积极性，因此，在国家和市场的互动中，要让价值规律融入国家的经济计划，使之立足于价值规律并能灵活反映市场行情。

---

① 《列宁选集》第 4 卷，北京：人民出版社 2012 年版，第 449 页。
② 《列宁选集》第 4 卷，北京：人民出版社 2012 年版，第 620 页。
③ 《列宁选集》第 4 卷，北京：人民出版社 2012 年版，第 614 页。

第五章　列宁最后遗嘱中的国家治理思想

由于长期处于极端艰苦、危险重重、殚精竭虑的工作环境之下，加之1918年遭到社会革命党人卡普兰枪击所留下的后遗症，列宁的身体健康状况急剧恶化。1922年底，列宁不得不离开工作岗位。1923年2月，据列宁的值班秘书莉·雅·福季耶娃记载，此时"弗拉基米尔·伊里奇健康变坏"①"说话困难"②。因此，在生命的最后时刻，列宁不得不多次采用口授的方式来指导苏俄社会主义建设的工作。这些书信和文章通常被称为列宁的"政治遗嘱"，充分体现了列宁对党和苏维埃事业发展的殷切嘱托。在这些文献中，留下了列宁较为完整的国家治理思想体系，涵盖了社会政治、经济、文化等多个方面。

一、探索"民主政治"的政治治理思想

（一）保障民主治理：增加中央委员人数

恩格斯指出："主要的出场人物是一定的阶级和倾向的代表，因而也是他们时代的一定思想的代表，他们的动机不是来自琐碎的个人欲望，而正是来自他们所处的历史潮流。"③苏维埃俄国虽然已经进入了社会主义社会，但是由于进入社会主义社会的历史起点较低，与马克思、恩格斯所设

---

① 《列宁全集》第43卷，北京：人民出版社2017年版，第483页。
② 《列宁全集》第43卷，北京：人民出版社2017年版，第484页。
③ 《马克思恩格斯选集》第4卷，北京：人民出版社2012年版，第440页。

想的国家发展水平、国家治理能力、社会历史问题等还是存在很大的差异性，且没有建立一套科学完整的国家治理的现代保障制度等。虽然由于身体原因，列宁不得不离开了苏维埃俄国的领导岗位，但是他依然心系无产阶级苏维埃事业的发展。然而，由于民主意识缺失、制度建设缺位、文化水平落后，无产阶级政党早先确立的领导集体出现了分裂苗头。为了发展社会主义民主政治，在政治实践中巩固无产阶级政党领导集体的稳定性，保障国家治理决策的民主科学性，1922 年 12 月 23 日，列宁在《给代表大会的信》中，要求必须对苏维埃俄国进行政治体制改革，提出要提高中央委员会的威信、改善党的机关、防止党的分裂等主张。具体而言，列宁要求增加中央委员的人数，他要求从工人阶级中选出 50～100 个中央委员。党的中央委员会从刚开始的 3 人，到十几人、几十人的变化，以及增加的候补委员等，这种重要委员会组成人员的增多，也就增加了党员的广泛性和代表性，从而为团结各个领域的无产阶级大众，推进国家治理不断科学化奠定了基础。

其一，从政治实践的现实要求来看，扩大党的中央委员会人数是避免党组织分裂、实现党的工作稳定性的重要保障。列宁关注到引起党的分裂的危险有两个直接原因：一是白卫分子在《俄国思想》杂志上发表文章，将颠覆苏维埃俄国政权的赌注压在俄共的分裂和俄国内部最严重的分歧上。针对反革命势力的观点，列宁认为当前组成党的基础的工人阶级和农民阶级分裂的概率不大；二是从现实来看，党内的分歧的确出现了苗头，如果继续扩大下去，将势必会影响党内的稳定和团结。因此，列宁提出要"防止中央委员会一小部分人的冲突对党的整个前途产生过分大的影响"①。他进一步指出，党内分裂的危险一大半是由"斯大林和托洛茨基的关系"构成的。斯大林和托洛茨基在党内的重要地位无须赘述，斯大林手握大权，但难以谨慎地使用权力，且对待同志态度粗暴，以致列宁一度想将其调离总书记职位；托洛茨基被列宁誉为"中央委员会中最有才能的人"，但过分自信，不愿团结同事。为了减少二人之间的冲突，避免这种分裂的威胁，列

---

① 《列宁全集》第 43 卷，北京：人民出版社 2017 年版，第 341 页。

宁寄希望于增加中央委员的人数，通过扩大民主力量起到对两人的约束作用。列宁关于扩大党的委员的数量的计划，一方面反映了列宁已经认识到总书记职位的权力过大，必须加以制约；另一方面，仅仅依靠把"少数服从多数"这一普遍民主原则运用在民主政治思想不成熟的政治体制中，未免存在简单化的倾向，长期缺少制度"刚性"对权力的制约，为斯大林执政后逐步走向高度集权的政治经济体制埋下了重大隐患。

其二，扩大党的中央委员人数，在工人中选拔产生更多的中央委员，有利于改善党的工作机关。尽管苏维埃这一新类型的国家建立四年多了，但是想要完全改造国家机关却是非常困难的。苏维埃国家机关既有旧的政权机关管理人员的落后作风的痕迹遗存——"仍然是一些最典型的旧式国家机关"，也受到工人阶级、农民阶级中缺少有知识有能力的管理人员的现实窘境的制约。列宁关注到了这一现实问题，列宁认为，在国家赢得了来之不易的和平环境之后，在人民群众免受饥荒之苦的当下，要把党和国家事业发展的重心放在推进党和国家的机构改革上面，从而进一步推进经济社会快速发展，并且应当通过选拔派遣工人到机关工作这一方式同官僚主义作斗争。1919 年列宁在莫斯科市代表会议上提出："必须加紧同官僚主义作斗争，多派一些工人到机关里去。"①在他看来，改善机关工作的人选莫过于选拔几十个工人参加中央委员会，这些工人能比工农检察院更好地监察、改善和改造机关。列宁还要求新拟任的中央委员必须是普通的工人和没有成为剥削者的农民，不应当任用苏维埃的工作人员，只有普通工人和没有成为剥削者的农民，他们作为工人群众的代表才能够真正拥护苏维埃制度，才能真正体现国家治理的人民性。

（二）完善监督体制：改组国家检察机关

考察无产阶级苏维埃俄国监察部门的发展历史可知，苏维埃俄国建立监察部门始于 1918 年，列宁在 1918 年 4 月 10 日左右撰写的《经济政策特

---

① 《列宁全集》第 35 卷，北京：人民出版社 2017 年版，第 419 页。

别是银行政策的要点》一文中提到，"国家监察部要进行名副其实的监察"①，明确提到"国家监察部"这一国家机关。经俞良早先生考证，"1918年5月，苏维埃国家建立了国家监察人民委员部"②。监察人民委员部主要负责对政府各部门的工作进行监督和检查。战时共产主义时期，为了应对粮食征收工作，苏维埃政权建立了工人检察院。1920年，全俄苏维埃中央执行委员会将国家监察人民委员部改组为工农检察院，并规定工农检察院的职责是对一切国家行政机关、经济组织和社会团体进行监督检查，督促各级各类机关、团体与组织等贯彻执行国家的法律政策，并积极同各式各样的官僚主义思想、作风等作斗争。

首先，列宁关于工农检察院的实质的论述，是容易被忽略但又具有重要的治理意蕴的代表性观点。在列宁看来，工农检察院的实质是"从一个特殊的人民委员部变为执行中央委员的特殊职能的过渡状态"③。工农检察院是一流的检察员的集合体，他们具有中央委员所具有的政治特权。中央监察委员应该参加中央委员会的相关会议，并且列宁认为，需要凸显中央监察委员会在中央的地位，中央监察委员之中需要有一定数量的人参加中央政治局的会议。列宁认为，重要监察委员会的组成人员不同于一般的机构，监察委员们应该秉公办事，"不顾情面"，"不让任何人的威信，不管是总书记，还是某个其他中央委员的威信，来妨碍他们提出质询，检查文件，以至做到绝对了解情况并使各项事务严格按照规定办事"④。其次，对于工农检察院改革的总体指导思想，列宁提出了具体意见。1923年1月，列宁专门写作了《我们怎样改组工农检察院》一文，提出应当按照"到我国专政根基最深的地方去发掘新的力量"这一原则扩大和改组中央监察委员会和工农检察院。在这个原则的指导下，最重要的目标就是实现中央监察委

① 《列宁全集》第34卷，北京：人民出版社2017年版，第201页。
② 顾海良、俞良早等：《20世纪马克思主义发展史》(第3卷)，北京：人民大学出版社2019年版，第259页。
③ 《列宁全集》第43卷，北京：人民出版社2017年版，第347页。
④ 《列宁全集》第43卷，北京：人民出版社2017年版，第381页。

员会和工农检察院的有效结合，强化监察监督效力，有效防止官僚主义等思想行为的发生，使国家的政策法律得以顺利实施。再次，列宁认为，我们要重视中央监察委员会中组成人员的选拔任用工作，为了做好选拔中央监察委员会候选人的工作，列宁要求成立选拔中央监察委员会候选人的专门筹备委员会。列宁还提出，对于重要监察委员会的组成人员，可以从工人群众和农民群众中选出新的中央监察委员，并且精简工农检察院职员人数，对职员进行专门考察等。列宁认识到，国家机关的改造工作不是一朝一夕能够完成的，需要有花几年工夫来做这件事情的耐心，尤其是对于工农检察院这样一个当前十分糟糕的，但又极其特殊的机关而言，必须立即坚决冲破一般的职员编制标准，经过极严格的考核来挑选工农检察院的职员。

列宁关于改革工农检察院的措施具有三个方面的治理意义：一是通过改善工农检察院的组成人员、完善工农检察院工作制度，提高了工农检察院的威信；二是提高了工农检察院的工作水平，使工农检察院的组织和工作变得有计划、有目的、有系统；三是列宁对于工农检察院的人员改革的思想观点，特别是提升工农群众在工农检察院之中的占比，这有利于实现同广大群众的密切联系。列宁的这些论述充分体现在国家治理中，这些构想有助于从根本上保障党内民主政治形成制度化、长效化的监察机制，实现强有力的党内民主监督，对于当今发展社会主义民主政治、完善监督检察体系而言，仍然具有强烈的现实意义。

（三）提升治理效能：改革国家机关弊病

在《给代表大会的信》中，列宁指出："我们的机关实质上是从旧制度继承下来的，因为在这样短的时期内，特别是在战争、饥饿等等条件下，要把它改造过来是完全不可能的。"①在《我们怎样改组工农检察院》和《宁肯少些，但要好些》等文章中，列宁对国家机关工作存在着的受旧制度遗存及其他工作弊病的影响因素作了进一步分析："我们的国家机关……在

---

① 《列宁全集》第43卷，北京：人民出版社2017年版，第345页。

很大程度上是旧事物的残余，极少有重大的改变。"①从这里我们可以看出，列宁当时已经意识到了苏维埃国家机构的弊病了，列宁认为当时苏维埃国家机关普遍存在组织结构臃肿、机关工作人员文化水平不高、严重的官僚主义作风等问题。我们能十分直观地感受到列宁对旧政权国家机关中的官僚主义作风极度反感，对组织机构弊病的严厉批评。列宁提出，共产党员的狂妄自大、文盲和贪污受贿成为国家机关中的弊病，必须"有步骤地、不断地提高工作质量，而提高工作质量对于工农政权和我们苏维埃制度是绝对必要的"②。具体来看，列宁关于改革国家机关弊病的具体思想包括以下几个方面：

1. 消除官僚主义的弊病

在无产阶级苏维埃国家建立之初，列宁就强调："同混乱、组织涣散和经济破坏等现象作无情的斗争。"③1918 年 4 月，列宁在《苏维埃政权的当前任务》中就认识到，"现在有一种使苏维埃成员变为'议会议员'或变为官僚的小资产阶级趋势"④，因此，列宁要求必须坚持不懈地发展苏维埃组织和苏维埃政权，通过发展社会主义民主政治来彻底根除官僚主义弊病。为了消除官僚主义的蔓延趋势，根据列宁的设想，一是"必须吸引全体苏维埃成员实际参加管理来防止这种趋势""要吸收全体贫民实际参加管理"⑤；苏维埃同人民群众之间的密切联系，"是消除苏维埃组织的官僚主义弊病的保证"⑥。二是依托国家机关和人民之间的紧密联系，开展多种形式的"自下而上"的监督，以便消除苏维埃政权的弊病，不断铲除官僚主义产生的土壤。三是通过清党来纯洁党员队伍。战时共产主义时期俄共（布）

① 《列宁全集》第 43 卷，北京：人民出版社 2017 年版，第 377 页。
② 《列宁全集》第 43 卷，北京：人民出版社 2017 年版，第 379 页。
③ 《列宁全集》第 34 卷，北京：人民出版社 2017 年版，第 114 页。
④ 《列宁全集》第 34 卷，北京：人民出版社 2017 年版，第 184 页。
⑤ 《列宁全集》第 34 卷，北京：人民出版社 2017 年版，第 184 页。
⑥ 《列宁全集》第 34 卷，北京：人民出版社 2017 年版，第 185 页。

实行了第一次清党。在列宁看来，清党工作对共产主义事业的发展有重要意义，"以健康的强有力的先进阶级作为依靠的执政党，要善于清洗自己的队伍"①，清党工作"同不断提高党对真正共产主义工作的要求联系起来，将会改善国家政权机关"②。在实施全俄电气化、开展新经济政策期间，列宁也曾多次批评过国家机关中存在的官僚主义作风和空谈的风气，认为能否克服官僚主义作风，关系到我们无产阶级政权的稳定与否。列宁认为这些在组织机构之中所存在的官僚主义的弊病，压倒了实干主义，严重阻碍了党和国家事业的发展。列宁在致信财政人民委员索柯里尼柯夫时感叹道："共产党员成了官僚主义者。如果说有什么东西会把我们毁掉的话，那就是这个。"③

2. 清除混入党内的自私自利分子和盗贼

一方面，1922 年新经济政策施行期间，苏维埃国家机关派遣了一大批共产党员去从事相关执行工作，形成了堆积如山的公文、报告和法令，但是工作有什么实际的效果、法令的执行情况如何却都没有加以检查。另一方面，新经济政策实施后，小生产者和资本家逐渐活跃起来。因此，列宁提出，必须下决心"清除混入党内的自私自利分子和盗贼"。根据俄共(布)第十次代表大会《关于党的建设问题的决议》，全党开始了第一次清党工作。清党工作的目的是从党内清除非共产主义分子，纯洁党的队伍。在这次清党过程中，共有 15 万名党员被除名。列宁提出不善于同拖拉现象作斗争的人，包括官僚主义者在内是无产阶级政权最可恶的敌人，指出"必须清除这种敌人，我们要借助有所觉悟的工人农民收拾这种敌人"④，他号召所有非党的工农群众跟着"共产党的先进队伍去反对这种敌人，反对这种

---

① 《列宁全集》第 37 卷，北京：人民出版社 2017 年版，第 24 页。
② 《列宁全集》第 37 卷，北京：人民出版社 2017 年版，第 24 页。
③ 《列宁专题文集·论无产阶级政党》，北京：人民出版社 2009 年版，第 348 页。
④ 《列宁专题文集·论无产阶级政党》，北京：人民出版社 2009 年版，第 325 页。

紊乱现象和奥勃洛摩夫习气。在这方面不能有任何动摇"①。一直到去世，列宁还在思考这个问题，反复对不称职的无产阶级政权的国家机关进行批评，指出苏维埃国家机关弊病也存在"二重性"，既有沙皇专制官僚主义作风遗存，又沾染了资产阶级国家机关浑水摸鱼、人浮于事的恶习，列宁坚持同这些官僚习气作坚决的斗争。

3. 利用文化手段改善国家机关的弊病

马克思在形容古老的、陈旧的生产方式以及过时的社会关系和政治关系对当代社会发展产生制约的时候，曾形象地指出，这种压迫，"不仅活人使我们受苦，而且死人也使我们受苦。死人抓住活人"②! 列宁也发表过类似的观点："旧社会灭亡的时候，它的尸体是不能装进棺材，埋入坟墓的。它在我们中间腐烂发臭并且毒害我们。"③列宁系统地考察了制约政治文化发展的旧的文化习气，包括"奥勃洛摩夫精神""大俄罗斯民族沙文主义传统""官僚主义习气"等，列宁认为必须通过提高普遍的文化水平等方式，改善国家机关中存在的这些弊病。

列宁极其重视国家机关弊病产生的思想观念与思想文化等方面的因素。1920年，列宁在谈到"官僚主义已经复活，应当不断地同它进行斗争"这一问题时指出："无产阶级和农民的大多数的文化水平却同任务的要求不相适应。"④这证明在列宁的思想里，早已将官僚主义、拖拉作风同俄国普遍文化水平落后的现实情况结合起来了。列宁直抵产生问题的根源，提出："我们所缺少的主要的东西是文化，是管理的本领……问题'只'在于无产阶级及其先锋队的文化力量。"⑤在俄共(布)第十一次代表大会上，列宁提出，在经济建设领域，我们的苏维埃政权可以说具有一定的能力与一

---

① 《列宁全集》第43卷，北京：人民出版社2017年版，第14页。
② 《马克思恩格斯全集》第42卷，北京：人民出版社2016年版，第15页。
③ 《列宁全集》第34卷，北京：人民出版社2017年版，第380页。
④ 《列宁全集》第40卷，北京：人民出版社2017年版，第34页。
⑤ 《列宁全集》第43卷，北京：人民出版社2017年版，第67页。

定的发展成就了，包括大型企业国有化，铁路也是我们苏维埃人民的，经济领域取得了一系列重要成就，但是"究竟缺少什么呢？缺什么是很清楚的：做管理工作的那些共产党员缺少文化"①。在列宁看来，"缺少文化"，或者说缺少共产主义的文化，成为无产阶级在取得政权后履行管理国家的职责的最大阻碍，并且不得不为了"学习"管理的本领付出巨大代价。列宁甚至认为，苏维埃政权还必须进一步发展共产主义文化，用共产主义文化来替代落后腐朽的文化，否则苏维埃政权有可能被资本主义所征服，这种风险是存在的。正是因为这种思想文化的严重落后性，苏维埃俄国"只能用资本主义创造的材料来建立共产主义，只能用在资产阶级环境中培植起来、因而必然渗透着资产阶级心理的文明机构（因为这里说到的人才是文明机构的一部分）来建立共产主义"②。正是由于这种思想文化观念的落后，在苏维埃政权之中，还不能完全由劳动者来直接管理苏维埃政权，而必须由劳动群众之中的先进的有一定知识文化素养的人员来进行管理，这是由社会发展的客观形势所决定的，是受人民群众思想文化认识水平所影响的。

为了提升苏维埃国家工作人员的思想文化素养，尽快提高国家治理能力与治理水平，不断推进国家治理的现代化水平，列宁提出了要加强学习和组织选拔优秀人才这两个方面的重要任务：一是通过加强学习提高文化水平和管理素质，改善机关工作。在《宁肯少些，但要好些》这篇文章中，列宁认为，必须要通过学习来提升思想文化认识水平，提升国家工作人员的能力与素养，列宁认为"第一是学习，第二是学习，第三还是学习，然后是检查，使我们学到的东西真正深入血肉"③。在列宁看来，但凡对苏维埃建设有帮助的，统统都应当纳入学习范围，并将其运用在实际工作中。二是选拔优秀人才进入国家机关，充分尊重科学家和专家的意见。例如在是否应当赋予国家计划委员会立法职能的讨论中，列宁认为其组成人员都

---

① 《列宁全集》第 43 卷，北京：人民出版社 2017 年版，第 97 页。
② 《列宁全集》第 35 卷，北京：人民出版社 2017 年版，第 403 页。
③ 《列宁全集》第 43 卷，北京：人民出版社 2017 年版，第 384 页。

是相关领域的专家学者，能够对苏维埃事业的蓬勃发展提出一些有针对性的意见与建议，因此赋予国家计划委员会立法职能的意见在一定程度上是合理的，此举表明列宁对科学家、专家学者参与国家治理和决策的充分支持。

4. 整顿和精简国家机关

如何让国家机关的结构、工作作风和工作方法适应苏维埃俄国经济建设的需要，这是列宁极为关心的一个问题。在第一届苏维埃中央政府成立时，其下设 11 个人民委员部；到 1918 年 1 月，达到 32 个，而到 1922 年 3 月，苏维埃政府管辖的机关达到 120 个。① 在各级苏维埃政权机构如此庞大、人数如此众多、官员任用和管理水平较低的情况下，苏维埃国家管理机关中存在不少问题，1922 年 1—2 月间，就关于改革人民委员会、劳动国防委员会和小人民委员会的问题，列宁向瞿鲁巴频繁致信，认为苏维埃国家机关最大的缺点是官僚主义严重，在行政管理的过程中总是依靠大量的发文，而缺乏有效的执行力，缺乏监督检查，政府行政人员经常疲于应对各式各样的公文。列宁认为，国家运转情况存在的一个重要弊端就是执行力缺乏。列宁认为，苏维埃政府领导的一个重要任务就是落实政策，并根据执行情况来评价与考核工作人员的工作成效，以此来选拔优秀的管理人才。他主张彻底改革工作制度，建立个人负责制，消除无人负责的现象。列宁还要求撤销多如牛毛的委员会，裁撤国家机关数量还有助于缓解财政危机。1922 年 5 月，为了解决国内粮食短缺的问题，列宁口授了一封信给时任财政人民委员的格·雅·索柯里尼柯夫，提出为了缓解国家的财政压力，应最迅速、最坚决地缩减编制，削减庞杂的臃肿的政府机构，精减人员。在列宁"最后的遗嘱"《日记摘录》中也提到了这一点，为了增加教育人民委员部的经费，列宁提议应当削减其他部门的经费；为了提高教师

---

① 顾海良、俞良早等：《20 世纪马克思主义发展史》（第 3 卷），北京：人民大学出版社 2019 年版，第 217 页。

的地位和待遇条件，列宁指出，应"仔细考察一下职业教育总局的编制，其中有很多是臃肿的和形同虚设的，应予撤销"①。

（四）规范治理行为：加强国家法制建设

大力发展社会主义民主政治离不开强有力的法制保障体系。为了保证新经济政策的顺利推行，列宁及时提出了改革国家专政机关、加强革命法制建设、实行依法治国的新任务。他指出："我们当前的任务是发展民事流转，这是新经济政策的要求，而这样就要求加强革命法制……我们的政权愈趋向稳固，民事流转愈发展，就愈需要提出加强革命法制这个坚定不移的口号。"②这就是说，在新的形势下，专政机关的职能与权限都缩小了。十月革命前后那种以夺取政权和巩固政权为目标的疾风暴雨式的群众阶级斗争、群众运动和群众专政已经告一段落，国家已转入大规模的和平经济建设阶段，需要稳定的社会秩序与社会环境来保证这个和平建设，"使它集中力量来执行环境和条件能够帮助它完成的那些任务"③。列宁进一步指出："苏维埃代表大会命令更广泛地利用私营企业来采办和运输原料，来大力发展商业，同时认为国家机关的作用是进行监督和指导，要求对任何阻碍生机勃勃的事业的拖拉作风和官僚主义严惩不贷。"④这意味着政府部门直接干预经济运行和商业经营活动的职能和权限也缩小了，其根本目的是为了适应新经济政策的要求，政府从直接干预企业的经营和经济的运行变为进行"监督与指导"。在这种背景下，更需要加强社会主义法制建设，加强国家的立法与司法工作，以法律来规范市场经济行为，打击各种商业欺诈、偷税漏税、贪污受贿、走私贩私等违法犯罪行为。同时运用法律手段来打击颠覆无产阶级专政、破坏社会主义制度的政治敌对分子和形形色色的刑事犯罪分子。面对新经济政策条件下的新的经济运行特点，列宁强调指出：苏维埃第九次代表大会要求司

---

① 《列宁全集》第43卷，北京：人民出版社2017年版，第362页。
② 《列宁全集》第42卷，北京：人民出版社2017年版，第364页。
③ 《列宁全集》第42卷，北京：人民出版社2017年版，第364页。
④ 《列宁全集》第42卷，北京：人民出版社2017年版，第372页。

法人民委员部狠抓两件事，一是加强对工商从业人员的监督管控，但不能对工商从业人员进行额外的限制活动，不能打击他们的积极性，同时要坚决打击他们的各种不法活动，确保他们能够执行贯彻党和国家的方针政策。二是对于司法机关的人民法院来说，在国家法律制度的框架下，"让人民法院加倍注意对官僚主义、拖拉作风和经济工作上的指挥失当进行司法追究"①。列宁充分运用法制手段，将党内和党外、上层和下层各类人员都纳入到苏维埃国家的司法体系监管之中。对党外、对下层的私营工商业者，既要让他们放开手脚，大胆经营，搞活经济，又严格要求他们遵守法纪，对违法行为严加惩处；对党内、对上层党和政府中的官僚主义者同样要追究法律责任，并公之于众。运用法律手段大张旗鼓地惩治官僚主义，是列宁运用法制治理国家的思想的鲜明特点。

列宁还注意到当时苏维埃俄国的法制建设刚刚起步，很不健全，他指出："毫无疑问，我们是生活在无法纪的海洋里。"②因此，列宁首先提出要"制定新的民法"，将苏维埃革命思想意识贯彻到法律关系之中。列宁还认为，人民法院的首要任务就是要对破坏法律制度的人进行惩治，否则自己就是人们的公敌，就是头号的犯罪分子。要加强对人民法院审判的监督，"使它们真正能够既对苏维埃政权的政治敌人加紧惩治……也对滥用新经济政策的人加紧惩治"③。为加强社会主义法制建设，列宁提出必须建立全国统一的法制，"使整个共和国对法制的理解绝对一致"④。列宁坚决反对地方的党政负责人对司法机关进行干预。他在《论"双重"领导和法制》一文中，尖锐地批评了一些人提出的检察机关受中央和省执行委员会"双重领导"的错误主张，指出这一主张不仅在原则上是错误的，而且反映了地方官僚主义的偏见。列宁坚决主张，检察机关的人员只能由中央机关任命，只受中央机关的领导，以便对地方各级领导干部发挥独立的监督和检

---

① 《列宁全集》第42卷，北京：人民出版社2017年版，第373页。
② 《列宁全集》第43卷，北京：人民出版社2017年版，第200页。
③ 《列宁全集》第42卷，北京：人民出版社2017年版，第439页。
④ 《列宁全集》第43卷，北京：人民出版社2017年版，第200页。

察职能，以便建立全国统一的法制。为了发挥党内民主和人民民主，列宁提出了一个党内最高权力互相制约的领导框架，这就是建立中央组织局(负责任命干部)、中央政治局(负责制定党的方针政策和日常政治决策工作)、中央监察委员会(负责党的监察工作)。列宁认为，为了能够实现有效的监督，中央监察委员会的组成人员必须是专任，不得在其他机关、其他委员会担任任何职务或者是兼职，这样才能切实发挥好中央监察委员会的监察职能。"使党建立起一个不大的中央领导机构，能够实际地抵制地方影响，地方的和其他一切的官僚主义，使全共和国、全联邦真正统一地实行法制。"①列宁认为，任何人也不能超越于法制之外，更不能凌驾于法律之上，都必须接受党的中央委员会的监察，在法律的范围内活动。党的监察委员会是由党的代表大会选举产生的，它既不从属于某个国家机关，也不对某一个中央领导人或最高领袖负责，而只是对党的代表大会负责。这就高度强调了党的监察委员会的独立性、权威性，这种监察的独立性问题是一个国家文明发展的首要的基本的问题，没有监察的独立性则很难产生现代文明国家。列宁认为，只有经过长期的坚持不懈的努力，才能建立起"高度发展的文明和同它密切相关的法制"②。可以说，列宁是运用法制治理社会主义国家的首倡者与开拓者。

二、探索"文化革命"的文化治理思想

(一)文化治理的任务：繁荣社会主义文化

在列宁的最后著作中，他提出了国家治理思想的转向问题，列宁认为在苏维埃国家政权相对稳定之后，一方面，是要尽快从政治斗争领域逐渐转向经济发展领域，实现经济的稳定快速增长，另一方面，在思想文化领

---

① 《列宁全集》第43卷，北京：人民出版社2017年版，第201页。
② 《列宁全集》第43卷，北京：人民出版社2017年版，第201页。

域，要给予充分关注，积极进行思想文化建设。然而，对苏维埃俄国人口调查的统计资料表明，人民群众文化教育程度不高的情况是普遍存在的。根据 1922 年莫斯科中央统计局国民教育统计处编写的《俄国识字状况》，1920 年全俄居民每一千人口中识字人数仅 319 人，文盲率近 70%，表明苏维埃俄国是文化上十分落后的国家。在解决完社会主义政权存续的问题后，为了尽快步入文明国家的发展行列，实现社会主义社会的伟大理想，列宁在《日记摘录》《论合作社》《论我国革命》中对文化治理提出了许多具体构想。

第一，为社会主义国家文化繁荣发展创造积极有利条件。由于苏维埃俄国是在经济文化水平相对落后的历史条件下建设社会主义的，特别是在思想文化领域，各种各样的旧社会思想残留痕迹根深蒂固，难以消除。因此，列宁认为必须要进行文化革命，彻底清除旧社会旧制度的文化残留。列宁认为，只有大力开展社会主义文化建设，提升文化发展水平，才能够为经济社会发展提供坚实的保证，才能为国家治理能力与治理水平保根本、管长远，才能真正使人民有科学治理国家的能力素质。列宁认为，只有破除了既有的沙文主义、资本主义的腐朽文化，才能建立现代文明的社会主义国家，因此文化革命是通往真正的社会主义国家的重要路径，"只要实现了这个文化革命，我们的国家就能成为完全社会主义的国家了"[1]。列宁要求应当增加教育人民委员部的经费，将其他部门削减的款项转用于教育人民委员部。列宁认为，应该削减教育系统中的庞杂的臃肿的机构，经费向从事教育活动的一线教师倾斜，要提高一线教师的待遇。

第二，推动合作社建设，要求在农民中开展文化工作，并以此推动农民合作化。在列宁看来，要实现农民的合作化，提高农民的思想文化水平是首要任务。在列宁看来，必须要对农民进行思想文化教育，提高农民的思想文化水平，对农民进行思想文化的洗礼，使他们能够自觉参与到合作化进程之中，这也是对农民文化革命的重要价值所在。

---

[1] 《列宁全集》第 43 卷，北京：人民出版社 2017 年版，第 372 页。

第三，列宁要求机关工作人员努力学习业务知识，提高管理能力和管理水平。针对国家机关工作人员文化水平较低的情况，列宁认为应该让这些工作人员积极学习一些文化知识，提高他们的文化素养，提升他们的思想认识，从而抵制各种官僚主义的思想作风问题。列宁甚至提出，我们的国家机关的工作人员，所能够办事的能力，可能与资本主义大企业的训练有素的员工还有很大差距，甚至99%的机关员工都不如他们有能力，这就是由双方的思想文化水平的差异造成的。正是基于这种状况，列宁认为，可以先行办理一个预备班，将进入国家机关的人员拉入这个培训班进行文化培训教育，提升他们的思想文化水平。列宁提出要开展多种方式的文化学习活动，特别是要对机关工作人员进行学习教育，让机关工作人员时刻处在各种学习之中。

（二）文化治理的方式：汲取人类文化成果

如前文所述，长期以来，俄国一直是"半文明"国家，列宁认为，俄国的文化发展程度与西方发达国家相比存在巨大差距，甚至仍处于一种野蛮状态。无产阶级苏维埃国家建立以后，面对沙皇俄国旧文化的遗存、资本主义文化的冲击，在创造社会主义文化的过程中如何对待人类文明成果问题，成为苏俄文化治理中亟待回答的问题。苏维埃俄国能否赶超资本主义发达国家，很大程度上取决于文化问题能否得到有效解决。只有较好地解决了文化治理的问题，才能快速提高无产阶级群众的文化水平，推动社会主义生产力发展，提高同旧的官僚主义、拖拉作风作斗争的本领。具体而言，主要是处理两方面的问题：一是如何正确面对资本主义文化，二是如何对待本民族文化传统。

其一，列宁提出要利用资本主义文明成果建设社会主义。俄国进入社会主义社会的历史起点，与马克思、恩格斯所设想的存在差异，马克思、恩格斯所设想的是在经济文化发展水平相对较高的历史发展阶段进入社会主义社会，但是事实上俄国是在帝国主义链条上最为薄弱的地方建立的。虽然俄国实现了无产阶级专政，进入了社会主义社会，但是由于发展水平较低，存在着经济、文化、技术等方面的制约。因此，列宁认为，资本主义创造的人类文化成果，是需要苏维埃俄国借鉴的，要充分利用资本主义所创造的人类文明成果发展社会主义。但是资本主义的文化具有两面性，应当批判性继承与创新。首先，列宁指出了资本主义文化的双重属性，一方面，资本主义文化在人类社会历史的发展进程中起着非常重要的革命性作用，是值得学习借鉴的先进文化；另一方面，必须要对腐朽的资本主义文化进行毫不留情的改造。例如，列宁认为，资本主义经济管理中的"泰罗制"是对工人最严重的剥削制度，其最大限度地对工人进行剥削压榨，但是其中也有合理性的因素，对于提高劳动生产效率、加强对工人的监督与管理，存在一定的意义。

其二，推动新型文明与优秀的民族传统有机结合。列宁认为，"官僚的或农奴制的文化"作为旧社会落后的文化必须予以抛弃，正是由于背负着沉重的历史文化包袱，使得苏维埃机关存在浓厚的官僚习气。以列宁对托尔斯泰的研究评价为例，就充分体现了其继承传统文化和批判传统文化的矛盾心理。列宁既把以托尔斯泰为代表的批判现实主义文学思潮，看成是"俄国革命的镜子"；同时也指出"托尔斯泰的思想是我国农民起义的弱点和缺陷的一面镜子，是宗法式农村的软弱和'善于经营的农民'迟钝胆小的反映"①。因此，列宁提出需要立足于当代社会主义实践，对传统文化加以分析和改造，认为只有这样才能创造出先进的社会主义文化。

（三）文化治理的目的：培育造就时代新人

受沙皇专制的影响，俄国民众受教育水平较低，十月革命前，俄国30%的成人不能读写，在农村居民中文盲占80%，在民族地区居民中文盲占99.5%，知识分子仅占总人口的2.2%。② 苏维埃社会主义国家的首要任务就是要培养社会主义人才。在列宁看来，只有教育水平提高了，才能真

---

① 《列宁选集》第2卷，北京：人民出版社1995年版，第244页。
② 郑异凡：《新经济政策的俄国》，北京：人民出版社2013年版，第536页。

正赶上欧洲国家，"才能达到西欧一个普通文明国家的水平"①。而提高现代教育文化水平，就要在复杂的国家环境中培养出能够担当重任的时代新人，这是党和国家事业发展的需要。

列宁提出了培育社会主义新人的理想目标和基本路径。列宁认为，社会主义的时代新人应该是全面发展的人。列宁继承了马克思、恩格斯的思想，"全面发展的和受到全面训练的人，即会做一切工作的人"②。这种时代新人是有理想、有责任、有担当、掌握先进文化的人。列宁认为，社会主义时代新人，要在社会生产活动中不断丰富与发展文化思想，在实践活动中锻炼与培养劳动技能。对于时代新人的成长路径，列宁认为，首先，无产阶级掌握国家政权是最基本的前提条件，并且还要克服无产阶级自身的缺点，要通过文化知识学习提升思想觉悟水平与管理能力；其次，要通过专业化的教育培养，在某些特殊行业领域成长为专业知识分子和专业人才，以便使他们从资产阶级制度的支柱"变成苏维埃制度的支柱"③。

三、发展"现代商业"的经济治理思想

（一）经济治理方法：以"合作制"为桥梁

封建农奴制在俄国经济中保持了 370 余年绝对统治地位，当时俄国在政治上表现为皇权主义、封建主义和权利本位主义，在经济上表现为村社主义、原始共产主义、平均主义等小农意识思潮。列宁深刻阐述了俄国文化的东方特性，认为必须对普遍落后的农业生产方式和集中体现奥勃洛摩夫精神的小农思想进行改造。列宁在《论合作社》一文中指出："在我国，既然国家政权操在工人阶级手中，既然全部生产资料又属于这个国家政

---

① 《列宁全集》第 43 卷，北京：人民出版社 2017 年版，第 360 页。
② 《列宁全集》第 39 卷，北京：人民出版社 2017 年版，第 29 页。
③ 《列宁选集》第 4 卷，北京：人民出版社 2012 年版，第 764 页。

权,我们要解决的任务的确就只剩下实现居民合作化了。"①但是列宁并没有指明"合作化"的具体形式是什么,从列宁对合作社的认识发展过程来考察,列宁对合作社认识的形成大致分为三个阶段:

其一,早期列宁十分排斥合作社制度。处于沙皇和资产阶级的把持下,合作社是对农民进行"欺骗"的经济组织,在1903年写就的《告贫苦农民书》中,列宁指出:"从所有这些改善、减价和合作社(买卖商品的联合组织)中,得利最多的是富人。"②1905年,尽管在《〈火星报〉策略的最新发明》一文中,列宁承认"消费合作社在一定意义上是社会主义的一部分"③,但这仅仅是实现社会主义的许多方面的一个方面,是可怜的一小部分,保证不了任何重大的变动,引不起任何决定性的变化。列宁同时又认为,合作社只是一种过渡形式,甚至"有蜕变为资产阶级股份公司的趋势"④。十月革命初期,列宁开始对合作社进行改造,列宁这个时候又认为,我们可以利用合作社之中的积极的有效的合理的因素,为发展苏维埃社会主义制度服务。这一时期的根本特点就在于,列宁并未把合作社作为农业生产社会化的主要形式。

其二,"共耕制"遭到挫折。1919年初,苏维埃俄国《对土地共耕条例草案的意见》提出,"在耕地、播种、收获以及从根本上改良土壤时,由其全体成员或部分成员合理地组织起来投放劳动,集体使用生产资料"⑤,其中包括了生产资料公有化的"农村公社"和"生产资料公有、农民有家禽家畜的农业劳动组合"这两种形式。列宁在对这一草案的批注上点明了三个问题,其中就有农民"为什么对实行共耕这样刁难"的问题?共耕制失败的主要表现有:①劳动生产率没有提高;②生产费用非常高;③集体农庄没有对农民提供帮助,没有起到示范作用;④对农民的余粮和其他农畜产品

---

① 《列宁全集》第43卷,北京:人民出版社2017年版,第365页。

② 《列宁全集》第7卷,北京:人民出版社2013年版,第138页。

③ 《列宁全集》第11卷,北京:人民出版社2017年版,第370页。

④ 《列宁全集》第19卷,北京:人民出版社2017年版,第307页。

⑤ 《列宁全集》第35卷,北京:人民出版社2017年版,第458页。

的大量占有，这些因素导致农业生产急剧下降。①

其三，共耕制的失败促使列宁再度将目光转向合作社。在俄国实行新经济政策以后，苏维埃社会主义俄国开始探索合作化的形式，合作社也因此成为推行国家资本主义的一种途径，正是借助于这一"桥梁"，实现了生产者之间和城乡之间的产品交换，国家也可以对产品交换的过程进行监督。

列宁指出："合作社这一商业形式比私营商业有利，有好处，不仅是由于上述一些原因，而且是由于合作社便于把千百万居民以至全体居民联合起来，组织起来，而这种情况，从国家资本主义进一步过渡到社会主义的观点来看，又是一大优点。"②列宁认为："在实行新经济政策的条件下，使俄国居民充分广泛而深入地合作化，这就是我们所需要的一切，因为现在我们发现了私人利益即私人买卖的利益与国家对这种利益的检查监督相结合的合适程度，发现了私人利益服从共同利益的合适程度，而这是过去许许多多社会主义者碰到的绊脚石。"③合作社实现了个人利益和国家利益、共同利益的结合。

(二)经济治理原则：同个人利益相结合

在社会主义国家经济治理中，不是单纯依靠政治热情、行政手段和集体权威，而是更多地依靠同个人利益相结合的原则、经济责任制和个人负责制，充分调动每个劳动者的社会主义积极性——这是列宁最后的构想的显著特征和重要内容。

在把新经济政策推广到国营企业的实践过程中，列宁看到了调动人民群众的积极性的新路子，就是使劳动者的个人物质利益与提高社会主义劳动生产率直接挂钩。在这一问题上，列宁进行了一系列的探索思考，1921

①　杨承训：《市场经济理论典鉴——列宁商品经济理论系统研究》，天津：天津人民出版社1998年版，第424~425页。

②　《列宁全集》第41卷，北京：人民出版社2017年版，第214页。

③　《列宁全集》第43卷，北京：人民出版社2017年版，第366页。

年9月，在《工资问题的基本条例》之中，他就探索了个人利益与提高社会主义劳动生产率相结合的方式途径。这一条例改革了原有的那种平均主义的做法与思维方式，将工人的工资收入与工人的劳动熟练程度、劳动成果相挂钩。列宁关于个人利益同劳动生产率相结合的思想，其关键核心在于"如何把社会主义共同利益同个人利益正确结合"，是"如何从个人切身利益入手、探寻发展社会主义生产发展的内在动因问题"。只有使劳动生产率和劳动者的物质利益发生直接的利害关系，促使劳动者从个人利益上去关心社会主义生产的发展，才能造成共同利益与个人利益的有机结合，加速社会主义经济的协调发展。

从这一原则的治理意义来看，它是推动社会主义生产力发展的强大动力。在发展商品经济的新经济体制中，将"社会主义根本利益同个人利益"相结合是比单纯的政治热情更加持久、更加深刻的动力源泉，因而是引导广大劳动者积极投入社会主义建设的唯一真正动力。

第六章 列宁国家治理思想的重要贡献与当代价值

在领导俄国无产阶级革命、探索将马克思主义基本原理与俄国社会实际相结合的发展道路的过程中，列宁初步形成了关于国家治理的国家逻辑和制度逻辑，创造性地建构了一系列制度安排，尤其是列宁晚年对于国家治理的探索趋于稳定、成熟，完整地构成了列宁国家治理的思想体系，列宁的国家治理思想在社会主义国家治理历史中具有重要地位。

一、列宁国家治理思想的理论体系

(一) 列宁国家治理思想的结构与内容

1. 党是社会主义国家治理的领导核心

无产阶级政党是社会主义国家治理的领导核心。作为无产阶级工人和农民的代表，无产阶级政党通过将本阶级的意志和主张贯穿于社会主义国家治理的各个方面，来体现党对社会主义国家治理的领导地位。结合社会主义国家政党发展的历史和政党制度来看，社会主义国家无产阶级政党对国家治理的领导有两个方面的意蕴：一是社会主义国家普遍实行了以共产党为唯一的执政党，领导国家治理的政治体制；二是在实行多党协商合作制的社会主义国家中，共产党领导其他党派开展国家治理，① 共产党和其

---

① 王沪宁等：《政治的逻辑：马克思主义政治学原理》，上海：上海人民出版社2016年版，第278页。

他政党之间是领导与被领导的关系。列宁作为世界上第一个无产阶级国家的领导者，确立了社会主义国家共产党作为执政党在国家治理中的领导地位。

无产阶级政党作为社会主义国家治理的领导核心既具有理论支撑，在俄国革命和社会主义国家治理的演进中更彰显了其实践价值。在苏维埃俄国国家治理实践中，俄共(布)通过领导俄国无产阶级革命，领导组织苏维埃社会主义国家政权，实现了革命党和执政党身份的统一。毫无疑问，作为无产阶级的"先锋队"，俄共(布)是苏维埃俄国国家治理的领导核心和"权威"，并且在苏维埃国家治理的初期，通过吸纳其他党派成员参与苏维埃政权、担任人民委员的方式，尝试过多党合作制。但是在开展国家治理的过程中，由于历史条件的变化，俄共(布)从"一党执政"走向"一党专政"，由此遭受国外研究者的诟病。在确认无产阶级政党是社会主义国家治理的领导核心的基础上，梳理列宁关于"一党专政"的思想，科学分析"一党专政"的时代内涵，有助于为无产阶级政党领导社会主义国家治理提供理论和历史依据，丰富"一党执政"的治理意蕴，为发展共产党领导的多党合作民主协商制度提供经验借鉴。

围绕如何理解和阐释无产阶级苏维埃俄国"一党专政"的争论由来已久，具体包括"一党专政"思想起源的争论和理解阐释的争论。

第一，围绕列宁国家治理思想中的"一党专政"思想的起源存在不同的理解。有学者研究认为，十月革命以前，尽管布尔什维克坚持"全部政权归苏维埃"，提出坚持无产阶级专政，但是不管是布尔什维克还是孟什维克都没有把无产阶级专政等同为"一党专政"①；还有研究者以列宁《在全俄教育工作者和社会主义文化工作者第一次代表大会上的讲话》作为依据，提出在列宁的国家治理思想中明确存在"一党专政"的概念。面对旧教师联合会关于"布尔什维克破坏了自由"的指责，列宁回应道，布尔什维克破坏

---

① [英]蒙·约翰斯通：《俄国一党制的出现是十月革命的必然结果吗？》，载刘淑春编：《"十月"的选择——90年代国外学者论十月革命》，北京：中央编译出版社1997年版，第298页。

的是资产阶级的自由，他还明确地阐述了在当时的历史条件下"一党专政"的问题："当有人责备我们是一党专政……我们就说：'是的，是一党专政！我们就是坚持一党专政，而且我们决不能离开这个基地，因为这是一个在几十年内争得了整个工厂无产阶级即工业无产阶级的先锋队地位的党……只有这个党才能领导工人阶级去深刻地根本地改变旧社会'。"①列宁回顾了1905年以来的俄国革命史，有力地论证了、巩固了布尔什维克在俄国革命中的坚强领导地位。尽管无产阶级专政并不完全等同于"一党专政"，但是"一党专政"概念提出和无产阶级专政理论是密不可分的，"一党专政"的概念是无产阶级专政理论的重要内容。分析列宁做出这段发言的历史背景，1919年正是苏维埃俄国国内战争最严峻、最具决定性意义的一年，在特殊的战争环境下，非常时期的国家治理措施更需要加强无产阶级政党在国家治理中的领导地位，将人民群众的认识统一到党对社会主义事业的绝对领导这个高度上来。

第二，如何理解阐释苏维埃俄国"一党专政"的概念关涉对政党制度所蕴含的国家治理意义的解读。经过梳理，学界关于"一党专政"概念的阐释基本都是以斯大林关于"一党专政"的解释为出发点，进而延伸展开的。斯大林在《论列宁主义的几个问题》一文中提出："在很少的地方，当列宁和对手论战而不得不说党专政时，他通常说'一党专政'，就是说我们党独掌政权，不和其他政党分掌政权。"②斯大林解释说，列宁使用"党专政"这个词并非指这个词的本义，而是指党独掌领导权。在斯大林看来，把党的领导和无产阶级专政等同起来，就是错误地给党加上对工人阶级使用暴力的职能。斯大林侧重强调"一党专政"中共产党处于领导地位的方面，他指出"一党专政"的实质不是独掌专政职能，而是党的领导在无产阶级专政的系统中起到核心和领导作用。

"一党专政"的实质关涉两个方面的问题：一方面，作为政治实践的

---

①　《列宁全集》第37卷，北京：人民出版社2017年版，第127~128页。

②　《斯大林选集》上卷，北京：人民出版社1979年版，第432页。

"一党专政"的形成，既是苏俄的客观环境所决定的，也成为列宁晚年关于政党制度治理未及完善之处。形成布尔什维克党"一党专政"的局面存在一个历史过程，应当考察十月革命前后各个党派的力量对比和活动立场加以具体的分析，以"十月革命"为时间点来划分并不科学。十月革命后，左派社会革命党曾与布尔什维克党有过良好合作和联合执政的短暂时期，表明布尔什维克党有过联合政府或在共产党领导下多党合作的实践。到了安东诺夫叛乱和喀琅施塔得兵变时，俄共（布）彻底同孟什维克决裂，1922年，俄共（布）十一大宣布："剥夺一切敌视苏维埃政权的政治集团的组织自由"，"俄国共产党是国内唯一合法的政党"。然而此时，列宁已经身患重病，不可能对苏维埃国家的政党制度、执政党自身建设问题作进一步考察和阐发；当然，也没有理由排除列宁本身倾向于"一党专政"的可能性，"一党专政"在保障国家性质、保卫国家安全、保障社会经济高效稳定发展方面具有其特殊优势。另一方面，从"一党领导"的角度来释义"一党专政"，这是无产阶级革命的必然要求。从无产阶级和其他阶级的关系来看，无产阶级政党在实现无产阶级解放的过程中，还解决了农民阶级和小资产阶级的解放问题，而这些阶级在新型国家建立后，应当是并且只能是无产阶级的同盟军和伙伴，不能成为领导国家的执政党；从无产阶级政党内部关系来讲，除国家机关外，还有群团组织、科研院所、军队等，党是无产阶级专政体系中的主要领导力量，"只有工人阶级的政党，即共产党，才能团结、教育和组织无产阶级和全体劳动群众的先锋队，而只有这个先锋队才能抵制这些群众中不可避免的小资产阶级动摇性，抵制无产阶级中不可避免的种种行会狭隘性或行会偏见的传统和恶习的复发，并领导全体无产阶级的一切联合行动，也就是说在政治上领导无产阶级，并且通过无产阶级领导全体劳动群众。不这样，便不能实现无产阶级专政"①。从"一党领导"的当代意义来看，很多社会主义国家都存在非无产阶级的爱国民主党派和群众团体，中国共产党更是成为坚持共产党领导的多党合作制的典

---

① 《列宁全集》第41卷，北京：人民出版社2017年版，第85页。

范。在论及"中国模式"的时候，有学者将一党执政纳入列宁主义的核心范畴，认为"列宁主义中最核心的内容还保留着，就是要用一切方式来阻止对一党执政的挑战，不管是来自国外还是来自国内，这是核心的列宁主义，这是不可以被挑战的"①，拓展和丰富了列宁关于"一党执政"的思想，为国家治理现代化赋予新的时代内涵。

2. 争取和平的环境是治理的重要内容

列宁积极倡导和平共处的国际交往制度与保障苏维埃政权的安全、争取社会主义国家治理的和平环境密不可分。战争与和平是国际政治和国际关系中最为复杂、最具有全局性影响的问题。②

有学者研究提出，根据《列宁全集》(中文版)的检索结果来看，与"和平"相关的词语将近 3600 处。这一时期，苏维埃俄国制定的和平政策包括：《和平法令》《告俄罗斯和东方全体穆斯林劳动人民书》《劳动人民和被剥削民族权利宣言》等，体现了苏维埃俄国追求世界和平，建立自愿、平等的外交关系。其后随着战争和封锁的结束，和平逐渐成为均势。苏维埃俄国的工作重心转向经济建设，列宁认识到，苏维埃俄国的生存与发展和其他资本主义国家之间有着千丝万缕的联系。在《致美国工人》一文中，列宁明确指出："在社会主义国家和资本主义国家共存的时期，我们也愿意在合理的条件下给予承租权，作为俄国从技术比较先进的国家取得技术帮助的一种手段。"③这一具体方案的提出，反映了在两制共存的情况下，俄国出于改善技术条件、提高生产力水平的考虑，以承租权换取先进国家先进的科学技术支持，这种合作体现出两制共存背后的和平共处意愿。

---

① 丁学良：《辩论"中国模式"》，载何迪等编：《反思"中国模式"》，北京：社会科学文献出版社 2012 年版，第 145 页。

② 李慎明等：《马克思主义国际问题基本原理》，北京：社会科学文献出版社 2008 年版，第 447 页。

③ 《列宁全集》第 37 卷，北京：人民出版社 2017 年版，第 190 页。

3. 完善社会主义国家治理的政治制度

一是确立和完善工兵农代表苏维埃制度。1905年，苏维埃这一形式诞生后，俄国各方政治力量对其态度各不相同。十月革命前，列宁认为工兵农代表苏维埃是全然不同于议会制的新型民主制度，它是巴黎公社的人民民主的直接体现，并制定了苏维埃的组织原则：人民管理制、贯彻立法权与行政权相统一的原则、苏维埃与党是涵盖与被涵盖的关系等；及至十月革命后，确立了工兵农代表苏维埃作为俄国的根本政治制度，其具体内容包括：苏维埃掌握全部国家政权，苏维埃高于党；俄共(布)领导下多党联合组织政府；确定人民自己管理国家、立法与行政合一的原则。自1915年以后，环境的变化导致苏维埃新兴民主制度遭到挑战：由一党执政代替多党联合执政、政党代表制代替人民管理制、权力集中于党中央代替了"一切权力归苏维埃"、干部委任制代替普遍选举制。列宁晚期对苏维埃现实体制背离原来的理想设计存在着极大的担忧，为此确立并建构了一系列新制度，其中就涉及：正确把握和处理党与苏维埃之间的关系问题，列宁提出，应当把党掌握的权力归还工兵农苏维埃；重新界定立法权与行政权的关系，增强立法权对行政权的约束，建立权力制衡机制，尤其强化人民监督机制，重视法制建设等。

二是完善和强化苏维埃检察制度。苏维埃俄国建立后，列宁领导制定和颁布了一系列法律法规和制度条文。但是在法制实施的过程中，却受到了地方的严重干扰。面对苏俄国家机关不遵守和执行政令、机关工作人员日渐显露的官僚主义作风，列宁主张建立检察机关作为苏维埃法制建设的专门监督机关，保护公民的权利和利益不受侵犯。在《论"双重"领导和法则》和《论新经济政策条件下司法人民委员部的任务》等论著中，列宁提出了苏维埃国家检察机关的任务和制度，要求检察机关发挥监督职能、诉讼职能，巩固社会主义法制，维护公民权益和人权，维护法律秩序。

三是确立党领导军队的制度。无产阶级苏维埃俄国建立后不久，便决定解散和复员旧式军队，但是面临帝国主义武装干涉带来的强大压力，苏维埃俄国不得不着手建立自己的革命武装。列宁对人民军队的建设作了一系列理论和实践上的指导。(1)党必须创建自己的红军部队。无产阶级俄国建立后不久，国内外反动势力的勾结导致苏维埃政权一度岌岌可危。没有强大的人民军队，就不可能保卫新生的人民政权。1918年1月，列宁正式提出"建立起强大的革命军"①，保卫革命成果，消灭阶级敌人。其后，列宁在《被剥削劳动者人民权利》中提出，彻底解除有产阶级的武装。列宁和党领导了红军的组建工作。1918年夏，改志愿兵制度为义务兵制度，在全国各地建立了红军部队。列宁计划组建一支300万人的军队，"我们原来决定到春天建立起一支100万人的军队，现在我们需要一支300万人的军队。我们能够有这样一支军队"②。在红军部队的浴血奋战下，苏维埃政权得以保存。进入和平时期后，两制并存要求保持和发展红军队伍，列宁指出："注意目前形势的特点，使我们的策略适应这种特点，同时一分钟也不忘记武装斗争仍然可能突然发生。组织红军和加强红军的力量仍然是我们的任务。"③(2)党必须加强对红军的领导。红军是无产阶级政权同帝国主义国家进行政治斗争的重要工具，无产阶级政党对红军的领导是应有之义。列宁在起草的《俄国共产党(布尔什维克)纲领》中指出："在每一个部队中成立共产党支部，以建立内部思想的联系和自觉的纪律。"④为了将在红军中成立党支部这一目标落到实处，切实实现党对红军的领导，列宁动员了一大批共产党员参加了红军，密切了党与军队的联系，加强了党对军队的领导，为在军队中坚定贯彻党的意志、执行党的决定提供了有力保障。(3)在红军中建立政治委员制度。政委的职责是负责领导红军各级党组织的工作和思想政治工作，由派往各级的优秀共产党员担任红军的政治委员。面对邓尼金叛军进攻，列宁要求"在最短时间内派出成百上千的人到军队政治部去工作，去担任政治委员等等职务。这样一来我们也就有了

---

①　《列宁全集》第33卷，北京：人民出版社2017年版，第225页。
②　《列宁全集》第35卷，北京：人民出版社2017年版，第100页。
③　《列宁全集》第42卷，北京：人民出版社2017年版，第44页。
④　《列宁全集》第36卷，北京：人民出版社2017年版，第410页。

切实的把握，像战胜更强大的高尔察克那样战胜邓尼金"①。同时，政治委员还肩负着监督指挥人员(军队)、改造和监督旧军官等工作。(4)在红军中建立严格的纪律。要加强党对红军的领导，提高红军的战斗力，就必须在红军中建立严格的纪律。列宁领导创建了无产阶级政权的第一支人民军事武装力量并建立了相应的军队制度体系，对敌对势力的侵略和破坏做出了坚决有力的回应，捍卫了苏维埃俄国的主权安全和政治安全，也为其他社会主义国家的军队工作提供了宝贵经验。

4. 治理实践应当契合经济发展的规律

要实现消灭生产资料私有制、建立生产资料公有制的社会主义经济，要求正确认识和把握经济发展的一般规律。经济规律作为经济活动、变化和发展过程中的本质的、必然的、稳定的联系，具有客观性的特点，也就是说经济发展规律不依赖于人的意识而存在。在国家治理的经济实践中，首要的就是尊重经济发展的一般规律，并利用对经济规律的认识来指导经济治理活动。同时，以解放和发展生产力为基础，适时改变和调整经济制度，释放经济活力，在尊重经济发展客观规律的前提下逐渐过渡到社会主义社会。列宁在国家治理活动中，通过对社会主义国家经济建设的不断探索，逐步实现对经济发展客观规律的把握。

首先，十月革命前，列宁对经济发展规律的观察和思考始于19世纪80年代他登上俄国政治舞台前后。身处君主专制与资本主义发展冲击的时代漩涡中，列宁观察到了落后的亚细亚国家在遭受西方现代大工业冲击时产生的种种具有历史性意义的巨大变化，包括在技术进步的作用下，工业部门从农业部门中分化出来，形成了俄国资产阶级和无产阶级的对立这个重大历史现象。列宁对俄国经济发展作了马克思主义的深刻分析，并在领导俄国工人运动的过程中逐渐了解资本主义经济生产方式下的经济制度和工厂管理方式。十月革命后，列宁在系统地研究阐释国家理论的时候提出

---

① 《列宁全集》第37卷，北京：人民出版社2017年版，第48~49页。

了新型国家制度下经济的组织形式，即建立国有的、全民的"辛迪加"组织，这个组织最重要的特征就是试图"直接"消灭阶级差别，使无产阶级人民群众平等地参加对国家的"计算和监督"，集中体现了列宁"直接过渡"到社会主义的理论设想，并依据这个设想，在国内战争的条件下发展形成了"战时共产主义"的经济治理模式。列宁关于从经济文化相对落后的君主专制俄国直接过渡到社会主义的发展思想跨越了资本主义社会这个中间环节，在没有理论指导和经验借鉴的情况下，探索社会主义社会的经济发展就只能依靠实践来检验了。

其次，列宁的经济治理思想在实践中逐渐契合经济发展的客观规律。尽管 1918 年春天，列宁短暂地形成了"国家资本主义"的经济治理设想，但是并没有来得及进行深入探索。直到 1921 年，现实的发展状况迫使苏维埃俄国不得不调整经济制度，列宁开始紧密围绕俄国多层级经济基础作了系统性思考，通过与现实发展条件相结合、与农民阶级的利益诉求相结合，列宁逐渐形成了契合经济发展规律的国家治理思想。列宁经济治理思想中契合经济发展规律的内容有：(1)推动经济发展应当以生产力的进步为基础；(2)尊重农民的利益诉求，刺激扩大农业生产规模；(3)利用资本主义建设社会主义，利用外国资金、先进技术和设备以及先进管理经验，提高劳动生产率。

5. 文化治理与政治经济治理密切相关

文化治理在国家治理中具有重要地位。恩格斯将人民群众所接受的社会主义文化教育视作实现社会主义社会的必要条件。他指出："社会主义社会的必要条件是足够发达的社会生产力和人们的社会主义意识以及人们的社会主义教育。"①从领导俄国革命到开展无产阶级苏维埃国家社会主义治理，列宁始终高度重视文化及其相关精神文明成果在发动群众、教育群

---

①　吴玉贵主编：《马克思、恩格斯、列宁、斯大林论社会形态》，北京：中国社会科学出版社 2012 年版，第 429 页。

众方面的重要作用，他反复强调要用先进的理论来指导实践，先进的理论本身就是重要的文化思想成果。但是俄国长期以来的文化上的落后对国家治理，尤其是对无产阶级和广大劳动群众直接参与国家治理而言造成了消极影响：一是对人民直接参与国家治理形成掣肘；二是不能很好地运用法律赋予的权利同官僚主义和拖拉作风作斗争；三是"限制"了俄共(布)对苏维埃机关的领导。所以列宁在与女革命家蔡特金会谈时指出："文盲现象同夺取政权的斗争、同破坏旧国家机器的需要是可以相容的。但我们是否仅仅为了破坏而破坏呢？文盲现象是同建设的任务不相容的，根本不相容的。"①正是基于对人民群众的文化水平和肩负的社会主义建设任务不匹配的认识，列宁反复强调，"在一个文盲的国家里是不能建成共产主义社会的"②，要求通过国家治理不断提高无产阶级群众的文化水平。

文化治理与发展社会主义民主政治、开展社会主义经济建设密切相关。创造社会主义先进文化是列宁国家治理思想的重要内容，反过来，精神文化也可以作用于国家治理的发展，优秀的、积极的精神文明创造能够提升参与治理的无产阶级群众的知识水平和道德修养，丰富他们的精神文化生活；能够消除旧的文化糟粕，扬弃资本主义社会的腐朽文化，汲取人类社会发展的优秀文化成果；能够为发展民主政治提供重要的文化素质保证，也能为经济建设提供智力支撑，从而最终实现增强国家治理能力的目的。

第一，通过实施文化治理可以推动社会主义民主政治的发展。在列宁看来，"不识字就不可能有政治，不识字只能有流言蜚语、谎话偏见，而没有政治"③。对于社会主义国家治理而言，要提高无产阶级的政治觉悟和政治水平，就必须帮助无产阶级群众掌握基本文化知识。列宁将文化治理的重要性置诸苏维埃政治发展的历史高度来审视，提出"要使整个苏维埃

---

① [苏]蔡特金：《回忆列宁》第5卷，北京：人民出版社1959年版，第211页。
② 《列宁全集》第39卷，北京：人民出版社2017年版，第344页。
③ 《列宁全集》第42卷，北京：人民出版社2017年版，第210页。

建设获得成功，就必须使文化和技术教育进一步上升到更高的阶段”①。

第二，文化治理为社会主义经济建设提供了智力支持。从文化和经济的关系而言，经济是基础，文化是上层建筑，文化还是不能通过革命手段或暴力手段“打碎”的特殊的上层建筑。文化受经济基础决定，同时反作用于经济基础。文化与经济的关系决定了文化治理和经济治理的关系，“要成为有文化的人，就要有相当发达的物质生产资料的生产，要有相当的物质基础”②。文化治理对经济建设的反作用体现在恢复和发展大工业生产、需要充分发展的文化教育作为保证、提高劳动者技能和管理能力等方面。

6. 实现参与国家治理的工农利益协调

如何妥善地处理参与国家治理活动的工农利益关系问题，是国家治理研究的重要问题。对于无产阶级苏维埃国家而言，实施经济治理，首要任务就是回答如何处理作为治理主体的无产阶级政党和工人阶级、农民阶级的关系问题，进一步聚焦，就是如何处理无产阶级政党和农民阶级的利益关系问题，就其本质而言，就是如何处理工农之间的关系。之所以认为苏维埃俄国国家治理主客体的利益关系问题本质是工人阶级和农民阶级的关系问题，这是由两个方面所规定的：第一，无产阶级政党的性质。无产阶级政党的主要组成部分是工人阶级，必然能以工人阶级的利益作为治理的立足点和出发点，在国家治理中集中体现了适应工人利益诉求的国家治理政策。诚如列宁所指出的，工人阶级的敌人就是“无政府状态的资本主义和无政府状态的商品交换”③，无产阶级的经济治理必然要杜绝无政府状态的商品交换，由国家阻止产品的生产和分配；然而小农阶级的资本主义倾向决定了其天然地对自由贸易充满了向往，这就造成了无产阶级和小农阶级在利益诉求上的差异。第二，处理工人和农民之间利益关系是以国家发

---

① 《列宁全集》第 38 卷，北京：人民出版社 2017 年版，第 183 页。

② 《列宁全集》第 43 卷，北京：人民出版社 2017 年版，第 372 页。

③ 《列宁全集》第 42 卷，北京：人民出版社 2017 年版，第 199 页。

展的现实条件作为出发点的：大工业基础薄弱，尚不具备改造小农的大生产条件；恢复工业经济，开展社会主义建设必须依靠农民阶级的力量。具体来看，关于工农利益关系协调问题，不同时期列宁采取了不同的政策。

一是将农民阶级的利益诉求纳入国家的发展目标之中。列宁认识到，尽管实行新经济政策必然会产生资本主义，导致苏维埃国家的经济利益遭到损失，但是实行新经济政策的好处远远超过了苏维埃国家的经济损失，而且实行新经济政策，会刺激私营经济的发展，反而会增加苏维埃国家的国民经济总量。基于苏维埃经济状况不佳、发展大工业生产的目的，列宁要求实行新经济政策，实现了国家发展目标和农民阶级利益诉求的结合，这种结合在大生产不发达的历史条件下，具体地解决了无产阶级国家和农民阶级利益诉求不一致的问题。

二是改变行政命令式的治理手段，尊重农民的经济利益诉求，保障正常的地方经济自由流转。新经济政策实行以前，在苏维埃国家经济治理的设想中，农民阶级被抽象成国民经济中的部门存在，当时列宁认为农民阶级只需要按照国家行政命令的统一计划安排来实行经济治理任务、完成经济治理目标即可。在对战时共产主义的反思过程中，列宁重新将目光聚集在俄国多层级的经济结构及小农占数量优势这个现实经济基础之上，此时他认识到，进行苏维埃国家社会主义建设必须依靠农民阶级，应当发挥农民阶级的积极性，使他们具有投入社会主义建设的意愿。因此必须调整经济制度，改变行政命令式的国家治理模式，尊重农民阶级在社会主义建设中的重要地位，满足农民阶级对现实利益的诉求，保障地方的自由经济流转，最终目的就是发挥农民在社会主义建设事业中的积极性、能动性。

实现参与治理的主客体的利益一致，彰显了苏维埃国家治理"以人的全面自由发展"作为最高追求的价值旨归。新经济政策的实施，将以往抽象为国民经济部门的农民阶级还原为社会主义国家建设中的具有能动作用的个人，刺激农民自愿扩大农业生产规模，在价值追求的高度上实现了国家治理中工农利益的统一。

7. 保障民族自决权，实现民族平等交往

基于对欧洲和亚洲各民族解放运动的关注和研究，马克思、恩格斯提出了无产阶级的民族自决权思想，主张一切被压迫的民族通过斗争争取民族自决、实现民族独立的权利，无产阶级政党为了全人类的解放事业必须承认和支持民族自决权。只有通过各民族的自决和独立，才能建立起主权平等的民族国家，才能在民族国家范围内不断壮大无产阶级队伍，实现无产阶级的国际合作，有效组织社会主义革命，逐步走向社会主义。列宁在领导俄国这一经济文化比较落后的国家进行社会主义革命和建设的过程中，遵从马克思主义的根本要求，结合帝国主义和无产阶级革命的特点，形成了苏维埃俄国的民族自决制度，丰富和创新了马克思、恩格斯的民族自决理论。

在列宁看来，民族自决权是指民族有权自由决定自己的命运。正确理解民族自决权思想，必须从民族运动的一般历史和经济条件出发，具体问题具体分析。针对当时盛极一时的民族文化自治思想，列宁旗帜鲜明地强调指出，民族自决就是民族的政治自决。历史地看，列宁的民族自决权思想大致经历了三个阶段。（1）1898—1905年为列宁民族自决权思想的提出阶段。在1893—1896年间写作的《社会民主党纲领草案及其说明》中，列宁提出"俄国社会民主党首先要求：1.召开由全体公民的代表组成的国民代表会议来制定宪法。2.年满21岁的俄国公民，不分宗教信仰和民族，都有普遍的、直接的选举权……6.宗教信仰自由，所有民族一律平等"[1]。此时尚未涉及民族自决权，只是提出了民族平等的要求。列宁首次明确提出民族自决权始见于《俄国社会民主工党纲领草案》。20世纪初，列宁开始对民族自决权进行阐释，代表性观点包括：承认民族自决权思想是为了尽可能广泛地团结工农群众；批评了以罗莎·卢森堡为代表的波兰社会党关于民族自决权的思想。（2）1905—1914年是列宁民族自决权的发展阶段。这一

---

[1]　《列宁全集》第2卷，北京：人民出版社2017年版，第71页。

时期，取消派、托洛茨基调和派及犹太资产阶级和小资产阶级民族主义者站在机会主义立场上，猛烈攻击俄国社会民主工党纲领，否定民族自决权原则，主张实行民族文化自治来代替民族自决权。列宁结合马克思、恩格斯民族问题理论和俄国实际情况对民族问题进行了深入研究，同各种否定民族自决权原则的错误思想和主张展开了激烈论战，提出了俄国社会民主党坚持民族自决权的必要性和主要任务。他提出：要教育群众进行民主革命，对俄国进行民主改造，建立彻底民主的国家制度，要求各民族一律平等，反对某一或某些民族的特权；坚持一切民族都有成立单独国家或自由选择他们愿意参加的国家的权利，完全承认每个民族都有自决权，都有决定自己的命运甚至可以同俄国分离的权利；反对一切民族主义，坚持无产阶级国际主义，实现各民族无产阶级的联合，最终实现社会主义。这一阶段列宁在民族自决权的概念、内涵，坚持民族自决权思想的意义，实行民族自决权思想的条件和立场观点等方面都有了深入发展。（3）1914—1917年是列宁民族自决权思想的成熟阶段。第一次世界大战的爆发和各国统治阶级用"保卫战争""民族独立"等口号号召本国人民参战，导致对战争的性质、和平问题和民族自觉问题认识极为混乱。为此，列宁撰写了大量文章，继续捍卫和发展民族自觉思想。从思想内容来看，列宁提出了民族自决权的含义、民主革命与民族自决权的内在联系、战争对民族自决权的冲击和破坏、帝国主义对民族自决权利的压迫、社会主义民族自决权的最终目的是各民族的接近融合等，并具体提出了民族自决权的策略措施、实现形式，最终形成了苏维埃俄国的民族自决权制度。

（二）列宁国家治理思想的方法论特征

1. 实现发展生产力和发挥社会主义制度优越性相统一

在马克思主义者看来，经济基础决定上层建筑，作为上层建筑的国家治理制度应当尊重经济发展的客观规律，依照经济基础的本质特征开展制度设计。换言之，经济发展水平决定了国家治理制度的演化形态，一个国家经济发展到什么样的水平，其制度演化也应该处于相同的水平。十月革命的胜利使俄国建立了先进的社会主义制度，但是建立社会主义先进制度的基础却是俄国以小农经济占优势的落后的经济基础。新经济政策实施以前，由于苏维埃俄国面临的经济治理的特殊状况，缺乏详细的理论指导，又缺乏历史经验的参照，便只能以实践来检验苏维埃俄国国家治理政策的科学性。在没有重视解决落后的生产力和先进的社会主义制度之间偏差的情况下，出现了列宁所说的将战时共产主义政策应用于常态化国家治理的失误，这个失误的直接表现就是"上层制定的经济政策同下层脱节，它没有促成生产力的提高"①，导致的直接后果就是阻碍了社会主义生产力的提高。

在国家治理实践中，苏维埃俄国逐渐实现发展社会生产力与发挥先进社会主义制度的优越性相结合。就理论逻辑而言，马克思对社会主义经济发展规律的研究揭示了社会主义经济形态发展的一般路径，即从自然经济到商品经济，从商品经济再到产品经济。尽管社会主义经济发展的一般规律没有办法改变，但不同阶段劳动过程中，人与生产资料配置及结合方式可以进行适当调整。从实践层面来看，巩固工农联盟的社会主义制度、恢复和发展社会主义经济，要求在国家治理的实践中尽快解决落后的生产关系和先进的社会主义制度之间难以匹配的问题；要求把握经济发展的客观规律，立足于经济基础，对经济制度做出适当的调整。列宁从两个方面做出了探索，一是高度重视恢复和发展大工业，发挥大工业在国家治理中的物质保障和技术基础作用。二是适时调整经济关系，通过利用"中间环节"弥补落后的生产力和先进制度之间的鸿沟，这个中间环节就是地方的经济流转。

2. 彰显治理的价值理性和工具理性

从国家治理的技术层面来看，"国家治理"的目的就是通过一系列制度

①　《列宁全集》第42卷，北京：人民出版社2017年版，第195页。

安排实现国家各领域相互协调、综合发展，展现了"治理"作为工具理性的一面；社会主义的"国家治理"之所以具有丰富的内涵，开创了与资本主义"治理"截然不同的新境界，就在于除了工具理性层面，其"国家治理"的价值追求是实现人的全面发展，列宁更将"人的全面发展"与社会主义建设、与社会主义国家治理紧密结合起来，做出了具体的、生动的阐释，彰显了"国家治理"的价值理性。因此，列宁的国家治理思想实现了价值理性和工具理性的有机结合。

从国家治理的价值层面而言，实现社会主义远大理想、实现人的全面自由发展是国家治理的根本价值追求。在具体的治理实践中，列宁鼓动无产阶级群众全部参与到国家管理中来，号召通过文化教育提高无产阶级群众文化水平，组织无产阶级群众参加"劳动竞赛"和义务劳动充分发挥他们的能动性，实行新经济政策尊重了农民在社会主义经济治理中的重要地位，这些举措无疑彰显了列宁立足苏维埃俄国国家发展的实际情况，把人民群众的利益诉求作为国家治理的价值追求目标。列宁在国家治理的实践中，始终坚持治理的价值理性和工具理性的结合，实现了社会主义国家的发展目标与无产阶级利益诉求的高度一致。

二、列宁国家治理思想的历史意义

(一)开创了经济文化相对落后的社会主义国家治理先河

首先，列宁领导国家治理活动的展开，离不开对"俄国应当走什么样的发展道路"这个深层问题的思考。"俄国发展道路"的问题直接决定了国家治理的起点。以"国家治理的起点"为基础，以经济文化相对落后的社会主义国家为基础，这就决定了苏维埃俄国的国家治理具有复杂性。从俄国发展道路的角度来考察，十月革命的胜利，实际上标志着落后的资本主义俄国走入了一条非资本主义道路。这个时期，列宁还没有充分认识到在落后的农民国度建设社会主义同在发达资本主义社会基础之上建设社会主义的区别，还没有认识到经济落后的苏俄还需要一定程度上促进资本主义经济的发展，在其思想里占主导地位并用以指导俄国经济建设的，主要是马克思关于发达资本主义国家走向社会主义的某些设想，采取了直接过渡和战时共产主义办法。及至1921年春，列宁领导并制定了新经济政策，采取通过国家资本主义走向社会主义的办法，最终找到了一条落后国家向社会主义过渡的可行性道路，一条切合俄国实际的非资本主义道路。

其次，在苏维埃俄国走非资本主义道路的设想和实践中，列宁进行了对落后社会主义国家进行国家治理的有益尝试，开创了经济文化相对落后的社会主义国家进行国家治理的先河。一方面，列宁将马克思、恩格斯关于落后国家在一定条件下实现非资本主义发展的设想融入了国家治理实践中，继承了他们关于落后国家积极吸收借鉴资本主义先进文化成果的重要观点。面对苏汉诺夫等人对俄国革命的责难，列宁揭示了世界历史发展一般规律在俄国的特殊表现形式，即先夺取政权，凭借革命的手段掌握国家权力，然后在苏维埃制度的基础上，对社会主义苏维埃俄国开展治理活动，创造实现社会主义所必需的生产力水平，不断提高人民群众的文化素养。另一方面，列宁关于在文化落后国家进行社会主义国家治理的思想突破了马克思、恩格斯思想当中的部分观点的时代局限，丰富和发展了马克思主义创始人关于国家治理的设想。

一是列宁突破了马克思设想俄国和西方国家同时爆发无产阶级革命的"共同胜利论"，提出"一国胜利论"。在马克思看来，俄国要开展社会主义建设、实现非资本主义道路，其成功的前提是西方无产阶级革命获得胜利并对俄国施以援助，列宁在领导俄国革命和开展国家治理的过程中突破了这个条件，尤其是在无产阶级政权建立之初，基于对世界无产阶级运动形势的科学分析，列宁认为苏维埃俄国必须根据西方国家无产阶级运动短时间内无法立刻爆发的现实情况，制定合理的国家治理策略，探索社会主义制度和资本主义制度并存的关系问题，以及在经济文化落后的社会主义国家中，如何借助资本主义先进成果实现本国发展。

二是列宁及时地反思了国内战争后继续实行战时共产主义治理模式的

经验教训，果断领导苏维埃俄国经济治理向新经济政策转向，突破了传统的直接过渡的思想；以长期保存多层级的经济结构为出发点，探索实施正常的地方经济流转、发展货币经济，刺激了农民群众的生产积极性，兼顾了农民群体的利益诉求。列宁采取了一系列具有现代商业意蕴的经济治理措施，试图通过国家资本主义走向社会主义，进行了落后国家向社会主义国家过渡的有益尝试。

三是列宁明确意识到落后国家的国家治理具有长期性和复杂性。列宁告诫那些向往俄国革命道路的落后国家，非资本主义道路并非适合于所有落后国家，各国要"从具体的现实生活中的各种现象"①和本国国情出发来选择发展道路。但是，列宁也明确指出，不顾历史条件"说落后民族无法避免资本主义发展阶段"的观点是不对的，"在先进国家无产阶级的帮助下，落后国家可以不经过资本主义发展阶段而过渡到苏维埃制度，然后经过一定的发展阶段过渡到共产主义"②。他预言东方人口无比众多、社会情况无比复杂的国家，今后的革命无疑会比俄国革命带有更多的特殊性。

（二）深刻影响了其他社会主义国家的治理理论和实践

首先，列宁的国家理论和国家治理思想，从理论上恢复和发展了马克思、恩格斯的国家理论。马克思主义的国家理论作为"马克思主义政治学的主要内容"③，是一个包容开放、不断发展的理论体系。马克思主义国家学说的"生成"依据的是对现实的遵循，马克思在《关于费尔巴哈的提纲》中指出："社会生活在本质上是实践的。"④马克思主义创始人依据自身所处时代的世界历史发展阶段和现实条件，对社会主义国家的结构和制度作了预测性论断，但他们的设想和社会主义实践之间尚存罅隙和距离，这就为

---

① 《列宁全集》第39卷，北京：人民出版社2017年版，第232页。
② 《列宁全集》第39卷，北京：人民出版社2017年版，第236页。
③ 王沪宁等：《政治的逻辑：马克思主义政治学原理》，上海：上海人民出版社2016年版，第124页。
④ 《马克思恩格斯选集》第1卷，北京：人民出版社2012年版，第139页。

理论发展和实践创新留下了空间。围绕俄国革命和苏维埃国家治理的复杂条件，列宁恢复和捍卫了马克思国家理论的基本原则，而且根据无产阶级新型国家建设的经验，"揭示国家生产和发展的一般规律""科学分析资本主义国家的实质""辩证对待无产阶级专政和民主""初步探索建设社会主义的有效途径"，发展了马克思主义国家理论。①

其次，列宁的国家理论和国家治理思想深刻地影响了中国革命、建设、改革事业的发展。列宁主义在中国的传播和实践运用为毛泽东思想的诞生和中国特色社会主义理论体系的形成提供了重要的思想资源，"中国人接受的马克思主义就是经过列宁发展了的马克思主义，也就是列宁主义"②。1899年，中国人在《大同学》中第一次看到马克思的名字。1920年10月，以瞿秋白为代表的中国先进知识分子成为研究和宣传十月革命的先驱。1921年，李达所编撰的《共产党》月刊刊登了沈雁冰翻译的列宁《国家与革命》的第一章第一节和第二节的译文。此外，中国共产党人陈独秀、任弼时、刘少奇等目睹了新经济政策实施期间的俄国现实情况，或曾经见过列宁本人。1928年，中共六大决议要求积极发行马列著作，"中国革命、建设和改革的发展历程中处处闪耀着《国家与革命》的思想光辉"③。有学者提出，对毛泽东一生影响最大的两本马列著作是《共产党宣言》和《国家与革命》。列宁对什么是社会主义以及如何走向社会主义道路的思考也深刻影响了毛泽东和邓小平。毛泽东认为："十月革命帮助了全世界的也帮助了中国的先进分子，用无产阶级的宇宙观作为观察国家命运的工具，重新考虑自己的问题。走俄国人的路——这就是结论。"④改革开放初期，邓

---

① 卢迎春：《列宁对马克思主义国家学说的理论贡献》，《马克思主义理论学科研究》2017年第1期。

② 陶德麟：《列宁思想研究的当代意义》，载何萍主编：《列宁思想在二十一世纪：阐释与价值》，北京：人民出版社2014年版，第4页。

③ 辛向阳：《列宁〈国家与革命〉的基本思想与新时代的国家与革命》，《马克思主义研究》2019年第12期。

④ 《毛泽东选集》第4卷，北京：人民出版社1991年版，第1471页。

小平指出："可能列宁的思路比较好，搞了个新经济政策。"①青年习近平尽管身处梁家河的艰苦条件中，但他坚持精读了大量马克思主义经典著作，其中就有《共产党宣言》《法兰西内战》《哥达纲领批判》《反杜林论》《国家与革命》等。进入新时代，我们依然应当始终坚持继承和发展列宁的国家治理思想。

三、列宁国家治理思想的当代价值

众所周知，列宁领导布尔什维克党开展苏俄国家治理活动，具有其特定的时代依据和强烈的现实针对性。当代世界社会主义国家，尤其是我国，相较于列宁所处的时代，推动国家治理现代化的国际环境、物质基础、制度安排、文化支撑、治理内容都得到了较大的拓展和提升，发生了重要变化。在新的时代条件下，追溯列宁国家治理思想当代价值是否还有必要，就成为研究者亟待回答和解决的问题。在新的历史条件下，列宁的国家治理思想到底还有无价值？它的当代价值何以成立，又何以呈现？它的价值有多大的作用范围？为了回答这些问题，研究者必须基于当代世界发展特征，综合把握、科学辨析列宁国家治理思想、一般国家治理理论和中国国家治理现代化的联系，得出科学合理的结论。

（一）检视和扬弃西方的"治理"话语

首先，借助列宁的国家治理思想检视和扬弃西方国家治理话语何以成为可能？第一，中国推进国家治理现代化的理论遵循是马克思主义科学理论。依据理论诞生的一般规律来看，理论的提出和构建离不开解决社会现实问题的需要，也就是说社会发展到什么样的程度，才会出现与社会发展相适应的、符合社会需要的理论样态。尽管西方发达国家面对发展问题率先提出了"治理"概念，为中国提升党领导下的政府行政能力、完善社会主

---

① 《邓小平文选》第 3 卷，北京：人民出版社 1993 年版，第 139 页。

义建设的各项制度安排提供了一定启示。然而，就"治理"的内涵来说，社会主义国家的本质规定性决定了中国推进国家治理现代化与西方的"治理"话语是迥然相异的，要求必须从马克思主义科学理论、从马克思主义理论家的思想中去找寻和挖掘推进我国国家治理现代化的依据。第二，尽管马克思、恩格斯、列宁等马克思主义经典作家使用"治理"的概念并不多，但在他们的思想中实际上包含了关于国家治理的丰富理论设想，尤其是列宁继承、发展了马克思和恩格斯关于国家治理的思想并实现了国家治理从理论到实践的转变，形成了"经典的社会主义国家治理思想"，只是囿于当时的历史条件，在社会主义历史中，"治理"尚未作为一种专门的理论形态呈现出来。在当代推动国家治理现代化的现实需求下，通过逻辑还原，对列宁的国家治理思想进行全景式扫描，描绘社会主义国家治理的重要思想谱系，有助于我们"按图索骥"，利用列宁丰富的国家治理思想线索，对西方国家治理的话语进行对照检视和扬弃。

其次，借助列宁的国家治理思想对西方"治理"话语进行检视和扬弃，包括以下几个方面的具体内容：

其一，国家治理的领导主体不同。社会主义国家普遍采取"政党中心主义"的国家治理模式，其中，无产阶级政党是国家治理的领导核心，苏维埃俄国国家治理的领导核心就是列宁领导的俄共（布）；在资本主义国家中，国家治理的主体呈现出多元化特征，既有政府，也有作为不同利益群体代表的政党，还有各种市场经济主体或社会团体，它们都试图为自己争取更多的权利，实现自我表达和利益诉求。

其二，国家治理的价值追求不同。社会主义国家代表的是广大无产阶级人民群众的利益，社会主义国家的本质规定决定了追求无产阶级的解放、实现"人的全面自由发展"是社会主义国家治理的价值旨归；在西方发达国家早期工业化过程中，古典经济学家李嘉图等人已经关注到分配的利益阻隔及其导致的社会断裂。然而，在他们看来，通过剥削工人使资本家获得更大利益的"弱肉强食"的做法是符合自然生存法则的；神学家马尔萨斯更宣扬经济发展必须通过扩大不平等收入、通过抑制人口增长为代价，马尔萨斯的人口理论也因此被恩格斯斥责为"卑鄙无耻"的冷血的学说，及至当代也是如此，只不过资本主义国家攫取巨额利润的方法更加隐蔽了，或通过虚拟货币、国际金融等方式迅速收割财富，或如美国那样不断增发货币，维持本国经济生活水平，但最终让世界各国人民共同为之买单。总而言之，西方资本主义国家治理的价值追求始终是为实现少数人的利益服务的。

其三，国家治理的实施手段不同。在社会主义国家，作为执政党的无产阶级政党一方面将本阶级的利益诉求上升为国家的意志和主张，并通过国家治理的制度安排和政策安排来实现这些意志和主张，另一方面，在不同的历史时期，以最终实现生产资料公有制的社会化大生产为目标，无产阶级政党通过调整制度安排，采取收紧或放松、集中或分散、稳定或衍生的各种制度手段来主导国家发展，通过制度来调动广大人民群众的能动性，刺激劳动者提高劳动生产效率，释放经济增长的内生动力。资本主义国家中，一方面，资本主宰了国家治理，参与治理的多元主体实际上都是在替资本及其增值的要求"发声"；另一方面，正是在以资本及其增值为本质特征的资本主义制度下，国家治理活动制度安排的核心是发展技术、促进资本增值，新帝国主义时代下，尽管资本有了新的特征，但其寄生性依然存在，由于资本主义制度与社会化大生产相背离的本质，导致治理困境的产生，并且加剧了资本主义制度的腐朽衰落。

综上所述，以列宁的国家治理思想作为参照基础，依然能够强有力地驳斥和批判当代西方国家的"治理"话语，一是揭露了西方"治理"话语的本质特征，二是揭露了西方"治理"话语的虚伪性。

(二)为其他社会主义国家的治理提供经验

自列宁国家治理思想诞生之日起，它的历史发展就与社会主义国家的发展紧密相连，无论是苏维埃俄国还是其他的社会主义国家，在它们开展国家治理的过程中，都无法绕开，也不可能绕开这位世界上第一个社会主义国家创始人、社会主义国家治理开拓者的重要思想。在列宁国家治理思想的历史行程中，既有领导创立了苏维埃俄国这样的具有伟大世界历史意义的功业，也有面对帝国主义的残酷围剿不得不实行妥协的负重前行，还有非常时期采取的特殊国家治理措施，列宁关于社会主义国家治理的探索为社会主义国家治理的形成和发展奠定了重要的理论依据和实践遵循。

1. 正确处理"落后的生产力与先进的生产关系之间的矛盾"

经济文化相对落后的国家在实现特殊的社会飞跃后，一方面，社会主义革命的胜利使无产阶级得以初步建立起社会主义的先进制度；另一方面，由于经济文化相对落后的国家技术水平、物质基础较为薄弱，无可避免地要面对落后的社会生产力与先进的社会制度不相称的矛盾。破解"落后的生产力与先进的生产关系之间的矛盾"就成了国家治理的重大问题。尽管在历史上围绕"落后的生产力与先进的生产关系之间的矛盾"有各种不同的观点，但破解这个矛盾始终是推进社会主义建设、开展国家治理的现实任务。首先，应当始终坚持把解放和发展生产力放在首位，做到生产关系的变革同生产力发展的要求和水平相适应。其次，应当不断完善社会主义的经济制度，确立符合社会发展规律的社会主义制度和道路。以列宁的国家治理措施为镜鉴，中国在开展国家治理的过程中，领导人对"落后的生产力与先进的生产关系之间的矛盾"有了更深刻的认识，邓小平同志提出："社会主义究竟是个什么样子，苏联搞了很多年，也并没有完全搞清楚。可能列宁的思路比较好，搞了个新经济政策，但是后来苏联的模式僵化了。"①

2. 正确处理"社会跨越与文化滞后之间的矛盾"

实现社会跨越后，普及科学文化知识和提升人民道德修养就成为建设社会主义事业的重要推手，是社会主义国家治理关注的重要方面。一方面，基于上层建筑反作用于经济基础的原理启示，要求在人民群众中普及

———————

① 《邓小平文选》第3卷，北京：人民出版社1993年版，第139页。

科学文化知识。列宁就指出可以通过让农民学习来提高他们的经营水平，扩大他们的经营规模，并且还可以使无产阶级群众掌握科学的管理国家、管理企业的方法，提高他们的管理能力，既满足人的全面发展的需要，又可以促进社会主义建设事业发展。另一方面，在实现社会跨越之后，落后的、腐朽的文化无法及时得到根除，社会主义文明不能立刻被创造，必然导致原有的文化自觉和社会主义建设所需要的道德文化之间存在沟壑，由此形成社会跨越与文化滞后的矛盾，要求无产阶级在社会主义国家治理中、在大力发展生产力的同时，高度重视上层建筑建设，努力化解社会跨越与文化滞后之间的矛盾，一是要正确认识处理文化问题，汲取全人类优秀文化成果，并将其广泛运用于社会主义建设事业中；二是要高度重视发展社会主义新型文明，创造现代社会主义精神文明成果，满足群众的文化需求，培育一代新人。

3. 正确处理"社会主义制度与资本主义制度之间的矛盾"

毫无疑问，相较于资本主义制度而言，社会主义制度是超越资本主义制度的、更加先进的社会制度，是对资本主义制度的替代；但是相对于资本主义制度以前的封建君主制度等社会制度形态，资本主义制度又较为先进。往往社会主义制度就是在经济文化相对落后的国家中产生的，这些国家甚至还没有经历资本主义的发展阶段。因此，实现社会跨越后，如何处理社会主义国家和较为发达的资本主义国家之间的复杂关系，实际上就是处理两种制度之间的关系问题，成为社会主义国家治理在对外交往方面亟待解决的现实问题。列宁在苏维埃俄国国家治理中对待资本主义的态度为其他社会主义国家提供了可资借鉴的宝贵经验。从整体来看，无论是在应对帝国主义国家的围剿、封锁还是新经济政策实施期间引进资本主义国家的资金、技术，列宁始终坚持从两重视角出发来解决社会主义制度和资本主义制度之间的矛盾，为其他国家处理这个问题提供了解决方案：一方面，列宁始终警惕帝国主义国家对苏维埃政权的破坏和颠覆，在苏维埃政权建立之初是如此，实施新经济政策期间也是如此，他要求苏维埃的审判机关按照法律严格审理企图颠覆苏维埃政权的行为；另一方面，列宁意识到指望在资本主义国家内部爆发社会主义革命并且支持苏维埃俄国社会主义建设，在短期内是不现实的，两种制度必将长期共存，列宁反复强调要积极利用资本主义制度的先进文化成果和资金支持，在经济、技术等方面展开合作。

四、列宁国家治理思想的现实启示

伟大的理论总能穿越时空影响后世的关键原因，在于它真正回答了时代之问与实践之中存在的困惑。尽管列宁领导俄国革命、开展社会主义国家治理距今已一百余年，中国大地发生了沧桑巨变，早已"旧貌换新颜"，但是在当代推进中国国家治理现代化的伟大征程中，新的世界历史条件，以及现代化发展中的新问题，要求中国共产党人鉴往知来、返本开新，遵循马克思、恩格斯揭示的历史发展规律，借鉴列宁关于国家治理的丰富思想及其宝贵实践经验，为不断推进国家治理体系和治理能力现代化提供思想资源。

（一）党是国家治理的领导核心

中国共产党的领导是当代中国最高政治原则，在国家治理中发挥顶层决定性、全域覆盖性、战略指导性作用。习近平总书记多次强调坚持党的领导的重要性。他指出："党是我们各项事业的领导核心，古人讲的'六合同风，九州共贯'，在当代中国，没有党的领导，这个是做不到的。"[①]在中国共产党的领导下，中国人民实现了从"站起来""富起来"到"强起来"的伟大转变，党的领导是实现我国政治稳定、经济发展、民族团结的根本点和压舱石。从中国共产党团结带领全国各族人民群众进行社会主义革

---

① 《习近平关于全面从严治党论述摘编》，北京：中央文献出版社2016年版，第78页。

命、建设社会主义现代化事业的历史经验来看，党的领导是中国特色社会主义的最本质的特征和最大优势。党的优势来源于党的先进性：一是党始终坚持以马克思主义科学理论为指导思想，在实现马克思主义与中国实际有机结合的过程中，不断推动理论创新，为当代中国国家治理提供先进理论的指引，确保国家治理发展的正确方向。二是中国共产党始终坚定崇高的政治理想，在面对发展道路上的艰难险阻的时候，总能够穿透历史的迷雾，直抵事物发展的本质，应对各种风险挑战。三是党建立了严密的组织体系，并且严格组织生活、严明组织纪律，使各级党组织和广大党员凝聚成为统一整体，凝聚中华儿女实现民族复兴的伟大理想，党在中国人民和中华民族的伟大事业中始终处于领导核心的地位。四是党具有制度优势，使得党能够在不同的领域和层面上有效地领导和管理国家事务，推动中国特色的社会主义事业不断发展。五是党具有密切联系群众的优势。群众路线是中国共产党的根本政治路线、根本组织路线和根本工作路线。六是有勇于刀刃向内自我革命的优势，能够保持党的先进性，永葆党的蓬勃生机。

坚持党的集中统一领导制度与党的全面领导制度，首要的是坚定维护党的领导权威。"举旗定向"是事关国家治理本质和成败的重大问题，坚定维护党中央权威和集中统一领导，是中国革命、建设、改革的重要历史经验，是一个成熟的马克思主义执政党的重大建党原则。历史经验表明，只有坚持中国共产党的领导，才能保证完善中国特色社会主义制度、推动国家治理现代化始终沿着正确的方向前进；只有坚定维护党中央的权威和坚持党的集中统一领导，才能更好地凝聚全党智慧，增强党的创造力、凝聚力、战斗力，党才能更好地带领广大人民群众开展社会主义建设事业。坚持党的集中统一领导要求不断完善党的基层组织建设，依托党的严密的组织体系来贯彻落实党的意志和主张；坚持党的集中统一领导要求不断健全党的领导制度和党的组织制度。

结合当代中国国家治理结构与党政功能的现实发展情况，有学者分析提出了中国国家治理科学高效的根本原因。在他们看来，与西方国家依托

科层制的治理结构不同，中国国家治理的体制机制具有独特的结构构成和
运行功能：在治权构成方面，呈现为执政党通过政治领导，在组织和意识
形态层面深刻塑造并融入中国特色的政府体系而形成集中统一的党政结
构。这个结构既具有政治的权威性和开拓性，又具有行政的规范性和科层
性。在功能实现机制方面，当代中国治理贯彻行动性治理与科层治理、
"行动主义"与"制度主义"、实质正义与程序正义辩证统一的运行原则，形
成了独特的功能运行机制，从而实现了治理的主导性与基础性、战略性与
常规性、绩效合法性与程序正当性的有机结合。在治理实践中，党政治理
结构兼具的治理"弹性"和功能机制的复合性，成为中国国家治理优质高效
的产生缘由。在深入推进国家治理体系和治理能力现代化的历史进程中，
改革和发展的实践要求均衡协调政治领导性与行政规范性，为此，应在加
强党的全面集中统一领导的前提下，以法治建设为基本方略，不断完善政
治与行政统筹协同、良性互动的党政结构及其功能机制。①

（二）"以人民为中心"的价值观

马克思主义群众史观认为，人民群众是历史的主体。列宁曾引用马克
思、恩格斯的论述，揭示了人民群众在历史活动中的重要作用，"历史活
动是群众的活动，随着历史活动的深入，必将是群众队伍的扩大"②。如果
说人类社会的发展是一部波澜壮阔的历史长剧，那么，正如马克思所说
的，人民群众既是"剧作者"，又是"剧中人"。马克思主义关于人民群众创
造历史的原理成为唯物史观的重要理论基石。列宁认为，国家治理要尊重
人民群众的主体地位，才能够激发人民群众参与国家治理的积极性和创造
性。在领导中国社会主义革命的过程中，中国共产党始终坚持把"全心全
意为人民服务"作为自己的宗旨，把"为中国人民谋幸福，为中华民族谋复
兴"作为自己的初心使命。习近平总书记指出："时代是出卷人，我们是答

---

① 王浦劬、汤彬：《当代中国治理的党政结构与功能机制分析》，《中国社会科
学》2019 年第 9 期。
② 《列宁全集》第 10 卷，北京：人民出版社 2017 年版，第 338 页。

卷人，人民是阅卷人。"①执政党一切工作的得失最终都要由人民做出评判，彰显了国家治理"以人民为中心"的价值旨归。

第一，重视人民群众对实现社会公平正义的诉求。新的历史条件下，要创新国家治理体制，提升国家治理水平，就要着力构建和完善以人民为主体的国家治理模式，在国家发展过程中不断满足人民群众对美好生活的向往，重视人民群众对社会公平正义的需求。对社会公平正义的追求与中国历史上延续了数千年的美好大同理想和"民胞物与"的广博情怀有相通相融之处。中国共产党自成立以来，毛泽东就把发展生产力与改善人民生活紧密地联系在一起。邓小平提出评判工作是非得失要坚持"三个有利于"，其中就有"是否有利于提高人民的生活水平"②。改革开放以来，中国共产党领导人民群众在促进社会普遍和谐发展、保障经济稳定增长方面，不断巩固和强化人民群众的凝聚力；推行公平公正的价值观念，让所有人共同享受建设福利，打破平均主义，通过多要素分配充分发挥人民的积极性、主动性、创造性。进入新时代，我国正处于向高收入国家跨越的关键阶段，对处理发展过程中产生的矛盾、提高人民幸福指数提出了新的迫切要求。习近平提出，要"在更高水平上实现幼有所育、学有所教、劳有所得、病有所医、老有所养、住有所居、弱有所扶，让发展成果更多更公平惠及全体人民，不断促进人的全面发展"③。

第二，"以人民为中心"的价值旨归在中国国家治理过程中得到了生动诠释。一是在抗疫过程中，始终坚持"生命至上"。新冠疫情是对世界各国国家治理体系和治理能力的一次大考，既考验世界各国执政党和政府的领导能力，考验国家治理的效能和韧性，又对各国应对新冠疫情的指导思想、具体措施等展开了价值追求层面的检视。世界各国在应对新冠疫情过程中，采取的措施和政策存在不少差异，生动展示了不同国家的执政党和

---

① 《习近平谈治国理政》第 3 卷，北京：外文出版社 2020 年版，第 70 页。

② 《邓小平文选》第 3 卷，北京：人民出版社 1993 年版，第 372 页。

③ 习近平：《在纪念马克思诞辰 200 周年大会上的讲话》，北京：人民出版社 2018 年版，第 21 页。

政府在人民群众生命安全遭到严重威胁时的治理理念。中国在应对疫情的过程中，始终坚持人民至上、生命至上的抗疫理念，党中央精准施策，统筹调度，加快科技攻关，广泛组织动员，党政军民学，东西南北中，凝聚形成了强大的战疫合力，尤其是疫情感染者医疗费用全部由国家财政承担的政策，不惜一切代价积极救治每一位患者，彰显了社会主义中国对人民群众生命的敬畏、对尊严的尊重。

二是在脱贫攻坚战中保障人民群众生存和发展的权利。贫困及其带来的诸多社会问题如饥饿、社会冲突等长期困扰着广大发展中国家。新中国成立后，中国人民快速提升生产力水平，持续向贫困宣战，构建了人人免于匮乏、获得发展、享有尊严的美好前景。党的十八大以来，我国明确提出了农村贫困人口全部实现脱贫的目标任务，并与时俱进选择扶贫路径，对扶贫主体、扶贫方式、扶贫对象、脱贫评估等进行全面重构，形成了当前行政统筹下的精准扶贫模式。依靠组织各级政府部门和动员扶贫干部包村包户，落实"六个精准"的政策要求，即扶持对象精准、项目安排精准、资金使用精准、措施到户精准、因村派人精准、脱贫成效精准，深度融合了行政统筹机制、财政调度机制、精准考评和压力问责机制等。2015年，再次提出"五个一批"，通过发展生产、易地搬迁、生态补偿、发展教育、社会保障等方式减少贫困并杜绝返贫，尤其注重通过引入市场经济资源，挖掘发展的内生动力，将行政体系自上而下传达的价值观和方法指导和基层充分发挥主观能动性的行政活动相结合，通过发展特色产业将"输血式"扶贫转变为"造血式"开发，构建了市场、政府、社会多主体共同参与的扶贫体系，反映了现实脱贫要求和长期发展需要的统一，保障了人民群众生存和发展的权利。

（三）完善社会主义市场经济

社会主义市场经济是当代中国探索国家经济治理的伟大创举。社会主义市场经济在中国的发展经历了四个阶段，分别是从计划经济到商品经济的改革探索阶段（1978—1991年）、市场经济体制框架建立阶段（1992—

2002 年)、市场经济体制初步完善阶段(2003—2011 年)、新时代的全面深化改革阶段(2012 年至今)。① 社会主义市场经济是马克思主义政治经济学中国化的重要成果,是中国化马克思主义政治经济学的理论创新和理论创造。从历史来看,马克思主义政治经济学的中国化同样经历了艰难曲折。马克思主义政治经济学在中国的传播,与马克思主义进入中国的时间大致相同。19 世纪末出版的中文版《大同学》、20 世纪初出版的《近世社会主义》等著作,便已提到马克思的经济学说。但是在西学东渐的背景下,资产阶级思想在中国的知识分子中占据主流,即使当时国内有对马克思主义的介绍,却始终不是主流。十月革命给中国送来了马克思列宁主义,尤其是五四运动之后,中国的先进知识分子如李大钊等人力求将马克思主义理论同中国的发展实际结合起来,用马克思主义解决中国的问题,其中就包括马克思主义的经济学说。1920 年,时任《晨报》记者的瞿秋白前往俄国考察,向国内详细介绍了新经济政策时期俄国的种种具体情况。中国共产党人对马克思主义经济学的研究和初步思考拉开了马克思主义政治经济学中国化的序幕,形成了毛泽东同志关于中国社会经济形态的重要论述。1957年完成社会主义改造后,社会主义经济制度基本确立,形成了以农业为基础、工业为主导协调发展的格局。如前文所述,从 1978 年到 2012 年是中国特色社会主义市场经济从改革探索到初步确立市场经济及初步完善阶段,在理论上开创了中国特色社会主义政治经济学理论的结构和体系。党的十八大以来,中国特色社会主义市场经济进入深化改革阶段,党的十九大以后召开的第一次中央经济工作会议,把习近平经济思想概括为坚持加强党对经济工作的集中统一领导,坚持以人民为中心的发展理念,坚持适应把握引领经济发展新常态,坚持使市场在资源配置中起决定性作用、更好地发挥政府作用,坚持把推进供给侧结构性改革作为经济工作的主线,坚持问题导向部署经济发展新战略,坚持正确工作策略和方法等七个方

①　高尚全:《中国改革开放四十年回顾与思考》,北京:人民出版社 2018 年版,第 152~153 页。

面，具有深厚的时代意蕴。推进国家治理体系和治理能力现代化，要求以习近平新时代中国特色社会主义思想为指导，不断推进社会主义市场经济向前发展。

参 考 资 料

一、马克思主义经典著作和党的文献

1. 马克思、恩格斯:《马克思恩格斯选集》(第 1—4 卷),北京:人民出版社 2012 年版。

2. 马克思、恩格斯:《马克思恩格斯文集》(第 1—10 卷),北京:人民出版社 2009 年版。

3. 马克思、恩格斯:《马克思恩格斯全集》(第 1 卷),北京:人民出版社 2002 年版。

4. 马克思、恩格斯:《马克思恩格斯全集》(第 3 卷),北京:人民出版社 2002 年版。

5. 马克思、恩格斯:《马克思恩格斯全集》(第 44 卷),北京:人民出版社 2001 年版。

6. 列宁:《列宁全集》(第 1—7 卷),北京:人民出版社 2013 年版。

7. 列宁:《列宁全集》(第 8—60 卷),北京:人民出版社 2017 年版。

8. 列宁:《列宁专题文集·论社会主义社会》,北京:人民出版社 2009 年版。

9. 斯大林:《斯大林选集》(上、下卷),北京:人民出版社 1979 年版。

10. 斯大林:《论列宁主义基础》,北京:人民出版社 1959 年版。

11. 毛泽东:《毛泽东选集》(第 1—4 卷),北京:人民出版社 1991 年版。

12. 邓小平：《邓小平文选》（第 1—2 卷），北京：人民出版社 1994 年版。

13. 习近平：《在纪念马克思诞辰 200 周年大会上的讲话》，北京：人民出版社 2018 年版。

二、国内相关研究著作

1. 陈独秀：《陈独秀文章选编》（下），北京：生活·读书·新知三联书店 1984 年版。

2. 顾海良主编：《20 世纪马克思主义发展史》（第 3 卷），北京：中国人民大学出版社 2019 年版。

3. 顾海良：《马克思主义发展史》，北京：中国人民大学出版社 2009 年版。

4. 陶德麟等：《当代中国马克思主义若干重大理论与现实问题》，北京：人民出版社 2012 年版。

5. 徐光春、梅荣政主编：《马克思主义大辞典》，武汉：崇文书局 2018 年版。

6. 王东：《改革之路的真正源头》，北京：北京大学出版社 1990 年版。

7. 王东：《系统改革论》，长春：吉林人民出版社 2014 年版。

8. 王东、刘军：《马克思列宁主义源头活水论》（全三册），沈阳：辽宁人民出版社 2020 年版。

9. 左亚文：《列宁晚年社会主义建设理论与中国的改革实践》，武汉：武汉大学出版社 1998 年版。

10. 何萍：《在社会主义入口处——重读列宁〈国家与革命〉》，北京：人民出版社 2013 年版。

11. 王元璋：《列宁经济发展思想研究》，武汉：武汉大学出版社 1995 年版。

12. 钱穆：《中国历代政治得失》，北京：生活·读书·新知三联书店 2011 年版。

13. 牟宗三：《政道与治道》，台北：台湾学生书局 1983 年版。

14. 俞可平主编：《治理与善治》，北京：社会科学文献出版社 2000 年版。

15. 俞可平：《全球化与国家主权》，北京：社会科学文献出版社 2004 年版。

16. 吴惕安、俞可平：《当代西方国家理论评析》，西安：陕西人民出版社 1994 年版。

17. 王沪宁：《政治的逻辑：马克思主义政治学原理》，上海：上海人民出版社 2017 年版。

18. 王沪宁：《当代西方政治分析》，成都：四川人民出版社 1988 年版。

19. 李慎明：《马克思主义国际问题基本原理》，北京：社会科学文献出版社 2008 年版。

20. 安启念：《东方国家的社会跳跃与文化滞后》，北京：人民出版社 1994 年版。

21. 马龙闪：《苏联模式与"中国道路"的探索》，桂林：广西师范大学出版社 2013 年版。

22. 季正矩：《列宁传》，北京：人民日报出版社 2009 年版。

23. 胡兵：《列宁〈国家与革命〉研究读本》，北京：中央编译出版社 2016 年版。

24. 姚海：《俄国革命》，北京：人民出版社 2013 年版。

25. 郑异凡：《新经济政策的俄国》，北京：人民出版社 2013 年版。

26. 俞良早：《东方视域中的列宁学说》，北京：中共中央党校出版社 2001 年版。

27. 吕世伦：《列宁法律思想史》，北京：法律出版社 2000 年版。

28. 李琮：《当代资本主义阶段性发展与世界巨变》，北京：社会科学文献出版社 2013 年版。

29. 李忠杰：《社会主义改革史》，北京：春秋出版社 1988 年版。

30. 张翼星：《读懂列宁》，成都：四川人民出版社 2001 年版。

31. 江洋：《恩格斯〈家庭、私有制和国家的起源〉研究读本》，北京：中央编译出版社 2018 年版。

32. 彭大成：《列宁的社会主义观》，长沙：湖南师范大学出版社 2002 年版。

33. 顾玉兰：《列宁主义及其当代价值研究》，北京：中国社会科学出版社 2014 年版。

34. 房广顺：《列宁工人阶级执政党建设思想研究》，沈阳：辽宁人民出版社 2015 年版。

35. 陈娥英：《列宁民族自决权思想研究》，北京：中国社会科学出版社 2016 年版。

36. 王建国：《列宁检察权思想理论研究》，北京：北京大学出版社 2013 年版。

37. 周尚文：《列宁政治遗产十论》，上海：上海人民出版社 2018 年版。

38. 吴根友：《政治哲学新论》，合肥：安徽文艺出版社 2017 年版。

39. 吴克明：《列宁〈共产主义运动中的"左派"幼稚病〉研究读本》，北京：中央编译出版社 2018 年版。

40. 郭华甫：《列宁苏维埃政权建设思想与当代中国》，合肥：合肥工业大学出版社 2009 年版。

41. 袁秉达：《跨越卡夫丁：列宁"最后的书信和文章"解读与启示》，上海：上海人民出版社 2019 年版。

42. 叶卫平：《西方"列宁学"研究》，北京：中国人民大学出版社 1991 年版。

43. 何萍主编：《列宁思想在二十一世纪：阐释与价值》，北京：人民出版社 2014 年版。

44. 张一兵：《回到列宁关于"哲学笔记"的一种后文本学解读》，苏州：凤凰出版传媒集团 2008 年版。

45. 王伟光：《社会主义通史》（第 3 卷），北京：人民出版社 2011 年版。

46. 李清崑、王秀芳：《普列汉诺夫与唯物史观》，石家庄：河北人民出版社 1984 年版。

47. 周尚文、叶书宗：《苏联兴亡史》，上海：上海人民出版社 2002 年版。

48. 靳书君：《列宁"论新经济政策"研究读本》，北京：中央编译出版社 2016 年版。

49. 杨承训：《市场经济理论典鉴——列宁商品经济理论系统研究》，天津：天津人民出版社 1988 年版。

50. 王超：《列宁国际战略思想与实践》，北京：社会科学文献出版社 2019 年版。

51. 陈之骅：《苏联史纲(1917—1937)》（上），北京：人民出版社 1990 年版。

52. 何迪：《反思"中国模式"》，北京：社会科学文献出版社 2012 年版。

53. 王丽华：《历史性突破——俄罗斯学者论新经济政策》，北京：人民出版社 2005 年版。

54. 柯武刚、史漫飞：《制度经济学》，北京：商务印书馆 2002 年版。

55. 时和兴：《关系、限度、制度：政治发展过程中的国家与社会》，北京：北京大学出版社 1996 年版。

56. 高尚全：《中国改革开放四十年回顾与思考》，北京：人民出版社 2018 年版。

三、国外相关研究著作

1. ［俄］阿多拉茨基：《阿多拉茨基选集》，石柱译，北京：生活·读书·新知三联书店 1964 年版。

2. ［俄］普列汉诺夫：《普列汉诺夫哲学著作选集》（第 1 卷），汝信等译，北京：生活·读书·新知三联书店 1959 年版。

3.［俄］普列汉诺夫：《普列汉诺夫文选》，张光明译，北京：人民出版社 2010 年版。

4.［俄］普列汉诺夫：《我们的意见分歧》，刘若水译，北京：人民出版社 1955 年版。

5.［俄］尼·布哈林：《历史唯物主义理论》，李光谟等译，北京：人民出版社 1983 年版。

6.［苏］列·托洛茨基：《我的生平》，赵泓、田娟玉译，上海：上海人民出版社 2007 年版。

7.［苏］列·托洛茨基：《俄国革命史》（1—3 卷），丁笃本译，北京：商务印书馆 2014 年版。

8.［苏］列·托洛茨基：《托洛茨基文选》，郑异凡编，北京：人民出版社 2010 年版。

9.［苏］娜·康·克鲁普斯卡娅：《列宁回忆录》，哲夫译，北京：人民出版社 1971 年版。

10.《回忆列宁》（第 1 卷），上海外国语学院列宁著作翻译研究室译，北京：人民出版社 1982 年版。

11.《苏联共产党代表大会、代表会议和中央全会决议汇编》，北京：人民出版社 1964 年版。

12.《苏联共产党章程汇编》，北京：求实出版社 1982 年版。

13.《马列著作编译资料》（第 17 辑），北京：人民出版社 1981 年版。

14.《国际共运史资料》（第 7 辑），北京：人民出版社 1982 年版。

15.［希腊］亚里士多德：《政治学》，吴寿彭译，北京：商务印书馆 1983 年版。

16.［德］康德：《历史理性批判文集》，何兆武译，北京：商务印书馆 1990 年版。

17.［美］塞缪尔·P.亨廷顿：《变化社会中的政治秩序》，王冠华、刘为译，上海：上海人民出版社 2008 年版。

18. ［美］詹姆斯.N.罗西瑙：《没有政府的治理》，张胜军等译，南昌：江西人民出版社 2001 年版。

19. ［美］罗伯特·诺齐克：《无政府、国家和乌托邦》，姚大志译，北京：中国社会科学出版社 2008 年版。

20. ［英］齐格蒙特·鲍曼：《全球化——人类的后果》，郭国良、徐建华译，北京：商务印书馆 2001 年版。

21. ［美］艾伦·梅克辛斯·伍德：《西方政治思想的社会史：公民到领主》，曹帅译，南京：译林出版社 2019 年版。

22. ［美］张效敏：《马克思的国家理论》，田毅松译，上海：上海三联书店 2013 年版。

23. ［英］苏珊·斯特兰奇：《全球化与国家的销蚀》，王列、杨雪冬编译，《全球化与世界》，北京：中央编译出版社 1998 年版。

24. ［美］加布里埃尔·A.阿尔蒙德等著：《当今比较政治学：世界视角》，顾肃等译，北京：中国人民大学出版社 2014 年版。

25. ［美］威廉·A·盖尔斯敦：《自由多元主义：政治理论与实践中的价值多元主义》，佟德志等译，南京：江苏人民出版社 2005 年版。

26. ［美］埃莉诺·奥斯特罗姆：《公共事物的治理之道》，余逊达、陈旭东译，上海：上海译文出版社 2012 年版。

27. ［苏］阿里夏诺夫：《论列宁著〈国家与革命〉》，明河译，北京：五十年代出版社 1952 年版。

28. ［英］戴维·麦克莱伦：《马克思以后的马克思主义》，李智译，北京：中国人民大学出版社 2017 年版。

29. ［英］密利本德：《资本主义国家民主制》，博铨译，北京：商务印书馆 1988 年版。

30. ［法］雅克·泰克西埃：《马克思恩格斯论革命与民主》，姜志辉译，北京：社会科学文献出版社 2012 年版。

31. ［美］西达·斯考切波：《国家与社会革命——对法国、俄国和中国的比较分析》，何俊志、王学东译，上海：上海人民出版社 2007 年版。

32. [法]莫西·莱文:《列宁的最后斗争》,叶林译,哈尔滨:黑龙江人民出版社 1983 年版。

33. [英]彼得·伯克:《历史学与社会理论》,姚朋等译,上海:上海人民出版社 2010 年版。

34. [美]弗朗西斯·福山:《国家的构建:21 世纪国家治理与世界秩序》,黄胜强、许铭源译,北京:中国社会科学出版社 2007 年版。

35. [法]米歇尔·福柯:《生命政治的诞生》,莫伟民等译,上海:上海人民出版社 2011 年版。

36. [俄]米罗诺夫:《帝俄时代生活史:历史人类学研究》(上册),张广翔等译,北京:商务印书馆 2013 年版。

37. [苏]祖波克:《第二国际史》第 2 卷,南开大学外文系译,北京:人民出版社 1984 年版。

38. [英]马丁·吉尔伯特:《俄国历史地图》,王玉菡译,北京:中国青年出版社 2012 年版。

39. [奥地利]斯蒂芬·茨威格:《人类群星闪耀时》,舒昌善译,北京:生活·读书·新知三联书店 2009 年版。

40. [美]史丹利·阿若诺威兹、彼得·布拉提斯:《逝去的范式——反思国家理论》,李中译,长春:吉林人民出版社 2011 年版。

41. [英]密利本德:《马克思主义与政治学》,黄子都译,北京:商务印书馆 1984 年版。

42. [波]伊萨克·多伊彻:《武装的先知——托洛茨基:1879—1921》,王国龙译,北京:中央编译出版社 1998 年版。

43. [意]安东尼奥·葛兰西:《葛兰西文选》,李鹏程译,北京:人民出版社 2008 年版。

四、国内报刊论文

1. 习近平:《切实把思想统一到党的十八届三中全会上来》,《人民日报》2014 年 1 月 1 日。

2. 习近平：《完善和发展中国特色社会主义制度　推进国家治理体系和治理能力现代化》，《人民日报》2014 年 2 月 18 日。

3. 赵玉兰：《列宁对马克思主义文献的深入研究》，《光明日报》2020 年 6 月 29 日。

4. 顾海良：《中国特色社会主义的历史逻辑和理论逻辑探索》，《教学与研究》2013 年第 10 期。

5. 陈进华：《治理体系现代化的国家逻辑》，《中国社会科学》2019 年第 5 期。

6. 欧阳康、黄丽芬：《体系构建与效能优化：加强制度建设推进国家治理现代化》，《天津社会科学》2020 年第 1 期。

7. 王传利：《社会化大生产的逻辑与国家治理体系和治理能力现代化》，《马克思主义研究》2020 年第 7 期。

8. 燕继荣：《现代化与国家治理》，《学海》2015 年第 2 期。

9. 辛向阳：《列宁〈国家与革命〉的基本思想与新时代的国家与革命》，《马克思主义研究》2019 年第 12 期。

10. 王东、刘军：《列宁〈哲学笔记〉蕴含的时代观探析》，《当代世界与社会主义》2020 年第 2 期。

11. 关锋：《"国家治理现代化"对历史唯物主义国家观的推进》，《教学与研究》2016 年第 11 期。

12. 孙景宇：《全球治理的困境与出路：〈帝国主义理论〉的启示》，《经济学家》2018 年第 9 期。

13. 王绍光：《国家治理与国家能力——中国的治国理念与制度选择（上）》，《经济导刊》2014 年第 6 期。

14. 秦小建：《中国宪法体制的规范结构》，《法学评论》2021 年第 2 期。

15. 卢迎春：《列宁对马克思主义国家学说的理论贡献》，《马克思主义理论学科研究》2017 年第 1 期。

16. 赵文东：《国家治理现代化：马克思主义国家理论的重大突破与创

新》，《学术探索》2016 年第 10 期。

17. 杨谦：《列宁对恩格斯国家理论的坚持与发展》，《思想理论教育导刊》2020 年第 7 期。

18. 顾玉兰：《科学阐释列宁国家理论及其当代价值》，《马克思主义研究》2014 年第 12 期。

19. 赵家祥：《解析"未来共产主义社会的国家制度"——重学〈哥达纲领批判〉和〈国家与革命〉》，《理论视野》2009 年第 2 期。

20. 安启念：《列宁与当今世界》，《马克思主义研究》2020 年第 4 期。

21. 程恩富：《论新帝国主义的五大特征和特性》，《马克思主义研究》2019 年第 5 期。

22. 陈江生：《论美国对华"贸易战"的本质——基于〈帝国主义论〉视角》，《马克思主义研究》2019 年第 11 期。

23. 赵鼎新：《意识形态与政治》，《学海》2017 年第 3 期。

24. 李佃来：《现代国家观的历史嬗变与马克思国家理论的构建》，《云南大学学报》2016 年第 4 期。

25. 徐邦友：《秩序生成模式与国家治理体系重构》，《观察与思考》2014 年第 5 期。

26. 梅振民：《拉美国家治理通货膨胀的经验教训》，《瞭望周刊》1989 年第 9 期。

27. 宋廷明：《欧洲国家治理通货膨胀的对策》，《中国经济体制改革》1989 年第 3 期。

28. 邵发军：《马克思早期政治共同体思想中的国家治理理论及其当代价值研究》，《社会主义研究》2015 年第 3 期。

29. 许文星：《论马克思的早期国家治理思想——以〈黑格尔法哲学批判〉为例》，《思想理论教育导刊》2016 年第 12 期。

30. 许耀桐：《马克思恩格斯的社会主义国家治理思想——学习〈法兰西内战〉的认识》，《党政研究》2019 年第 5 期。

31. 杜玉华：《从〈法兰西内战〉看马克思的国家治理思想及其当代价

值》，《马克思主义研究》2020 年第 5 期。

32. 季春芳、李正华：《毛泽东治国理政思想的重要启示（1949—1957）》，《毛泽东邓小平理论研究》2018 年第 3 期。

33. 张兴华：《毛泽东治国思想的公正诉求及其当代价值探析》，《北京工业大学学报》2013 年第 5 期。

34. 胡伟：《国家治理体系和治理能力现代化的纲领性文献——纪念邓小平〈党和国家领导制度的改革〉发表 40 周年》，《理论月刊》2020 年第 7 期。

35. 罗许成：《党建、执政与国家治理——国家理论视域中的"三个代表"思想》，《理论导刊》2016 年第 11 期。

36. 魏丽君：《从全能到和谐：中国国家治理演进》，《理论前沿》2014 年第 9 期。

37. 欧阳康、赵琦：《以人民为中心的国家治理现代化》，《江苏社会科学》2020 年第 1 期。

38. 韩庆祥：《全面深入把握习近平治国理政思想的十个重要方面》，《中国特色社会主义研究》2014 年第 6 期。

39. 许耀桐：《习近平的国家治理现代化思想论析》，《中国特色社会主义研究》2014 年第 6 期。

40. 辛向阳：《习近平国家治理思想的理论渊源》，《当代世界与社会主义》2014 年第 6 期。

41. 张慧君、景维民：《国家治理模式构建及应注意的若干问题》，《社会科学》2009 年第 10 期。

42. 汤彬、王开洁、姚清晨：《治理的"在场化"：变化社会中的政府治理能力建设》，《社会主义研究》2021 年第 1 期。

43. 张康之：《论社会治理模式的转变：从制度到行动》，《探索》2019 年第 3 期。

44. 燕继荣：《国家治理体系现代化的变革逻辑与中国经验》，《国家治理》2019 年第 31 期。

45. 唐亚林、郭林：《从阶级统治到阶层共治——新中国国家治理模式的历史考察》，《学术界》2006 年第 4 期。

46. 张明军：《国家治理模式的现代化选择》，《国家治理》2014 年第 7 期。

47. 杨晶、陶富源：《论列宁的社会主义国家治理思想及其当代启示》，《江汉论坛》2016 年第 1 期。

48. 董瑛：《苏共权力结构模式演变的历史考察》，《中共党史研究》2014 年第 10 期。

49. 景维民、许源丰：《俄罗斯国家治理模式的演进及其对中国的启示》，《俄罗斯中亚东欧研究》2009 年第 1 期。

50. 宋朝龙：《社会主义市场经济对后发国家现代化制度症结的破解》，《科学社会主义》2020 年第 6 期。

51. 张文显：《法治与国家治理现代化》，《中国法学》2014 年第 4 期。

52. 何萍：《近 30 年来中国人眼中的〈国家与革命〉》，《北大马克思主义研究》2013 年第 3 辑。

53. 王东、房静雅：《列宁主义国家观创新的三大理论来源》，《理论与评论》2018 年第 2 期。

54. 吴子枫：《阿尔都塞的国家理论》，《马克思主义与现实》2019 年第 5 期。

55. 张传平：《尼尔·哈丁与当代西方"列宁学"研究的理论转向》，《山东社会科学》2018 年第 7 期。

56. 刘建军：《和而不同：现代国家治理体系的三重属性》，《复旦学报(社会科学版)》2014 年第 3 期。

57. 孙要良：《历史唯物主义视野中的国家治理现代化》，《马克思主义与现实》2015 年第 3 期。

58. 江必新：《国家治理现代化基本问题研究》，《湖南医科大学学报(社会科学版)》2014 年第 3 期。

59. 刘智峰：《论现代国家治理转型的五个向度》，《新视野》2014 年第

3 期。

60. 江必新：《国家治理就是权力与权利的博弈》，《领导文萃》2014 年第 20 期。

61. 何萍：《走出列宁思想研究的"冷"与"困"》，《南京师大学报（社会科学版）》2020 年第 5 期。

62. 高放：《俄国十月革命与苏维埃》，《当代世界与社会主义》2007 年第 4 期。

63. 何萍：《列宁国家理论的研究范式：重读〈国家与革命〉》，《中国地质大学学报（社会科学版）》2016 年第 6 期。

64. 赵岩：《赫尔岑与俄国的"村社社会主义"》，《教学与研究》2008 年第 2 期。

65. 丁俊萍、张克荣：《马克思主义政党支部的历史考察》，《科学社会主义》2018 年第 1 期。

66. 许耀桐：《列宁与民主集中制的创建和发展》，《东南学术》2019 年第 3 期。

67. 王红玉：《比较视野下的中国新型政党制度效能优势研究》，《中央社会主义学院学报》2020 年第 5 期。

68. 俞敏：《列宁反对"革命空谈"的话语及思想》，《当代世界与社会主义》2008 年第 6 期。

五、国外学者期刊论文

1. ［英］鲍勃·杰索普：《治理的兴起及其失败的风险：以经济发展为例的论述》，《国际社会科学杂志》1999 年第 2 期。

2. ［法］路易·阿尔都塞：《马克思主义的危机》，《国外社会科学动态》1978 年第 1 期。

3. ［美］诺曼·莱文：《列宁〈国家与革命〉再讨论》，林浩超译，《武汉大学学报》2013 年第 6 期。

4. Rhodes R A W. The New Governance: Governing without

Government[J]. Political Studies, 1996, 44(4).

5. Thodes R A W. Understanding Governance: Ten Years On[J]. Organization Studies, 2007, 28(8).

6. Stoker G. Governance as Theory: Five Propositions[J]. International Social Science Journal, 1998, 50(155).

7. Alfred Evans. Rereading Lenin State and Revolution[J]. Slavic Review, 1987(1).